아시아 불교 설화

불교 속에서 배우는
삶의 지혜

송위지 엮음

우리출판사

아시아 불교 설화

불교 속에서 배우는
삶의 지혜

서 문

권선징악(勸善懲惡)!
 중학교 1학년 때 겨울 방학 국어 숙제를 하는 과정에서 나는 이 말을 알았다. 이 말의 뜻에 대해서는 그 전부터 어렴풋이 알고 있었으나 이렇게 모양새 갖춘 말로 나한테 와 닿은 것이 중학교 1학년 때 겨울 방학이라는 이야기다.
 그 때 형성된 '권선징악'이라는 이야기에 대한 나의 편견은 그 이후에도 계속 되었다. 마치 내가 아무리 새옷을 입어도 옷을 입은 내가 변하지 않는 것처럼.

 이런 정서적 정체를 뛰어넘기에 너무나도 충격적인 글귀를 접한 것은 조계사 대웅전에서 있었던 어느 법회에서였다. 아마 중학교 1학년 겨울 방학으로부터 족히 7, 8년은 흘렀을 시기였다. 《법구경》여기 저기에 있는 구절의 조합이다.
 '좋아(사랑)하는 것을 만들지 말라. 좋다는 것을 잃는 것도 재앙이다. 싫어(미워)하는 것도 만들지 말라. 싫어하는 것을 만나

는 것도 재앙이다.'

　아니, 좋아하는 사람을 만들지 말라니? 또 미워하는 사람도 만들지 말라니? 비교적 불교적 심성이 빈약했던 나에게 '세상에 이런 일도 있다니' 하는 그런 놀라운 사건이었다.
　이것은 단순히 유교적 권선징악에 대한 불교적 이해의 이입(移入)만을 뜻하는 것은 아니었으며 선과 악에 대해 편견을 갖지 않고 사물과 선악(善惡) 그 자체를 보려는 노력의 시작이였다.

　구전으로 전해져 오던 '자아타카(Jātaka)'가 문자화된 것이 불전을 영원히 보존하려던 인도양 조그만 섬나라 스리랑카의 구도자들에 의해서였으니 기원전 1세기의 일이다.
　기원전 1세기라 함은 아마도 자아타카가 실로 문자화된 세계 최초의 이야기 책이라는 것을 주장하기에 충분할 정도로 오래 전일 것이다. 그러나 이유가 무엇인지는 정확히 알 수 없지만 자아타카가 우리 나라에서는 적절한 대접을 못 받고 있는 것 같다.
　오히려 우리 나라에서 전해지는 많은 이야기들이 자아타카보다는 라마야나에 뿌리를 두고 있다고 주장하는 경향이 더 강한 것 같으나 이것은 결코 바른 자세는 아닐 것이다. 아니 언제부터인지는 정확히 알 수는 없으나 자아타카 뿐만 아니라 불교를 그 소재로 하는 어떤 이야기도 이상한 형태로 윤색이 되거나 본질이 바뀌어져 왔다. 그런 현상은 현대에 가까워오면서 더욱 심해진 것 같다.
　그것을 우리 민족성과 결부시켜서 이야기 한다면 불교 신자인

나로선 아전인수(我田引水)일까? 아니면 우리 민족이 습합성(褶合性)이 강한 민족이라는 특성을 잘 몰라서일까?

　이 책에서 다룬 지역은 남방 상좌부 불교권(Theravāda Buddhism)이다. 우리는 흔히 이 지역들을 소승불교권이라고 하나 소승불교라 함은 불교 자체에 대한 잘못된 이해 때문이다.

　상좌부 불교의 대표적인 나라인 스리랑카, 그리고 미얀마(버마)와 타일랜드의 이야기들을 다루었다. 또 어떤 경우는 그 나라의 개국설화가 불경에 언급되어 있어 같이 취급하였다.

　스리랑카인의 생활은 불교 그 자체라고 해도 과언이 아니다. 수백 년 전 서양 세력의 침입을 받기 시작하면서 불교의 등(燈)이 하나 둘 꺼져가던 스리랑카였다. 막강한 무기를 앞세운 서양 세력은 사원을 모조리 부숴버리는 것은 물론, 심지어는 백성들에게 카톨릭(Calvinism) 성공회로의 개종을 강요하였던 것이다. 많은 사원에 삼보(三寶)의 표시가 아닌 십자가들이 진리에 의한 설복에 의해서가 아니고 종교를 내세운 대포와 총의 힘에 의해서 내걸리기 시작했다. 그러나 어찌 그들이 남의 심성이나 피부색까지 바꿔 놓을 수 있었으랴!

　지금부터 한 세기 남짓 전, 다시 진리의 등이 밝혀지면서 스리랑카에는 이제 다시 부처님의 말씀이 넘쳐나고 있다. 여기에 모아 놓은 스리랑카의 설화는 스리랑카인들이 가지고 있는 불교적 삶의 이야기를 모은 것이다. 자야타카와 같은 내용도 있고 또 인도의 다른 지역의 영향을 받은 것도 있다.

미얀마는 남방 상좌부 불교 국가 중에 가장 오랫동안 감춰진 나라였다. 그 곳에 불교가 전해졌다는 기록은 아소카 황제 때라고 되어 있고 기원 5~6세기에 인도로부터 불교가 건너왔다는 이야기가 전해져오고 있으나 오늘과 같은 불교는 스리랑카의 영향을 받고 나서의 일이다. 그 이전부터 전래 동화가 없지 않았겠지만 대부분의 이야기는 자아타카의 영향을 직접적으로 받았다고 한다.

타일랜드의 불교 역사는 오히려 타일랜드의 역사 보다도 거슬러 올라간다. 수코타이 왕조로 대표되는 기원 훨씬 이전의 불교 유적이 다수 발견되고 있다. 이는 타일랜드인들의 정서에 무궁무진한 불교적 요소가 이전부터 있었음을 의미한다.

이 지역들 이야기의 특징은 권선징악이라는 단순한 결과만을 항상 끌어내는 것이 아니고 이야기다운 의외성이 나온다는 것이다. 이것은 내가 알고 있었던 이야기의 일반적 주제인 권선징악으로 끝나는 이야기가 별로 없다는 말이기도 하다. 그것은 왜 일까? 아무리 여러 날을 고민해도 내려지는 결론은 하나였다. '인과(因果)'에 의한 것이다.

시간적으로 현세만의 과보 개념이 아니고 여러 생에 걸친 인과의 결과이기 때문에 꼭 현재의 이야기 속에서 그 결과를 보지 않는 경우가 많이 있다. 그래서 흥미가 덜한 지도 모르겠다. 하지만 이것이 가장 불교다움이 아닌가 생각한다. 이것은 현재 우리의 주위에서 너무도 쉽게 볼 수 있는 행동 양식의 굴레인 즉시 대응적인 반응, 목적이 아닌 목표 지향적인 생활방식 등에 많은 가르침을 준다.

특히 어른, 아이 할 것 없이 목적이 아닌 목표 지향적인 생활방식이 몸에 흠뻑 밴 이들에게는 그가 살고 있는 시간의 확장을 통해 반성의 기회도 주고 항상 헐벗고 굶주린 이들에게는 희망을 주기도 한다. 기다리는 여유, 내가 한 일에 대한 결과와 보답이 현세 뿐 아니라 내세에 와도 좋다는 여유를 심어 준다.

이 책은 독자층을 고등학생 이상으로 해달라는 부탁을 받았었다. 그러나 독자층을 한정시키는 일이 어려웠다. 그래서 가능한 편한 말들로 쓰려고 노력하였다.

이 책은 자아타카에서 유래된 이야기들에 뿌리를 둔 것으로 스리랑카의 이야기는 스리랑카 국어책,《대당서역기》,《Mahā Vaṁsa》등의 책들과 타일랜드와 미얀마의 이야기들은《S. W. Cocks》,《M. H. Aung》,《E. Brockett》등의 책들에서 주로 뽑아 보았다.

남방에 대해 도외시하는 경향이 강한 우리의 풍조 속에서 남방 지역과 관련되는 책의 출판에 흔쾌히 동의해 주신 우리출판사의 무구스님과 직원 여러분께 두 손 모아 감사드린다.

불기 2545년 6월
송위지

차례

제1부 마음이 부유하면… 스리랑카 ①

오리는 왜? 17
네 명의 장님 21
야차(夜叉)와 인간의 싸움 25
황금닭을 잃은 개구리 왕자 29
나라를 구한 켈레니야 공주 38
집착을 버리지 못한 악어 47
지혜로 위기를 극복한 거북이 53
세 가지 질문 59

불교 속에서 배우는 삶의 지혜

제2부 인도양의 진주에는 … 스리랑카 ②

스리랑가의 개국 실화 1   69
스리랑카의 개국 설화 2   75
인과응보를 보여주는 자매 이야기   80
사악한 왕의 어리석음   93
까마귀와 굴뚝새   101
무지막지한 왜가리   108
산에서 온 뱃사공   115
친절한 마부와 흉악한 악어   125
법정에 선 세 동물   131
호랑이와 원숭이는 왜 사이가 나쁠까요?   147
지혜로운 왕의 안목   158

차 례

제3부 황금의 땅 … 미얀마

등잔밑이 어두웠던 생쥐부부　165
마웅 파욱 캬잉　171
업의 굴레를 쓰고 있는 세 마리의 새　186
토끼의 판결　191
세 친구들　197
자비로 행복을 지킨 뱀왕자　202
꾀 많은 토끼　218
어부와 문지기　224
세탁업자와 옹기장이　231
용감한 곰 사냥꾼　238
다이아몬드와 유리 조각　249
일식, 월식　258

불교 속에서 배우는 삶의 지혜

제4부 아시아인의 자존심 … 타일랜드

꿀 한방울로 빚어진 다툼   265
수수께끼에 담긴 진리   270
게으름뱅이 이야기   281
장모와 같이 사는 젊은이   294
칠성의 이야기   302
가시를 그리려면 가시를 써라   307

제1부

마음이 부유하면

스리랑카 ①

오리는 왜?

오리 한 마리가 살고 있었다.

하루는 오리가 물을 먹기 위해 강가로 나갔다. 한참 동안 물을 마시고 있는데 강물 위로 부왁 열매들이 둥실둥실 떠내려 오고 있었다. 부왁은 열대지방에서 나는 열매다. 그 속에 있는 씨를 담뱃잎에 싸서 씹으면 몸에서 열이 나기 때문에 나른해지는 몸에 정신을 들게 해주어 더위를 견디는 데 사용하는 것으로 열대지방에서는 필수품과 같은 것이다.

한참 동안 부왁 열매들이 떠내려오는 것을 물끄러미 바라보던 오리는 열매를 모아서 시장에 내다 팔면 많은 돈을 벌 수 있다는 생각을 퍼뜩 떠올렸다. 오리는 부왁 열매를 모아서 다른 나라 시장에 내다 팔아야겠다고 마음먹었다.

그 때부터 오리는 강가에 머물면서 강물에 떠내려 오는 부왁 열매를 하나하나 모아서 강가에 쌓아 두기 시작하였다. 며칠이 지났다. 이제 오리가 쌓아 놓은 부왁 더미가 제법 커져가기 시작하였다.

어느덧 부왁 더미는 커져서 '이제 큰 돈이 되겠구나.' 하고 오리는 생각하였다. 그런데 오리에게는 그 부왁 열매를 운반할 수 있는 적당한 방법이 없었다.

곰곰이 고민을 하던 오리에게 아주 좋은 생각이 하나 떠올랐다. 오리는 즉시 숲 속에서 나무를 쪼고 있는 크낙새를 찾아갔다. 오리는 크낙새에게 그 동안에 있었던 이야기를 하고는 부왁을 시장이나 다른 나라에 내다 팔았으면 하는데 운반할 수 있는 좋은 방법이 없겠느냐고 물어 보았다. 오리의 이야기를 듣고 난 크낙새가 말했다.

"뗏목을 만들어서 거기에 부왁을 실은 뒤 그 뗏목을 끌고 가면 어떨까요?"

"그것이 좋겠군요."

오리도 흔쾌히 찬성했다.

그 날부터 오리와 크낙새는 뗏목을 만들기 시작하였다. 크낙새가 커다란 나무를 쪼아서 잘라 오면 오리는 밧줄로 나무를 묶었다. 오리와 크낙새는 큰 돈을 벌 수 있다는 생각에 열심히 일했다. 여러 날이 지났다. 어느덧 뗏목이 다 만들어져 부왁 열매를 뗏목에 실었다.

"이제 부왁을 팔러 갑시다."

오리와 크낙새는 돈을 벌 수 있다는 생각에 들뜬 마음으로 서서히 출발하였다. 오리와 크낙새는 부왁을 실은 뗏목에 올라타고는 강 한가운데로 흘러 들어갔다. 강을 따라 유유히 흘러가고 있을 때였다. 얼마나 갔을까? 갑자기 '쿵' 하고 뭔가에 뗏목이 부딪히는 소리가 났다. 그만 강 한가운데에 있는 큰 바위에 뗏목이 걸리고 만 것이었다. 뗏목의 한쪽이 부서졌다. 강물이 뗏목 위로 스미기 시작하였다. 뗏목 위로 물이 들어오자 뗏목이 서서히 가라앉으면서 뗏목에 있던 부왁이 하나씩 둘씩 강물로 흘러 들어가기 시작하였다.

오리와 크낙새는 부왁이 물에 잠기지 않게 하려고 땀을 뻘뻘 흘리며 애를 썼다. 하지만 뗏목이 깊이 잠기면서 대부분의 부왁이 흘러 내려가고 오리와 크낙새는 더 이상 어쩌지 못하고 바라볼 수밖에 없었다.

여기 저기로 부왁이 흩어져 떠내려가기 시작하였다. 오리와 크낙새는 슬퍼서 어쩔 줄 몰랐다. 뗏목에 실었던 부왁은 이제 다 떠내려갔다. 오리와 크낙새가 그 동안 애를 써서 준비했던 것들은 모두 물에 잠기고 이제 아무 것도 남지 않았다. 오리와 크낙새의 실망은 너무도 컸다. 그들은 슬픔을 이기지 못한 채 헤어져 예전에 각자 살던 곳으로 돌아갔다.

그 날부터 오리는 입을 벌릴 때마다 물에 떠내려간 부왁을 잊지 못하고 "부왁! 부왁!" 하며 울었다. 한편 크낙새는 그 때 뗏목을 약하게 만들었기 때문에 뗏목이 부서졌다고 생각하고 뗏목을 더 튼튼하게 만들 나무를 찾아서 숲 속으로 가서는 이 나무 저 나무를 찾아서 쪼고 있는 것이다.

＊＊＊＊

아무리 수행을 오랫동안 많이 했다고 해도 정법(正法)에 의지한 수행이 아니면 그 과보를 받을 수 없습니다. 걸림이 없는 정법(正法). 언제부터인가 만연하고 있는 자신의 수행만이 옳다고 고집하는 일부 수행자들은 여기에 나오는 오리나 크낙새와 무엇이 다른지요? 또한 금강(金剛) 같은 마음으로 수행을 하지 않으면 언제 마음의 장애가 올 지 모릅니다. 모든 일에 확신과 철저함을 가지려고 노력해야 할 것입니다. 불현듯 청개구리의 이야기를 떠올리게 하는 이야기입니다.

네 명의 장님

옛날 어떤 도시에 한 여인과 사나이가 살고 있었다. 그들은 두 사람 모두 장님이었다. 그리고 그 장님 부부한테서 딸이 태어났는데 그 딸도 역시 장님이었다. 앞을 못 보는 딸이 자라서 결혼을 하였는데 신랑도 역시 장님이었다.

하루는 그녀의 신랑이 쟁기질을 하기 위해 큰 길가에 있는 논으로 나갔다. 장님 신랑이 논에서 쟁기질을 하고 있는 동안 어떤 나그네가 다가와서 길을 물었다. 그러자 소를 데리고 논을 갈던 장님이 퉁명스럽게 말했다.

"이 소는 내 소란 말이오. 내가 마을에서 데리고 왔어요. 그리고 다른 소는 우리 장인의 소랍니다."

"아니 그게 나하고 무슨 상관이 있단 말이오? 나는 길을 물어봤으니 나한테 길이나 일러 주시오."

길가던 나그네가 말했다. 하지만 장님 신랑은 나그네의 물음에 대답은 하지 않고 막무가내로 말했다.

"이 소는 내 것이오."

"그게 나하고 무슨 상관이 있소? 빨리 나한테 길이나 일러줘요."

길가던 나그네는 답답해서 견딜 수 없다는 듯이 다시 재촉했다.

"잔소리하지 말고 그냥 가시오."

장님 신랑은 짚고 다니는 끝이 뾰족한 지팡이로 행인을 때리려 하였다. 그러자 나그네는 깜짝 놀라 멀리 달아나 버렸다.

잠시 후 장님 신랑의 부인이 논으로 식사를 가지고 왔다. 식사를 하고 있는 동안 논을 갈던 소를 매어 놓고는 부인에게 조금 전의 일을 들려 주었다.

"지금 어떤 나그네가 와서는 이 소가 누구의 소냐고 묻잖아. 그래서 이 소는 내 소이고, 저 쪽에 있는 소는 장인의 소라고 했더니 아니라고 우겨서 그만 나하고 다퉜지."

그러자 부인이 말했다.

"오늘은 이상하게 불이 잘 지펴지지 않더군요. 그래서 불을 보고 그 다음에 물 맞추고 밥 짓느라고 조금 늦었어요."

장님 신랑이 식사를 다 마치자 그녀는 가지고 온 그릇들을 챙겨 집으로 돌아갔다. 집에서는 장님 어머니가 멍석을 짜고 있었다.

"엄마, 글쎄 우리 신랑이 왜 밥을 늦게 가져왔냐고 나한테 잔소리 하잖아요. 그러면서 나를 막 못살게 굴었어요."

"그렇다면 네 아빠는 뭐하고 있나 보렴. 지금 가서 네 아빠가 일을 잘 하나 못 하나 한번 봐라."

딸이 싫다고 하자 어머니가 남편이 일하는 감자밭으로 갔다.

남편은 열심히 감자를 뽑고 있었다.

"여보, 글쎄 내가 마당에서 멍석을 짜고 있는데 말이에요, 딸 아이가 와선 그러잖아요. 자기 신랑이 일 하는 논으로 밥을 가지고 갔더니 왜 늦게 가지고 왔냐고 그러더래요. 그러더니 내가 짜던 멍석을 보곤 형편없다고 그러는 것 아니겠어요? 그래서 내가 그랬죠. 아니 도대체 뭐가 나쁘고 뭐가 좋은 거냐? 그 말을 전하러 당신한테 왔죠, 뭐!"

그 말에 그 장님 아버지는 벌컥 화를 내며 말했다.

"이 바보같은 아낙네야! 당신이 감자를 세 소쿠리나 먹어치웠어. 그래서 내가 감자를 뽑다가 말았잖아."

그리고는 부인을 실컷 때려 주곤 그 마을을 아예 떠나 비렸다.

****

이 이야기는 스리랑카 북서쪽에서 전해져 내려오는 이야기입니다. 그 지역은 인도와 아주 가까워 예로부터 인도 문화를 가장 빨리 받아들이던 지역이었습니다. 이 이야기는 언뜻 보면 아무런 내용이 없이 황당무개한 이야기처럼 보입니다. 하지만 비록 짧은 이야기이지만 많은 것을 생각하게 합니다. 우선 옳은 것과 그렇지 못한 것의 대화가 떠오릅니다. 아무리 옳은 생각을 가진 이라 해도 그렇지 못한 이가 집요하게 접근하면 넘어가기 쉽습니다. 특히 종교라는 이름으로 접근하면 더욱 그렇습니다. 생각하면 할수록 무명(無明)에 휩싸여 있는 우리들의 이야기, 바로 그것 같습니다. 우리는 무명 속에 있으면서도 그것을 모른 채 살아가고 있습니다. 우리 주위엔 자신이 어떻게 살고 있는지조차 모르고 허둥대다가 그만 자신도 자신의 일도 다 잃어버리는 그런 사람들이 너무도 많습니다. 자신의 업(業)은 이처럼 황당무개하게 자신에게 다가올 수도 있습니다. 바로 보아야죠. 정견(正見)!

끝으로 여기 나오는 장님들은 잘못을 저질러 놓고도 백성들의 눈을 돌려 자신들의 책임을 면하려는 잘못된 이들을 꾸짖어 주기도 합니다.

야차(夜叉)와 인간의 싸움

옛날에 세 사람이 정글에서 사냥을 하기 위해 활을 들고 집을 나섰다. 길을 가는데 그 중 한 사람이 일행과 떨어져서 따로 가고 있었다. 그 사람은 무언가 골똘하게 생각하고 있는 듯 다른 두 사람과 아무런 말도 없이 묵묵히 걸어가고 있었다.

숲 속에 있던 야차가 따로 떨어져 오는 두 사람을 보았다. 그리고 길 한편을 보니 또 한 사람이 혼자 오고 있었다. 야차는 그에게 다가가 그가 더 이상 앞으로 나아가지 못하게 반대편을 향해 밀었다. 야차의 저지로 그는 앞으로 나아가지 못했고 다른 두 사람과의 거리가 점점 멀어졌다.

두 사람은 뒤를 돌아보고는 깜짝 놀랐다.

"아니, 이게 무슨 일이지? 저 친구한테 무슨 일이 생겼나 봐."

두 사람은 혼자 남은 친구를 위해 다시 되돌아갔다. 그들이 앞으로 나아가지 못하는 친구 가까이 이르렀을 때 한 사람이 그 친구 근처에 검은 물체가 어른거리고 있는 것을 보았다.

"저것은 야차인가 봐. 그러니 저것을 쏘아야겠군."

그는 검은 물체를 향해 활시위를 힘껏 당겼다. 그러자 그 검은 물체는 멀리 달아났다.

검은 물체가 멀리 달아나자 두 사람은 따로 가던 사람에게로 급히 다가갔다. 두 사람이 그의 옆으로 다가가자 그 사람은 갑자기 기운을 잃은 듯 쓰러졌다. 두 사람은 그를 일으켜 세우려고 애를 썼다. 하지만 두 사람이 아무리 애를 써도 일어나기는 커녕 오히려 그의 몸은 홀쭉해지기 시작하였고 의식도 잃어가고 있었다. 당황한 두 사람은 그를 들어서 옮기려고 했다. 하지만 이상하게도 야차에게 넋을 잃은 그를 움직일 수 없었다.

그들은 야차를 처치해야 되겠다고 생각하였다. 그들은 야차의 정신을 혼란시키기 위해 검불과 풀을 뜯어서 흔들고 나무를 잘라서 딱딱 소리를 내며 부러뜨리고 큰 소리를 내면서 야차가 있는 곳을 향해 나아갔다. 하지만 그들은 야차를 찾을 수가 없었다. 그들 중 한 사람이 무심코 위를 올려다봤다. 그러자 나무 위에 있던 야차가 갑자기 쓰러져 있는 사람의 눈을 향해 침을 뱉었다. 쓰러져 있던 사람은 야차의 침을 맞고 눈도 그만 멀어 버리고 말았다. 이제 아무 것도 볼 수가 없게 되었다.

그들 두 사람은 야차를 처치하는 것을 포기하였다. 그리고 나무로 들것을 만들어 쓰러진 사람을 싣고서 끙끙거리며 마을로 돌아왔다. 그들은 마을로 돌아와서 마을을 보호해 주고 다른 야차들보다 힘이 센 야차인 웨다랄라를 찾아갔다. 두 사람은 길에서 있었던 일을 다 이야기해 주었다. 그리고 웨다랄라 야차에게 야차로부터 공격을 받은 사람을 보여 주었다. 한참 동안 들것에 실려있던 사람을 살펴보던 웨다랄라 야차는 두 사람에게 큰 항아리에 물을 데우고 주문을 외우면서 그를 뜨거운 물에 씻기라고 말하였다. 그들은 큰 항아리에 물을 데웠다. 그리고 주문을 외우면서 웨다랄라 야차가 시킨 대로 그를 뜨거운 물에 씻겼다. 잠시 후 웨다랄라 야차가 와서는 그 사람이 정신을 차리고 몸을 보호할 수 있는 주문이 씌여진 나뭇잎으로 몸을 감아 주었다. 그러자 쓰러졌던 사람은 언제 그랬느냐는 듯이 눈을 뜨고 의식도 회복하였다. 몸도 전처럼 건강하게 되었다. 그리고 나서 웨다랄라 야차는 쓰러졌던 사람에게 그동안 무슨 일이 일어났었느냐고 물었다.

"갑자기 야차가 다가왔어요. 그 때부터 니는 앞으로 더 나아갈 수 없었죠. 야차는 다짜고짜 나를 잡아 움켜쥐더니 길바닥에 내동댕이쳤어요. 한데 이상하게도 나는 땅에 떨어지질 않고 공중에 떠 있는 것 같았어요. 그런데 당신 둘이서 야차에게 활을 쏘자마자 나는 땅바닥에 떨어지고 말았어요. 그러자 야차가 나를 땅바닥에 꽁꽁 묶어 놓고는 달아난 거예요. 그 이후의 일은 아무 것도 기억할 수가 없어요. 당신들이 나에게 가까이 와서 나를 들고 마을로 들어온 일과 뜨거운 물을 데워 목욕을 시킨 일은 잘 모르겠어요. 무슨 일이 있었는지 아무 것도 모르겠어요."

그의 이야기를 다 듣고 나서 웨다랄라 야차는 그 사람에게 야차의 공격을 방어할 수 있는 주문을 일러 주고는 어디론가 사라졌다.

웨다랄라 야차가 사라지고 그가 다시 정신을 차리자 그를 공격했던 야차가 다시 찾아왔다. 그러자 그는 웨다랄라 야차가 일러준 야차의 공격을 방어할 수 있는 주문과 웨다랄라 야차를 부르는 주문을 외웠다. 그러자 다시 웨다랄라 야차가 나타났다. 웨다랄라 야차는 그를 공격하기 위해 나타난 야차를 달래기 위해 푸짐한 선물을 그 야차에게 주었다. 선물을 받은 야차는 멀리 멀리 가서 그 후로는 다시 나타나지 않았다. 쓰러졌던 사람도 건강을 되찾고 행복하게 잘 살았다.

✱ ✱ ✱ ✱

　불교가 전래되기 전까지 스리랑카에는 인도로부터 가지고 온 토착 신앙이 뿌리를 내리고 있었습니다.
　이 토착 신앙은 인도의 베다교와 브라만적인 의식(儀式)에 근거를 둔 신앙이었습니다. 그들의 의식이 주로 야차(夜叉) 숭배, 조상 숭배, 야차 숭배에 뿌리를 둔 나무에 대한 숭배, 불교 이전의 탑에 대한 숭배, 별에 대한 숭배, 브라만(Brahman)들에 대한 믿음, 자이나교(Jainism), 육사 외도에 대한 숭배 등 다양하여 싱할라(스리랑카인을 말함)들의 생활에 깊이 영향을 끼치고 있었습니다. 이 이야기도 불교가 전래되기 전부터 이어져 오던 '야차 숭배'를 주제로 한 것 중의 하나입니다. 하지만 이런 종류의 신앙은 스리랑카 섬에 불법(佛法)의 등불이 켜지면서 불법의 품안으로 들어왔습니다.

황금닭을 잃은 개구리 왕자

옛날 어떤 나라 왕이 살고 있는 궁전 근처에 한 과부가 자식도 없이 외롭게 살고 있었다. 과부는 왕궁 안에 있는 논에 가서 농사를 지어 하루하루 먹고 살아가는 가난한 사람이었다.

그러던 어느 날 그 과부는 갑자기 태기가 있어 아이를 낳았다. 그런데 그 아이는 이상하게도 개구리였다. 그녀는 흉칙하다고 생각하지 않고 그 개구리를 아주 소중하게 기르고 있었다.

하루는 왕이 성루에 올라 북을 울리며 전국에 포고하였다.

"천신 마녀의 궁에 있는 황금 닭을 누가 구해 오겠는가? 만일 그 황금 닭을 구해 오면 내가 다스리고 있는 이 나라 땅의 절반과 코끼리가 끌 수 있는 만큼의 금덩어리와 또 다른 재산의 절반을 줄 것이다."

이 포고를 들은 사람들은 모두 황금 닭을 가지고 오고 싶었지만 그것은 어느 누구도 할 수 없는 일이라고 이야기 하였다. 과부가 기르는 개구리도 그 이야기를 들었다. 그리고 개구리는 과부에게 자기가 황금 닭을 구해오겠다고 말했다.

"어머니, 제가 가서 그 황금 닭을 구해 오지요. 가는 도중에 쓸 밥을 조금 지어 주세요."

과부는 걱정스러운듯이 말했다.

"애야! 그건 네가 욕심을 부릴 일이 아니란다. 그냥 집에서 있으렴."

하지만 개구리는 계속해서 어머니를 졸랐다.

"어머니 제가 가서 그 황금 닭을 구해 오지요. 가는 도중에 쓸 밥을 조금 지어 주세요. 그 밥을 돌아올 때까지 먹어 치우지 않고 참고 오면 저는 황금 닭도 구하고 사람도 될 수 있어요."

개구리가 자꾸만 보채자 과부는 하는 수 없이 밥을 지어서 개구리에게 주었다.

개구리는 과부가 지어준 밥 보따리를 어깨에 매고는 큰 대추야자 나무로 갔다. 그 곳에서 야자 나무의 잎을 접어서 밥을 집어 넣었다. 그 때 갑자기 개구리는 외모가 매우 수려한 왕자로 변했다. 말 한 마리와 왕자를 위한 옷 한 벌이 어디선가 나타났다. 옷을 입은 왕자는 말에 올라 타고는 여행을 떠났다. 왕자가 떠나기 전에 나무가 말했다.

"너는 그 밥을 먹으면 다시 개구리가 될 것이다. 아무리 배가 고파도 이 밥을 먹어서는 안 된다."

그는 황금 닭을 구하기 위해 길을 떠났다. 한참을 달려 그는 이웃 나라에 도착했다.

아주 수려하게 차려입은 왕자가 도착 했다는 소문을 들은 그 나라의 왕은 왕자가 머무를 수 있도록 숙소를 마련하여 주었다.

또한 아주 맛있는 음식을 제공하고는 왕자에게 물었다.
"자네 지금 어디로 가고 있는 것인가?"
그러자 왕자는 이렇게 말했다.
"우리 나라의 왕께서 어느 날 성루에 올라 북을 울리며 '천신 마녀의 궁에 있는 황금 닭을 누가 구해 오겠는가? 만일 그 황금 닭을 구해 오면 내가 다스리고 있는 이 나라 땅의 절반과 코끼리가 끌 수 있는 만큼의 금덩어리와 또 다른 재산의 절반을 줄 것이다.' 하고 전국에 포고를 하였습니다. 그 소리를 듣고 나는 지금 그 천신 마녀의 궁에 있는 황금 닭을 구하러 가고 있는 중입니다."
그러자 왕은 빙그레 웃으며 숯덩어리 하나를 왕자에게 주면서 말했다.
"자네가 만일 천신 마녀의 궁에 가서 거기에 있는 황금 닭을 구해서 나올 때 천신 마녀가 자네를 잡으러 쫓아올 걸세. 그 때 이 숯덩어리를 보고 불을 일으켜 달라고 말하면서 던지게. 그러면 이 숯덩어리가 불로된 담을 만들어서 너를 구해줄 것이야. 그러니 이것을 가지고 가거라."
왕자는 고마워 하면서 그 숯덩어리를 받아 넣고는 또 다른 나라로 갔다.
다른 나라의 왕도 왕자가 도착 했다는 소문을 듣고는 먼저 나라의 왕처럼 왕자에게 잠잘 곳과 먹을 것, 마실 것을 푸짐히 마련해 주었다. 그리곤 왕자에게 물었다.
"자네 지금 어디로 가는 길인가?"

그러자 왕자는 같은 대답을 하였다.
"우리 나라의 왕께서 어느 날 성루에 올라 북을 울리며 '천신 마녀의 궁에 있는 황금 닭을 누가 구해 오겠는가? 만일 그 황금 닭을 구해 오면 내가 다스리고 있는 이 나라 땅의 절반과 코끼리가 끌 수 있는 만큼의 금덩어리와 또 다른 재산의 절반을 줄 것이다.' 하고 전국에 포고를 하였습니다. 그 소리를 듣고 나는 지금 그 천신 마녀의 궁에 있는 황금 닭을 구하러 가는 길입니다."
그 곳의 왕 또한 빙긋이 웃으며 돌덩어리 하나를 내밀며 말했다.
"자네가 만일 천신 마녀의 궁에 가서 거기에 있는 황금 닭을 구해서 나올 때 천신 마녀가 자네를 잡으러 쫓아올 걸세. 그 때 이 돌덩어리를 보고 커다란 산을 만들어 달라고 말하면서 던지게. 그러면 이 돌덩어리가 커다란 산을 만들어서 너를 구해줄 것이야. 그러니 이것을 가지고 가거라."
왕자는 두 왕이 준 숯덩어리와 돌덩어리를 받아 넣고는 또 다른 나라로 갔다. 그 곳의 왕 역시 왕자가 왔다는 소문을 듣고는 먼저 나라의 왕과 똑같이 왕자에게 잠잘 곳과 먹을 것, 마실 것을 마련해 주었다. 그리고 그도 역시 왕자에게 물었다.
"자네 지금 어디로 가는 길인가?"
그러자 왕자는 같은 대답을 하였다.
"우리 나라의 왕께서 하루는 북을 울리며 '만일 천신 마녀의 궁에 있는 황금 닭을 구해 오면 내가 지배하고 있는 나라의 절반과 코끼리가 끌 수 있는 만큼의 금덩어리와 또 다른 재산의 절반을 줄 것이다' 하고 전국에 포고를 하였습니다. 그래서 난 지금 그 천신 마녀의 궁에 있는 황금 닭을 구하러 가고 있는 중입니다."
 그 곳의 왕도 또한 빙긋이 웃으며 이번에는 뼈를 하나 주며 말했다.
 "자네가 천신 마녀의 궁에 가서 거기에 있는 황금 닭을 구해서 나올 때 그것을 눈치챈 천신 마녀가 자네를 잡으러 쫓아올 걸세. 그러면 이 뼈를 보고 높고 커다란 담을 만들어 달라고 말하면서 던져라. 그러면 이 뼈가 커다란 담을 만들어서 너를 구해줄 것이야. 그러니 이것을 가지고 가거라."
 다음 날 왕자는 천신 마녀가 있는 궁으로 올라 갔다. 왕자가 그 곳에 갔을 때 마침 천신 마녀는 그 곳에 없었다. 그녀의 딸만 거기에 있었다. 천신 마녀의 딸은 왕자가 오는 것을 보았다. 그리고 왕자에게 물어 보았다.
 "여보세요, 지금 어디로 가시는 길이죠?"
 "나는 지금 어디 딴 곳으로 가는 것이 아니오. 나는 당신의 어머니가 가지고 있는 황금 닭을 달라고 부탁하러 왔소."
 그러자 천신 마녀의 딸은 말했다.
 "하지만 오늘은 그 닭을 드릴 수가 없는데요. 내일 드릴 수가 있어요. 이제 우리 어머니가 오실 때가 되었는데 우리 어머니는 당신을 보면 금방 잡아 먹을 거예요. 그러니 여기로 와서 몸을 숨기세요."
 그리고 왕자를 자기의 집으로 불러 들여서 일곱 개의 상자로 덮여진 커다란 상자 안에 숨기고는 밖에서 문을 닫았다.

잠시 후 천신 마녀가 돌아왔다. 오는 길에 왕자가 타고 왔던 말이 서 있는 것을 보고는 딸에게 물었다.

"이것이 누구의 말이지?"

그러자 딸은 아무 일 없다는 듯이 대답했다

"아무 것도 아니예요. 그 말은 숲 속에서 그냥 뛰어 나왔어요. 그래서 내가 잡았죠. 뭐."

"그래? 그렇다면 좋아."

천신 마녀는 이렇게 말하고는 궁 안으로 들어갔다.

밤이 되어서 그들 모녀가 잠자리에 들려고 할 때였다. 상자 속에 숨어 있는 왕자의 몸에서 나는 아주 향기로운 냄새가 천신 마녀의 집에 가득히 퍼져 나갔다. 천신 마녀는 그 냄새를 맡았다.

천신 마녀는 딸에게 물었다.

"애야! 이게 무슨 냄새지? 젊은 사람의 냄새가 나는 것 같은데."

"엄마, 지금 뭐라고 말씀 하셨어요? 엄마는 지금까지 계속해서 사람의 고기를 먹고 있잖아요. 그러니 어찌 엄마 몸에서 그 냄새가 안 날 수 있겠어요?"

딸이 이렇게 말하자 천신 마녀는 그 말이 옳다고 하면서 그냥 잠자리에 들었다.

다음 날 새벽이 되었다. 천신 마녀는 여느 때처럼 사람의 고기를 구하기 위해 또 어디론가 나갔다. 천신 마녀가 나가자 천신 마녀의 딸은 상자 안에 숨겨 놓았던 왕자를 나오게 하고는 지금 엄마가 없으니 황금 닭을 가지고 가라고 하면서 말했다.

"왕자님, 당신께서 이 말을 가지고 가실 때는 밧줄을 조금 구해서 나의 어깨를 꽁꽁 동여 매세요. 밧줄로 나를 묶고 나서는 황금 닭을 잡으세요. 그리고 말에 황금 닭을 꽉 묶어 놓고 말에 타세요. 아니면 황금 닭은 도망갈지도 몰라요. 당신이 떠나 가고 나면 난 한참 있다가 큰 소리로 통곡을 할 거예요. 내가 통곡하면서 세 번 우리 엄마를 부르면 엄마는 곧 나타나실 거예요. 엄마가 나한테 와서 황금 닭이 없어진 것을 알면 나와 함께 당신을 잡으러 갈 거예요. 엄마가 나를 풀어주고 있는 동안 당신은 멀리 도망갈 수가 있을 거예요."

왕자는 그녀가 시킨대로 천신 마녀의 딸을 밧줄로 묶고는 황금 닭을 갖고 말에 올라 탔다. 그리고 황금 닭을 꽁꽁 묶고는 도망쳤다. 왕자가 출발하고 얼마 지나자 천신 마녀의 딸은 엄마를 부르며 큰 소리로 통곡하기 시작하였다. 천신 마녀의 딸이 울부짖자 천신 마녀는 금방 돌아왔다. 천신 마녀는 자기의 딸이 묶여 있는 것을 보았다. 그리고 황금 닭이 보이지 않는 것도 알았다.

"누가 왔었니?"

천신 마녀는 딸에게 묻고는 빠른 속도로 자기 딸에게 감긴 밧줄을 풀어 내렸다.

"누군지는 몰라요. 하지만 어떤 왕자가 와서 나를 이렇게 묶어 놓았어요. 그리고 엄마가 아끼는 황금 닭을 가지고 도망 갔어요."

천신 마녀의 딸은 울먹이며 말했다.

딸의 밧줄을 다 푼 천신 마녀와 딸은 왕자를 잡아 먹기 위해 뒤쫓아 갔다.

왕자는 이상하게도 빨리 갈 수가 없었다. 한참을 가다가 왕자는 누가 쫓아오나 하고 고개를 돌려 살펴 봤다. 멀리서 천신 마녀와 천신 마녀의 딸이 자기를 잡아 먹으려고 쫓아 오는 것이 보였다. 이 모습을 본 왕자는 천신 마녀와 그 딸이 넘을 수 없는 커다란 담을 만들어 달라고 소리치며 세 번째 나라에서 만난 왕이 준 뼈를 힘껏 던졌다. 그러자 그 뼈는 아주 크고 높은 담을 만들었다. 왕자는 계속해서 달아 났다. 그러나 천신 마녀와 천신 마녀의 딸은 그 담을 훌쩍 뛰어 넘어 계속해서 왕자를 쫓아 왔다.

왕자는 이번에는 두 번째 나라에서 만난 왕이 준 돌을 던지며 천신 마녀와 그 딸이 넘을 수 없는 아주 큰 산을 만들어 달라고 말했다. 그러자 돌로 된 아주 높고 큰 산이 만들어졌다. 그래도 천신 마녀와 천신 마녀의 딸은 껑충껑충 뛰어서 산을 넘어 계속 쫓아 왔다.

왕자는 마지막으로 첫 번째 나라에서 만난 왕이 준 숯을 던지면서 아주 커다란 불기둥이 생겨서 천신 마녀와 천신 마녀의 딸이 쫓아 오지 못하도록 해달라고 말했다. 그러자 아주 커다란 불기둥이 하늘 높이 솟아 올랐다. 천신 마녀와 천신 마녀의 딸은 그 불기둥을 뛰어 넘으려고 했다. 하지만 그 불기둥이 워낙 높아서 그들은 그 불기둥을 넘지 못하고 그만 거기에 빠져 모두 타 죽고 말았다.

세 왕들이 준 숯과 돌과 뼈 덕분에 왕자는 아무런 위험이 없이 자신의 나라로 돌아올 수 있게 되었다. 왕자는 아주 기분이 좋았다.

한참 오다 보니 어느덧 개구리 왕자는 잎을 접어 밥을 넣어둔

야자수 나무까지 왔다. 그 곳에 넣어 두었던 밥은 완전히 말라붙어 있었다. 그러나 왕자는 너무 배가 고팠기 때문에 밥을 다 먹어 버렸다. 왕자가 밥을 다 먹어 치우자 갑자기 그는 다시 개구리로 변해 버리고 말았다. 그가 다시 개구리가 되자 아주 좋았던 옷도 왕자가 타고 다녔던 말도 그리고 천신 마녀가 가지고 있던 황금 닭도 순식간에 다 없어지고 말았다.

모든 것을 눈깜짝할 사이에 다 잃은 개구리는 너무 슬퍼졌다. 자신의 행동이 부끄러워 집으로 돌아가 어머니를 뵐 수도 없었다. 너무 실망하고 슬퍼한 나머지 개구리는 그만 그 곳에서 돌에 머리를 부딪혀 죽고 말았다.

※※※※

한 순간 방심(放心)으로 지계(持戒)는 물론 모든 수행의 과보를 잃어버릴 수가 있습니다. 이는 종교적 과보뿐 아니라 세속적 생활도 마찬가지입니다.

강을 건넌 후에는 뗏목을 버리라고 부처님은 말씀하셨습니다. 또한 아무리 전생에 쌓은 복이 많아 현실적으로 풍요로운 복을 누리고 있다 하여도 그 복은 자신의 순간적인 과실로 인해 모두 달아날 수도 있습니다. 마음을 붙잡아 두는 노력은 매순간 방심하지 않고 해야 합니다.

나라를 구한 켈레니야 공주

옛날 스리랑카 중서부 켈레니야 지역에서 있었던 일이다.

하루는 바닷가에서 전에 듣지 못했던 아주 큰 소리가 들려 오기 시작했고 마을 사람들은 소리를 듣고 두려움에 가득 차서 바닷가로 몰려 나와 무슨 일인가 하고 살펴 보았다. 사람들이 바닷가로 나와 보니 파도가 점점 더 거세지고 소리도 커지는 것이었다.

한동안 그러더니 해가 없어진 것처럼 사방이 갑자기 어두컴컴해지는 것이었다. 마침내 사방이 완전히 캄캄해져 한밤중처럼 되었다. 사람들은 횃불로 바닷가를 밝히며 무슨 일이 일어나지나 않을까 하고 근심 어린 표정으로 바라 보고 있었다. 시간이 흐를수록 파도는 점점 거칠어지고 높아져서 육지로 넘쳐 오기 시작했다. 해변가를 아름답게 장식했던 키가 큰 야자수 나무가 파도에 넘어갔다. 그리고 바닷가 근처의 집들이 하나 둘 물에 잠기기 시작하였다.

사람들은 무서워서 집도 내버려둔 채 육지로 올라오는 파도를 피해 달아나기 시작했다.

"아무래도 안 되겠다. 왕에게 가서 이 일을 이야기 하자. 여러분! 빨리 왕이 계신 궁으로 갑시다!"

도망가던 사람 중에 누군가 소리쳤다.

사람들은 켈라니티사 왕궁으로 우르르 몰려 갔다. 사람들은 왕의 시종을 만나 해변가에서 일어나고 있는 일을 소상히 이야기 하였다.

"새벽부터 바닷가에서 이상한 일이 발생하고 있습니다. 해가 없어지고 높은 파도가 육지로 몰려와 집이고 나무고 다 물에 잠기고 있어 그 곳에 사는 모든 사람들이 육지 안 쪽으로 도망쳐 왔습니다. 뭔가 재앙이 일어나고 있습니다."

이야기를 다 들은 시종은 성급히 이 일을 왕에게 보고하였다.

왕이 신하들에게 말했다.

"아니, 나라에 그렇게 큰 재앙이 일어 났다고? 그러면 어떻게 해야 한담."

시종이 대답했다.

"아무래도 분위기가 심상치 않습니다. 제가 생각하기론 스님을 모셔다가 여쭈어 보셔야 할 것 같습니다."

그러자 왕은 빨리 가서 스님을 모셔 오라고 말했다. 그들은 얼른 달려가 스님을 모셔 왔다.

자초지종을 다 들은 스님은 근심스러운 표정을 지으며 말했다.

"이 갑작스러운 재앙으로부터 나라를 지키기 위해서 할 수 있는 일은 하나밖에 없다고 생각합니다."

그러자 왕은 조바심이 난 듯이 물었다.

"하나밖에 없다니요? 아니 그것이 무엇 인지요?"

스님은 머뭇거렸습니다.

"왕이시여… 그것은…"

왕이 재촉하며 말했다.

"왜 그러시오? 스님. 빨리 말하지 않으시고. 빨리 말해 보시오. 기다릴 수가 없소."

"하지만 내가 그 말씀을 드리면 왕께서는 무척 비탄에 빠지실 겁니다."

왕이 다그치 듯이 말했다.

"비탄이라니요. 걱정하지 마시오. 나라를 지키는 것이 무엇보다도 우선이지 않소? 그러니 지체하지 말고 빨리 말해 보시오. 견딜 수가 없구려."

스님은 계속해서 말하였다.

"그러시다면 들어 보십시요. 지금 이 재앙으로부터 나라를 지키기 위해서는 누군가 한 사람이 희생되어야 합니다. 그것도 대왕의 가족 중에서……"

"아니 뭐라구? 내 가족 중에 한 사람이 희생되어야 한다고?"

왕은 깜짝 놀라며 어찌할 바를 몰랐다. 그 곳에 모여 있던 사람들도 서로의 얼굴만 쳐다볼 뿐 어느 누구도 말을 꺼내지 않았다.

바로 그 때였다. 이 장면을 옆에서 지켜 보고 있던 켈라니티사 왕의 데위 공주가 앞으로 나왔다.

"아버님, 저는 여러분들께서 하신 말씀을 다 들었어요. 제가 우리 식구들을 대표해서 바다로 나가 나라를 구하기 위한 희생이 되겠어요. 저를 보내 주세요."

왕은 울음 섞인 목소리로 말했다.

"아니 공주야! 그게 무슨 말이냐? 난 너를 그 곳에 보낼 수가 없어."

그러나 공주는 단호하게 말했다.

"아니예요, 아버님. 슬퍼하지 마세요. 걱정도 하시지 말구요. 지금 우리 나라는 전에 없던 재앙 때문에 위기에 처해 있어요. 나라를 지킬 수 있는 방법이 이것 밖에는 없다고 스님께서 말씀하시잖아요. 그러니 제가 하고자 하는 대로 둬 주세요."

그 곳에 모인 모두 대신들이 이야기 했다

"그렇습니다. 대왕이시여! 저희들도 공주님이 고통을 당하시는 것을 원하지는 않습니다. 그러나 지금 우리 나라는 재앙 때문에 위기에 처해 있습니다. 그런데 공주님께서 우리 모두를 대신해서 나라를 구하겠다는 아주 훌륭하고 커다란 결심을 하셨습니다."

한참 생각에 잠겼던 왕이 슬픈 목소리로 말했다.

"그렇다면 좋다. 너의 뜻이 정 그러하다면 네가 배를 타고 파도가 몰아치는 바다로 나가는 것을 허락하지."

그러자 재상이 말했다.

"여러분, 공주께서 편안히 바다로 나가실 수 있도록 모든 준비를 서둘러 주시오."

드디어 공주를 바다로 보내기 위한 준비를 시작했다. 모두 힘을 모아 배를 만드는 일을 도왔다. 모든 사람들이 공주를 바다로 보내기 위한 준비를 하였기 때문에 배는 금방 마련되었다. 배에는 공주가 타고 가면서 먹을 식량과 공주가 쓸 물건들 그리고 보석도 실었다.

준비를 다 마치자 공주는 가족들과 왕실의 신하들께 인사를 하고 바다로 향했다. 공주는 아무런 말도 없이 입을 꼬옥 다물고는 바다를 향해 한 걸음 한 걸음 옮겨갔다. 왕과 신하, 많은 사람들이 공주의 뒤를 쫓아갔다.

저기 공주가 간다.
저기 공주를 바다로 보낼 행렬이 간다.
저기 공주를 보시오.
무척 아름답지 않소?
금과 은으로 치장된 옷을 입고 있소.
보석으로 치장된 옷을 입고 있소.
머리에는 꽃을 꽂았소.
얼마나 아름다운지 잘 보시오.
저기 있는 공주는 아름다운 우리의 공주는
우리를 구하기 위해 바다로 간다.
곱게 차려 입고 바다로 간다.
공주의 눈에는 눈물이 가득 고여 있다.
공주의 눈에는 눈물이 가득 고여 있다.
금은 보화로 치장한 배를 보시오.

배가 무척 화려하지 않소?

공주가 배에 올랐다.

공주가 배에 올랐다.

아아! 공주가 우리를 향해 손을 들었다.

아아! 공주가 우리를 향해 손을 들었다.

　사람들은 공주가 바다로 가는 것이 슬퍼 모두들 울음을 터뜨렸다. 왕도 '어쩌다 우리 나라에 이런 재앙이 닥쳤는가' 하면서 비탄에 빠져 눈물을 흘리고 있었다. 공주는 배에 다소곳이 앉은 채 아무런 말 없이 입을 꼭 다물고 있었다.
　잠시 후 공주를 태운 배가 파도에 휩쓸려 조금씩 바다로 나아갔다. 공주를 실은 배는 두둥실 떠서 육지를 떠나 바다 한가운데로 가기 시작했다. 거친 파도가 일었다. 하지만 공주를 실은 배는 그 파도를 헤치고 조금씩 조금씩 멀어져 가기 시작했다. 잠시 후 공주를 실은 배의 돛도 보이지 않았다.
　그 곳에 모인 모든 사람들이 공주를 잃은 슬픔에 소리 내어 울었다. 그리고 바다는 마치 공주가 떠 오는 것을 기다리기라도 했다는 듯이 잠잠해지고 하늘의 해도 다시 환하게 비치기 시작했다. 공주를 실은 배는 파도에 몸을 맡긴 채 하염 없이 바다 위를 두둥실 떠갔다.
　얼마나 지났을까?
　어느 날 스리랑카 남쪽 루후누 지방 해변에 아주 화려하게 치장을 한 배가 나타났다. 그 배는 바로 켈레니야 지방에서 재앙을 막기 위해 띄운 공주가 탄 바로 그 배였다.
 그 지방의 사람들이 놀라서 해안가로 모여들었다.
 "아니 세상에 저렇게 아름다운 배가!"
 사람들은 놀라서 중얼거렸다.
 그 배는 그들이 전에 본 적이 없는 아주 아름다운 배였던 것이다. 그 배는 빛을 받아 반짝반짝 빛나고 있었다. 그들은 배 안에 켈레니야 공주가 아주 평온한 자세로 단정히 앉아 있는 모습을 보았다. 누군가 외쳤다.
 "배에 사람이 타고 있다! 아름다운 아가씨인데… 공주인 것처럼 보인다!"
 사람들이 배 가까이로 우르르 몰려갔다. 그 배에는 다음과 같이 쓰여져 있었다.

 '이 배에는 켈라니티사 왕의 공주가 타고 있음. 이 공주는 나라를 구하기 위해 스스로 원하여 이 배를 타고 바다로 나간 것임.'

 "아! 공주님이시다! 공주님!"
 글을 읽은 사람들이 소리쳤다.
 "우리 빨리 뛰어 가서 왕에게 이야기를 전하자. 켈라니티사 왕의 공주께서 배를 타고 우리 나라에 오셨다고 말이야."
 사람들은 카완티싸 왕이 있는 궁으로 뛰어가서 왕에게 바닷가에서 일어난 일을 모두 말하였다.

왕은 소리쳤다.

"아니 켈라니티사 왕의 공주가 왔다고? 그래 어디 바닷가로 나가보자. 그것 참 경사스러운 일이구나."

'오! 하늘의 딸처럼 아름다운 공주님! 저렇게 아름다운 분 처음 보네!' 하고 바닷가에 모인 사람들은 모두 노래를 불렀다.

카완티싸 왕이 공주가 있는 곳에 도착했다. 카완티싸 왕은 켈라니티사 왕의 공주인 데위 공주가 타고 있는 배로 올라 갔다. 공주는 마치 아름다움의 여신이 내려와 앉아 있는 듯이 아름다운 자태를 하고 그 곳에 가만히 앉아 있었다.

카완티싸 왕이 정중하게 말했다.

"공주! 나는 이 곳을 다스리는 키원티씨 왕이오. 우리 같이 나의 궁으로 갑시다."

공주와 카완티싸 왕은 배에서 내려 궁으로 걸어가기 시작하였다. 이것을 보던 사람들이 소리를 지르며 그 뒤를 따라 갔다.

"그래 우리도 공주를 환영하는 뜻에서 공주와 왕의 행렬 뒤를 따라 가자."

그 행렬을 보고 있던 마을 사람들도 기뻐 어쩔 줄 몰라 하며 말했다.

"내 생전에 저렇게 아름다운 행렬은 처음 봤네!"

공주를 궁으로 맞아 들인 카완티싸 왕은 공주와 결혼을 하였다. 그리고 그들은 온 나라를 평화롭게 다스리며 행복하게 살았다. 켈레니티사 왕이 있는 켈레니야 나라에도 평화와 번영이 있었다.

✳︎ ✳︎ ✳︎ ✳︎

스리랑카에 불교가 자리를 잡고 난 후의 일입니다. 자신의 몸을 바쳐 나라를 구하겠다는 공주의 생각은 바로 적극적인 보시를 의미합니다. 국민들의 마음을 하나로 모으는데 조언을 한 스님과 그의 말을 따른 왕과 국민들의 모습에서 사부대중의 화합을 읽을 수 있습니다. 후에 공주는 스리랑카 국민들로부터 아주 추앙받는 이가 되었습니다. 지금도 공주의 이름을 딴 위하라마하데위(Viharamahadevi) 공원이 콜롬보 시내 중심지에 있습니다.

집착을 버리지 못한 악어

옛날 어떤 강에 아주 순진한 악어가 한 마리 살고 있었다. 그 악어는 장가를 가야할 나이가 되었는 데도 마땅한 상대가 없어 혼자 살아 가고 있었다.

어느 날 악어가 사는 그 강둑 위에 코끼리 한 마리가 죽어서 쓰러져 있었다. 며칠이 지나자 코끼리 시체 냄새가 주위에 서서히 퍼지기 시작하였다.

한편 그 반대편 둑 위에는 쟈칼이 살고 있었다. 쟈칼은 건너편 죽은 코끼리 시체 냄새를 맡고 먹고 싶었으나 강을 건너갈 수 없었다. 그래서 쟈칼은 한 가지 꾀를 냈다. 쟈칼은 악어를 찾아가 정다운 목소리로 불렀다.

"악어씨! 악어씨!"

물 속에서 놀던 악어는 얼굴을 들고 헤엄쳐 왔다.

쟈칼이 말했다.

"악어씨! 왜 당신은 그렇게 외롭게 지내세요? 내가 당신의 아내감을 찾아봐 드릴까요? 난 그 전부터 당신과 친구가 되고 싶었어요."
　이 말을 들은 악어도 강에 사는 친구들하고만 지내는 것이 따분하다는 생각이 들어서 쟈칼 같은 친구가 있었으면 좋겠다고 생각하였다.
　"그것 좋은 생각이군요. 저도 그랬으면 해요."
　"그러면 말이예요. 우리 이제부터 친구가 된 걸로 하고 친하게 지냅시다. 그런데 난 지금 강 건너편 코끼리의 시체가 있는 쪽으로 넘어 가고 싶은데 당신의 도움을 받고 싶어요. 그러니 좀 도와 주시겠어요?"
　"아니 쟈칼씨. 당신이 내 아내감만 구해 준다면 난 당신을 강 건너로 데려다 주지요."
　그러자 쟈칼이 말했다.
　"이봐요 악어씨! 만일 당신이 나를 저 쪽 강둑으로 데려다만 주신다면 난 당신의 신부감을 오늘이라도 구할 수도 있어요."
　악어는 장가를 갈 수 있다는 생각에 기분이 좋아져서 쟈칼을 등 뒤에 태우고는 유유히 강을 건너 갔다.
　악어의 도움으로 강을 건너간 쟈칼은 코끼리의 시체를 열심히 뜯어 먹었다. 코끼리의 시체는 너무 커서 쟈칼이 하루 종일 뜯어 먹었지만 다 뜯어 먹을 수 없었다. 쟈칼은 해가 어둑어둑해지자 아쉬운 생각이 들었다. 그렇지만 날이 너무 어두워 코끼리의 시체를 남겨둔 채 집으로 돌아가야 했다. 쟈칼은 다시 강을 건너기 위해 강둑으로 나와 소리 쳤다.
　"악어씨!"

그러자 악어가 물 위로 얼굴을 내밀며 기대에 찬 표정을 지으며 물었다.

"쟈칼씨 당신이 나한테 신부를 구해 준다고 하셨잖아요? 어떻게 제 신부감은 구해 오셨나요?"

그러자 쟈칼이 말했다.

"그럼요. 내가 당신의 신부감을 구해 드린다고 말씀드렸었죠. 하지만 오늘 제가 신부를 구하러 갔더니 너무 늦었지 뭐예요. 그래서 내일 다시 나가서 당신의 신부감을 꼭 구해 드리리다. 반대편 강둑 쪽으로 나를 좀 데려다 줘요. 난 집에 돌아가야 하거든요."

악어는 다시 쟈칼을 자신의 등 뒤에 싣고 강 건너편 둑이 있는 쪽으로 데려다 줬다.

다음 날 아침 동이 텄을 때 쟈칼은 다시 코끼리의 시체를 뜯어 먹으러 가기 위해 강둑으로 나갔다. 그리고 어제처럼 악어를 불렀다.

"악어씨! 악어씨!"

쟈칼의 소리를 들은 악어는 얼굴을 물 밖으로 드러냈다.

"내 오늘, 어제 당신한테 말한 약속을 지켜야 하니 나를 저쪽 건너편 둑 쪽으로 데려다 주세요."

악어는 다시 등 뒤에 쟈칼을 태우고는 강 건너편으로 데려다 주고 다시 물 속으로 들어갔다.

쟈칼은 오늘은 꼭 아내를 구해달라는 악어의 부탁을 들으며 둑 위로 뛰어 올랐다.

다시 건너편 강둑으로 온 쟈칼은 전날 먹다남은 코끼리를 계속해서 맛있게 파먹기 시작했다. 쟈칼이 코끼리를 파먹다 보니 어느덧 또 해가 져서 한밤중이 되었다. 쟈칼은 집으로 돌아가기 위해 강둑으로 나왔다. 그리고 어제처럼 또 다시 악어를 불렀다.

"악어씨! 악어씨!"

악어가 물 위로 얼굴을 내밀고는 물었다.

"그래 오늘은 내 문제를 해결 했단 말이요? 내 신부는 어디에 있지요?"

"예. 오늘 당신의 신부를 찾아줄 양반들이 내일 한번 더 오라고 하더군요. 그러면 신부를 꼭 데리고 갈 수 있게 해 주겠다고 그랬어요. 그러니 지금 나를 저쪽으로 다시 데려다 줘요. 난 집으로 돌아가야 하니까요."

악어는 다시 쟈칼을 등에 싣고 강을 건너 주었다.

다음 날 아침 쟈칼은 코끼리의 시체를 뜯어 먹기 위해 또 다시 강둑으로 나갔다.

쟈칼이 말했다.

"악어씨, 오늘 나를 저쪽으로 데려다 주면 돌아올 때 확실히 당신의 아내를 구해 오죠. 그러니 날 좀 저쪽으로 데려다 줘요."

그러자 악어는 다시 쟈칼을 등 뒤에 태우고 강 건너편으로 데려다 주었다.

쟈칼은 그 날도 역시 코끼리의 시체로 가서는 한나절이 지나도록 고기를 뜯어 먹었다. 이제 그 크던 코끼리의 시체를 뜯어 먹던 일도 모두 끝이 났다. 저녁이 되자 쟈칼은 다시 강가로 와서 악어를 불렀다.

그러자 악어는 기대 어린 표정을 지으며 물었다.

"오늘은 내 아내 될 동물이 도착했나요?"

"그들이 오늘 실수를 저질렀지 뭐예요, 글쎄. 그들이 미안하다고 사과를 하면서 내일 한번만 더 와서 그녀를 데리고 가라고 그러더라구요. 그러니 오늘은 그만 나를 저쪽으로 건네 주세요. 당신의 아내가 될 동물은 내일 꼭 데리고 올께요."

쟈칼이 이렇게 말하자 악어는 실망스럽긴 했지만 다시 쟈칼을 등 뒤에 태우고 강을 건너 반대편 둑에 내려주었다.

악어의 등에서 팔짝 뛰어내린 쟈칼은 먼저 출발하였던 둑 위에 올라갔다. 그리고 쟈칼은 여느 때처럼 숲 속으로 들어가지 않고 둑 아래로 내려다 보며 말했다.

"이 어리석은 악어야. 나같이 동물의 왕인 쟈칼이 너 같은 물속에서나 사는 악어와 친구가 되겠니? 그리고 감히 어떻게 네가 나한테 아내를 구해 달라고 할 수 있니? 사실 난 그 동안 건너편 둑 위에 있는 코끼리 시체를 파먹으러 다녔지 네 아내를 구하러 다닌게 아니였어. 그런데 그 고기를 오늘 다 먹어 치웠거든. 이제 나는 더 이상 강을 건너갈 필요가 없어. 이 어리석은 악어야."

쟈칼은 그렇게 말하고 깔깔거리며 숲 속으로 달아나 버렸다.

****

한 가지에 지나치게 집착하면 자신이 어떠한 입장에 놓이게 될 것인지를 모르게 되는 경우가 많습니다. 그리고 그런 사람들에게는 의외로 옳지 못한 이야기나 요구를 하는 사람들이 주위에 늘어나게 됩니다. 집착에 가리워져 지혜롭게 세상을 살지 못하면 나중에는 모든 것을 잃어 버리고 마는 경우가 있습니다. 수행도 마찬가지입니다. 수행의 과보나 공덕에 집착한 나머지 올바른 수행을 하지 못하면 어떻게 될까요? 만일 수행의 과보에만 집착 한다면 어리석은 악어와 다르지 않을 것입니다.

지혜로 위기를 극복한 거북이

정글 속에서는 사자가 왕이었다. 어느 더운 여름 날 사자가 어슬렁거리며 숲을 거닐고 있는데 아무 동물도 나와서 인사를 하지 않는 것이었다. 사자는 기분이 나빴으나 너무 더워서 큰 나무 밑에서 더위도 피할겸 잠시 쉬려다가 그만 깜빡 잠이 들었다.

사자가 한참 잠을 자고 있는 동안 거북이가 숲에서 나와서 걸어 갔다. 그 때 '사라 사라' 하는 소리가 났다. 그 소리는 마른 낙엽들 사이에서 나는 소리였다. 이 소리를 듣고 잠자던 사자가 눈을 떴다. 눈을 뜬 사자는 거북이가 기어 가고 있는 모습을 물끄러미 바라 보았다. 사자는 거북이가 기어 가는 소리 때문에 낮잠 자는 것을 방해 받았다고 생각하고는 화를 냈다. 사자는 일어나 거북이에게 달려 갔다.

사자는 거북이를 거칠게 밀면서 말했다.

"이봐, 거북아! 너는 왜 그렇게 시끄러운 소리를 내면서 걸어 가냐? 너 내가 여기서 자고 있는 것이 보이지도 않니?"

거북이는 애원하듯이 사자에게 말했다.

"오! 장래에 부처님이 되실 분이시고 지금은 저희들의 왕이신 사자님이시여! 저는 절대 당신의 낮잠을 방해하지 않았습니다. 나는 매우 조심해서 걸음을 걸었습니다. 그런데 낙엽이 움직이는 소리가 사라사라 하고 났던 것입니다."

그러자 사자는 거북이에게 물었다.

"그럼 너는 이 숲 속에서 뭐 찾아 먹을 게 있다고 그렇게 돌아다니니?"

그러자 거북이는 말했다.

"저는 배가 고파서 먹을 수 있는 것이라면 아무 것이라도 찾아 보려고 나왔습니다. 사자왕님."

이 말을 듣고 화가 난 사자는 펄쩍 뛰어 올라 거북이를 잡아 먹으려 하였다. 그러자 거북이는 목을 안으로 감추었다. 거북이는 마치 둥근 돌덩이처럼 되었다. 사자는 거북이를 잡아 먹기 위해 거북이를 이리 굴리고 저리 굴리고 하였다. 또 발톱으로 할퀴기도 하고 이빨로 물어 뜯기도 하였다. 하지만 거북이가 목을 움츠리고 꼭 숨어 있었기 때문에 사자는 거북이를 어찌할 도리가 없었다. 그러자 사자는 꾀를 내어서 말했다.

"야! 거북아! 너는 왜 그렇게 돌 같이 하고 있니? 나는 너를 잡아 먹지 않을 테야. 그러니 아무 걱정하지마."

그리고 사자는 잠깐 동안 쉬고 있었다. 바로 그 때 거북이는 머리를 내밀고 다시 걸어가기 시작했다. 그러자 사자는 거북이를 바라 보며 말했다.

"얘, 너는 네가 하고 싶은 건 아무 것이나 할 수 있지 않니?"

거북이는 말했다.

"사자님, 그건 사자님이 그러세요. 아무 것이나 할 수 있는 건 사자님이시고 저는 제가 할 수 있는 거만 할 수 있어요."

사자가 다시 말했다.

"얘야, 하지만 넌 땅 위에선 마치 큰 바위가 움직이는 것처럼 천천히 움직이지만 물에서는 나처럼 아주 빨리 달리기도 하고 헤엄도 잘 치지 않니? 그러니 너하고 나는 같지 않니?"

그러자 거북이는 약을 올리듯이 말했다.

"사자님, 당신은 땅 위에서는 왕이세요. 당신은 어느 누구도 잡아 먹을 수 있고 당신이 한번 으르렁거리면 모든 동물들이 다 무서워서 어쩔 줄을 모르잖아요? 하지만 물에 들어 오시면 조금은 달라요. 당신은 나같이 헤엄도 잘 치지 못하시죠. 그리고 당신은 물에서 빨리 달릴 수도 없잖아요?"

이 말을 듣고 사자는 화가 나서 말했다.

"그렇다면 너하고 나하고 이 쪽에서 저 쪽으로 헤엄쳐 가볼까? 누가 이기나 해 보잔 말이야. 그렇게 하지 않으면 난 너를 커다란 바위 밑에 눌러 놓을 거야."

그러자 겁이 난 거북이는 사자가 자기를 죽일까봐 겁이 나서 이 쪽에서 저 쪽으로 헤엄쳐 가는 시합을 하자고 사자에게 말했다.

사자와 거북이는 시합을 하기 위해 강가로 나갔다. 거북이는 강가로 가는 길에 우연히 친구 거북이를 만났다.

거북이가 친구에게 말했다.

"이봐, 친구! 나 오늘 아주 큰 일이 났는 걸."

친구 거북이가 걱정스러운 듯이 물었다.
"아니 큰일이 뭔데?"
그러자 거북이는 말했다.
"사자가 나하고 강 이 쪽에서 강 저 쪽으로 왔다갔다 하는 경주를 하자고 해서 여기까지 왔어. 만일 내가 지면 날 잡아 먹겠데."
그러자 친구 거북이가 대수롭지 않은 듯이 말했다.
"그것 참 잘 됐네. 넌 내가 가르쳐 주는 대로만 해. 그러면 아무일 없을 거야."
거북이는 조바심이 나서 친구에게 물었다.
"그래 어떻게 해야 하는데?"
친구 거북이는 말했다.
"너는 이 쪽 강가에서 입에 붉은 꽃잎을 물고 있어. 그리고 난 저 쪽 강가에서 붉은 꽃잎을 물고 있을께. 그리고 넌 사자와 함께 경주를 하는 것처럼 하면서 강 속으로 뛰어들란 말이야. 강 속에서 넌 출발한 근처의 강바닥에 들어가 숨어 있어. 난 저 쪽 강가 근처에 몸을 숨기고 있을께. 그러다가 사자가 저 쪽 강가에 닿을 때쯤 되면 내가 강둑에 나타나서 '사자님' 하고 소리를 지를께. 그러면 사자는 네가 자기 보다 먼저 닿은 줄 알고 다시 이 쪽으로 돌아올 거란 말이야. 그러면 너는 이 곳에서 기다리고 있다가 '사자님' 하고 또 말해."
두 거북이는 약속을 하고는 강 양편으로 흩어져 갔다.
잠시 후 사자가 경주를 하기 위해 나타났다.

거북이가 물었다.

"사자님, 헤엄치러 오시나요?"

그러자 사자가 자신이 있는 듯이 소리 쳤다.

"그래. 넌 내 뒤를 따라서 헤엄쳐 와야 한다. 내가 네 앞에서 천천히 가 줄께. 알았지?"

거북이는 친구가 시킨 대로 붉은 꽃잎을 입에다 물었다. 그리고 물 속으로 뛰어 들어 갔다. 그리고 얼마쯤 가다가 친구 거북이가 시키는 대로 자신의 몸을 물 속 깊은 곳으로 숨겼다. 거북이가 물 속 깊은 곳에 몸을 숨기고 있는 동안 사자는 헤엄쳐 가서 건너편 둑에 다가 갔다. 그러자 상대편 강가에 숨어 있던 거북이가 사자보다 먼저 육지에 올라 와서는 소리쳤다.

"사자님!"

그 거북이도 역시 입에 붉은 꽃을 물고 있었다.

그 거북이를 보자 사자는 자기가 늦었구나 생각 하고 다시 물 속으로 뛰어 들었다. 사자가 다시 강 이 쪽으로 건너 오자 이제는 이 쪽에서 숨어 있던 거북이가 사자보다 먼저 육지로 나와서는 소리쳤다.

"사자님!"

이번에도 거북이가 먼저 왔다고 생각한 사자는 다시 물 속으로 첨벙 뛰어 들었다.

사자는 계속 헤엄을 쳤다. 거북이들은 똑같은 방법으로 외치기만 하였다.

"사자님!"

이렇게 일곱 여덟 차례를 헤엄친 사자는 그만 기진맥진하여 강 한가운데 빠져 죽고 말았다.

✱✱✱✱

수행자는 지혜와 겸허함을 같이 겸비하고 있어야 합니다. 지혜가 없이 하는 수행은 과보를 얻기 어렵습니다. 지혜가 없으면 항상 욕심만 앞섭니다. 욕심을 앞에 내세우면 똑같은 수행을 했다 하더라도 결과는 엉뚱한 곳으로 가게 마련입니다. 무욕무탐(無慾無貪)은 수행자가 갖추어야 할 가장 중요한 자세입니다. 그리고 수행을 하여 높은 과보를 얻었다 하더라도 과보를 뽐내고 교만 해지면 아무 소용이 없습니다. 석가모니 부처님은 그 어느 누구에게도 자만함을 보이지 않았습니다. 부처님은 매 순간 지혜로써 가르침을 펼쳐 보였습니다.

세 가지 질문

옛날 나그네가 길을 가고 있었다. 그는 그 나라에 사는 사람이 아니었다. 나그네는 길을 가다가 그 나라에 사는 사람을 찾아갔다. 그리고 그 사람에게 물었다.
"당신네 나라 왕은 어떻게 나라를 다스립니까?"
그 질문을 받은 사람은 대답했다.
"우리 왕은 잘 다스리고 있어요. 아무런 잘못도 나타나고 있지 않거든요. 항상 왕은 우리에게 잘해 주고 있어요."
그러자 나그네는 대답했다.
"하지만 당신네 나라의 왕은 현명한 사람은 아닐거요. 만일 왕이 현명한 사람이라면 내가 내는 세 가지 질문에 대답을 할 수 있어야 한단 말이요. 만일 왕이 질문에 답을 못하면 왕은 당신들을 제대로 다스린 게 아닌거요. 그러니 당신이 왕에게 가서 한번 물어 보시오. 세 가지 질문은 다음과 같소.
첫째는 이 세상의 중심이 어디냐 하는 거요. 그리고 둘째는 저 하늘에 떠 있는 별은 몇 개나 되는가 하는 거요. 셋째는 신들의 세상에서 신의 왕이 하는 일은 도대체 뭔가? 하는 것이요."
그리고 나그네는 길을 떠나 갔다.
그 질문을 받은 사람은 왕이 있는 궁전으로 갔다. 그리고 왕을 찾아가 그가 겪었던 일을 자세히 이야기 하였다. 왕은 그 나그네가 내 준 세 가지 질문이 뭐냐고 물었다.
그 사람은 왕에게 말하였다.
"그 사람이 내 준 세 가지 질문은 첫째, 이 세상의 중심이 어디냐 하는 거였습니다. 둘째, 하늘에는 도대체 별이 몇 개나 있는가 하는거구요 셋째, 신들의 세상에서 신의 왕이 하는 일은 무엇인가 하는 거였습니다."
문제를 들은 왕도 그 질문에 대답을 할 수가 없었다. 할 수 없이 왕은 재상을 불렀다. 그리고 왕은 그 세 가지 질문을 재상에게 물어 보았다. 그러나 재상도 전혀 대답을 하지 못했다. 그러자 왕은 재상에게 그 문제를 풀어와야 한다고 명령하였다. 만일 해답을 얻어 오지 못하면 목을 베겠다고 하였다.
재상은 그 문제를 가지고 가서 대신들에게 물어 보았다. 하지만 대신들도 그 문제의 해답을 알 수가 없었다. 이번에는 재상이 대신들에게 그 해답을 알아오지 못하면 목을 베겠다고 이야기 했다. 대신들도 그 답을 알 수가 없어 하루하루를 근심 속에서 지냈다.
이 모습을 본 한 대신의 하인이 왕을 도와주는 스님을 모셔와 여쭈어 보면 어떻겠느냐고 이야기했다. 그들은 그 스님을 모셔 오기로 결정하였다. 그들은 스님을 모셔다가 문제를 이야기했다.

이야기를 다 들은 그 스님은 이렇게 말하고 돌아갔다.

"오늘은 당신들한테 이야기를 해 줄 수 없소. 내일 다시 와서 내 말해 주리다."

하지만 그 스님도 답을 알 수가 없었다. 그래서 자기의 절로 돌아온 스님은 고민스러운 표정을 지으며 땅바닥에 엎드려 아무 말도 하지 않고 있었다.

그 때 그 절에 있는 염소를 돌보는 하인이 들에서 돌아왔다. 하인이 들에서 돌아왔는 데도 그 스님은 여느 때와는 달리 엎드린 채 꼼짝도 하지 않고 있었다. 스님이 그렇게 엎드려 있는 것을 본 하인이 스님께 도대체 왜 그러시냐고 물었다.

스님은 걱정스러운 표정을 지으며 말했다.

"왕이 제상과 대신들은 내일 몽땅 죽이고 나는 모레 죽인다고 그러지 뭔가. 왕이 문제를 내줬는데 도대체 알 수가 있어야지."

그러자 하인이 물었다.

"아니, 그 문제가 뭐예요?"

스님이 말했다.

"내가 내일까지 답을 일러줘야 할 문제는 세 개야. 첫째는 이 세상의 중심이 어디냐 하는 거다. 둘째는 하늘에 떠 있는 별은 몇 개나 되냐는 거다. 셋째는 신들의 세상에서 신의 왕이 하는 일은 무엇인가 하는 거다. 이 문제를 내일 아침까지 풀지 못하면 나도 목이 베이지."

하인이 대수롭지 않은 듯이 말하였다.

"겨우 그런 걸 가지고 그러셨습니까? 그런 건 제가 풀어 드리지요."

 다음 날 아침, 스님은 하인을 데리고 궁으로 향했다. 스님을 만난 왕은 전날 내줬던 문제를 다시 내주며 답이 무엇이냐고 물었다. 그리고 그 문제의 답을 알아 맞히지 못하면 당장 목을 베겠다고 하였다.

 그러자 스님은 대답하였다.

 "아니 그런 걸 나한테 대답하란 말씀입니까? 그런 건 내 절에서 염소를 키우는 하인도 알고 있어요."

 그러자 왕은 하인을 데리고 오라고 하였다. 스님이 하인을 앞으로 오라고 하자 염소를 키우는 하인은 왕이 있는 곳으로 갔다. 왕이 하인에게 물었다.

 "그래 내가 너에게 내줄 세 가지 질문은 첫째는 이 세상의 중심이 어디인가 하는 것이고, 둘째는 하늘에 있는 별은 몇 개나 되는가 하는 것이고, 셋째는 신들의 왕이 하는 일은 무엇인가 하는 것이다. 그런데 정말로 네가 그 답을 알고 있단 말이냐?"

 그러자 하인은 아무 말도 없이 자리에서 일어났다. 그리고 가지고 온 지팡이를 땅에 꽂았다. 그리고 자신 있게 말했다.

 "여기가 바로 세상의 한가운데입니다. 만일 믿기 어려우시다면 한번 세상의 사방 끝으로 가서서 거기서부터 여기까지 각각 한번 재어 보시죠. 그리고 나서 제가 말씀드린 것이 정확치 않다면 저의 목을 베셔도 좋습니다."

 왕은 하인이 시킨대로 재어볼 수 없었으므로 그 하인의 말을 따르지 않을 수 없었다.

왕은 다시 두 번째 문제로 하늘에 있는 별의 숫자가 몇 개나 되나고 물어 봤다. 하인은 자기가 입고 있던 양의 가죽으로 만든 코트를 땅 바닥을 향해 집어 던졌다. 그리고 가죽 코트를 가리키며 말했다.

"여기에 있는 양털을 다 세어 보십시오. 그 숫자가 바로 하늘에 있는 별의 숫자입니다. 만일 틀리면 저의 목을 베셔도 좋습니다."

이 답에 대해서도 왕은 어찌할 수가 없었다. 이제 왕은 두 문제의 해답을 얻었다. 아니 해답을 얻었다기 보다 두 문제를 잃은 것이다. 마지막으로 왕은 신들의 세상에서의 신의 왕이 하는 일이 무엇인가 하고 하인에게 물었다.

그러자 그 하인은 단호하게 말했다.

"나는 말하지 않겠습니다."

왕이 물었다.

"아니 말을 하지 않겠다니? 답을 알지 못한다는 거냐? 말을 하지 않으면 어떻게 네 뜻을 나타낼 수 있느냐?"

그러자 하인이 대답했다.

"지금 나의 의복을 왕이 입고 계신 의복으로 갈아 입혀 주십시요. 그리고 왕관도 씌워 주시고요. 또 나에게 왕께서 쓰시는 칼도 주고 나를 왕좌에 앉혀 주세요. 그러면 내 말하겠습니다."

왕은 그 하인의 요구를 들어 주기로 하고 하인을 목욕시켜 주었다. 그리고 자신의 의복을 갖추게 하고 왕관도 씌워 주고 칼도 주고 나서는 그를 왕의 자리에 앉도록 하였다.

왕의 복장을 다 갖춘 하인은 마치 자신이 왕이라도 되는 것처럼 왕좌에 앉았다. 그는 큰 소리로 사형을 집행하는 사람을 불렀다.

그리고 왕을 손가락으로 가리키며 말했다.

"여기 있는 이 자를 끌고가 당장 목을 베어라. 이 자는 너무 어리석어서 그 동안 무수한 사람들의 목을 베었다. 그러니 그를 끌고 가서 그의 목을 베고는 내다 버려라. 빨리 집행하여라. 이것이 바로 세 번째 문제의 해답인 신들의 세상에서 신의 왕이 하는 일이다."

이 말을 들은 사형 집행인은 어리석은 왕을 처형하였다. 왕을 처형하고 나서 양 떼를 돌보던 하인은 스스로 왕이 되었다. 왕이 된 하인은 그의 스승이었던 스님과 함께 나라와 백성들을 위해 선정을 베풀어 백성들이 아주 풍요롭게 살게 하였다.

✳✳✳✳

평소에 문제 의식이나 주인 의식이 없이 생활하는 사람은 아주 엉뚱한 경우를 당했을 때 자신이 그 동안 살아왔던 방법으로만 일을 해결하려 합니다. 하지만 세속적인 생활에 얽매이지 않고 살아가는 출가 수행자는 아무런 문제도 해결할 능력이 없어 보이나 실제로는 가장 크고 어려운 문제들을 해결하는 것을 보여 줍니다.

이런 귀절이 떠오릅니다.

"우리가 숲 속으로 들어 가는 것은 사람을 피하기 위해서가 아니라 그들을 발견하는 방법을 배우기 위해서이다. 우리가 사람들을 떠나는 것은 그들과의 관계를 끊기 위해서가 아니라 그들을 위해 최선을 다할 수 있는 그 길을 찾아내기 위해서 수행의 길을 택하는 것이다."

제2부
인도양의 진주에는

스리랑카 ②

스리랑카의 개국 설화 1

옛날 인도양 가운데 있는 섬에 철로 된 커다란 성(大鐵城, 寶洲, 스리랑카를 말함)이 있었는데 그 성에는 5백의 나찰녀들이 살고 있었다. 나찰은 '사람을 잡아 먹는 귀신'이란 뜻으로 식인귀(食人鬼)라고도 하는 무시무시한 악귀(惡鬼)들 중의 하나이다.

그 나찰녀들은 성 한 쪽에 성루를 지어 그 꼭대기에 두 개의 커다란 깃발을 걸어 놓고 그 깃발로 좋은 일과 나쁜 일의 표시를 하며 지내고 있었다. 사실 그 깃발은 바다를 지나는 사람들을 유인하기 위한 것이었다.

그 나찰녀들은 바다를 통해 장사를 하는 상인들이나 고기를 잡던 어부들이 멀리서 그 깃발을 보고 섬으로 들어 오면 처음에는 아주 친절히 안내하였다. 하지만 그들의 환대에 상인들이나 어부들이 안심하고 있으면 나찰녀들은 상인이나 어부들을 쇠감옥에 집어 넣고는 하나하나 꺼내 잡아 먹었던 것이다. 왜냐하면 나찰녀들이 주로 먹는 식량이 사람의 피와 고기였기 때문이다.

당시 섬부주(贍部洲)에는 '사자(獅子)'라는 뜻을 가진 싱가

(Sinha)라고 하는 아주 유명한 장사꾼이 살고 있었다. 섬부주는 쟘부 나무가 많아 쟘부의 섬, 또는 남섬부주나 염부주라고도 하는데 수미산 남쪽에 위치하는 대륙의 이름으로, 여기서는 오늘날의 인도를 가리키는 말이다. 싱가에게는 승가라라고 하는 아들이 있었다. 승가라는 아버지가 하던 일을 이어 받아 열심히 상업에 종사하며 배를 타고 이 곳 저 곳 다니며 무역을 하기도 하고 보석을 채취해서 내다 팔기도 하였다.

어느 날 승가라는 보석을 채취하기 위해 바다에 나갔다가 풍랑을 만났다. 승가라가 탄 배는 파도에 밀려 한참 표류 하다가 우연히 어떤 섬에 닿았다. 그런데 그 섬이 바로 나찰녀들이 사는 커다란 철로 된 성이 있는 보주였던 것이다. 승가라와 배에 탔던 사람들은 아무것도 모른 채 나찰녀들이 변장한 여인들의 환영을 받고는 즐거운 마음으로 그 섬에 머무르게 되었다. 그 날 이후 승가라와 선원들은 나찰녀들과 짝을 지어 매일매일 환락의 생활을 하며 지냈다.

어느덧 세월이 흘러 그들 중 일부는 아이를 낳고 살기도 하였다. 그러던 어느 날 승가라는 악몽을 꾸었다. 악몽을 꾼 승가라는 퍼뜩 잠에서 깨어 정신을 차리고 그 동안 지냈던 여인들과의 생활을 끝내고 고향으로 돌아가야 되겠다고 결심을 하게 되었다.

승가라가 마음을 먹고는 집으로 돌아갈 길을 찾아 여기 저기를 돌아보던 중에 성의 한 쪽에 몰래 설치되어 있는 쇠감옥을 발견 하였다. 그 쇠감옥 안에는 많은 사람들이 갇혀서 살려 달라고 울부짖고 있었다.

승가라는 그 사람들에게 도대체 무슨 이유로 쇠감옥에 갇혀서 그렇게 울부짖고 있느냐고 물었다. 그 사람들은 자신들도 바다에서 장사를 하던 사람들이었는데 이 섬이 나찰녀의 섬인 줄을 모르고 장사를 하기 위해 그 섬으로 들어왔다가 나찰녀들의 꾀임에 빠져 그들과 함께 지내다가 이렇게 쇠감옥에 갇혀서 한 명씩 한 명씩 나찰녀들의 먹이로 죽어가고 있다고 그 동안의 내용을 모두 이야기 해 주었다.

자신들과 지내던 그 여인들이 인간이 아닌 나찰녀이고 그들의 흉악함과 그 동안 속아서 지내온 것을 알게 된 승가라는 어떻게 하면 재난을 피할 수 있을 지 그 방도를 물었다. 그러자 감옥에 갇혀 있는 상인 중의 한 사람이 승가라에게 해안에 천마가 한 마리 있는데 그 천마를 향해 모두가 일심으로 기원을 하면 그 섬을 빠져 나갈 수 있는 방법을 알 수 있다고 말하였다. 이 말을 들은 승가라는 비밀리에 상인들을 모아 그 동안 속아 지낸 것을 이야기하고 모든 상인들과 함께 해안에 있는 천마를 향해 한마음으로 기원을 하였다.

그러자 어디선가 천마 한 마리가 달려와 말하였다.

"너희들은 나의 꼬리를 꼭 잡고 뒤를 돌아보지 말라. 그러면 바다를 건너 당신들의 고향인 섬부주에 한 사람도 빠짐없이 데려다 주겠다."

이 말을 들은 상인들은 하나도 빠짐없이 천마의 꼬리를 잡고 하늘을 날아 나찰녀들이 있는 섬으로부터 도망쳐 자신들의 고향인 섬부주로 되돌아 왔다.

나중에 나찰녀들은 상인들이 모두 도망친 것을 알게 되었다. 그래서 나찰녀들도 바다를 건너 상인들을 뒤쫓아 와서는 상인들에게 하나하나 다시 만나 울면서 그 섬으로 돌아갈 것을 호소하였다. 나찰녀들과 섬에서 쾌락의 날을 보냈던 상인들은 지난날을 잊지 못하기도 하고 또한 나찰녀들의 술수에 다시 빠져 그만 나찰녀들을 쫓아 그 섬으로 되돌아가고 말았다.

그러나 승가라만은 나찰녀들의 사악함을 정확히 알고 있었기 때문에 그 섬으로 돌아가지 않았다. 한편 승가라와 짝을 이루어 지냈던 나찰녀는 나찰녀들의 왕이었는데 자신의 짝인 승가라로부터 버림을 받았기 때문에 섬으로 돌아갈 수도 없게 되었다.

나찰녀의 왕은 승가라에게 복수를 하기로 마음을 먹었다. 그 나찰녀는 섬으로 가서 자기 자식들을 데리고 승가라를 찾아와서 '당신의 아이들을 데리고 왔다'며 유혹하였다. 그러나 승가라는 단호하게 거절하였다. 승가라를 유혹하려다 거절 당하자 나찰녀의 왕은 이번에는 승가라의 아버지인 싱가를 찾아갔다. 그리고 자기는 승가라의 아내이고 자기가 데리고 온 아이들은 승가라의 자식들이라고 이야기 하였다.

이 이야기를 들은 승가라의 아버지 싱가는 그들을 자신의 집에서 살게 하였다. 그러나 그들이 싱가의 집에서 사는 것도 오래가지 못했다. 승가라가 집으로 돌아와 아버지에게 그간의 사정을 이야기 하자 다시 쫓겨 나게 되었기 때문이다.

그러자 승가라에게 쫓겨난 나찰녀는 이제는 국왕을 찾아가 거짓으로 그 동안의 사정을 이야기하며 자신을 보살펴 달라고 호소하였다. 나찰녀의 외모와 아주 능란한 말 솜씨에 반한 왕은 그만 승가라를 벌주려 하였다. 이에 승가라는 왕을 만나 그 동안의 사정을 자세히 이야기 하였다. 하지만 왕은 나찰녀에게 반했기 때문에 승가라의 말을 믿지 않을 뿐 아니라 오히려 나찰녀의 왕을 자신의 후궁으로 삼았다. 후궁이 된 나찰녀의 왕은 어느 날 밤 자신이 머물렀던 섬으로 몰래 돌아가 그 섬에 남아있던 5백 나찰녀들을 모두 데리고 섬부주의 왕궁으로 돌아왔다. 그리고 궁에 있던 사람들을 모조리 잡아 먹었다.

다음 날 왕궁에 있던 사람들이 모두 나찰녀들에게 잡혀 먹힌 사실을 안 신하들이 승가라를 새로운 왕으로 옹립하였다. 왕이 된 승가라는 과거 자신이 갇혀 있었던 나찰국으로 군사를 이끌고 배를 타고 나갔다. 그 곳의 나찰녀들을 모두 무찌르고 거기에 갇혀 있는 사람들을 구출했다. 그 섬에서 승리를 거둔 승가라는 그 곳이 너무 아름다워 자기 고향인 섬부주로 돌아가기를 포기하고 그 곳에 나라를 세웠다. 그리고 그 나라를 스리랑카라고 불렀다.

이 때부터 스리랑카의 사람들은 자신들을 승가라 또는 싱갈라 등으로 불렀다. 이것이 지금 스리랑카인을 부르는 싱할라(Sinhala)로 변했고, 이 때문에 싱할라들은 스스로를 사자의 후예라고 믿게 되었다.

✳ ✳ ✳ ✳

　스리랑카인들은 스스로를 싱가, 즉 사자(獅子)의 후예라는 생각을 하고 있습니다. 그들이 이런 생각을 갖고 있는 이유는 사자의 용맹성 보다는 사자가 부처님을 나타내는 것 때문입니다. 이런 생각은 스리랑카인들의 생활 속에도 깊이 파고 들어 있어 항상 부처님을 생각하며 살아가게 하였습니다. 나라가 이교도들에게 지배 받을 때에도 스리랑카 사람들이 뭉쳐서 대항할 수 있었던 것은 불교라는 공동의식이 있었기 때문에 가능했습니다. 그 중의 하나는 15세부터 천주교와 개신교 성공회를 앞세운 서구 제국주의 국가인 포르투칼, 네덜란드, 영국 등에게 400년 이상 지배를 받으면서도 결국 스리랑카에 불법의 등불이 다시 환히 밝혀진 것을 보면 알 수 있습니다. 특히 그들의 국기만 보더라도 사자와 사성제(四聖諦)를 나타내는 보리수 잎이 그려져 있는 것을 보면 알 수 있습니다.

스리랑카의 개국 설화 2

스리랑카 개국의 시조(始祖)를 위자야(Vijaya)라고 한다. 그 말은 정복자라는 뜻을 가지고 있는데 스리랑카의 시조를 그렇게 부르는 이유는 다음과 같다.

옛날 남인도에 방가국이라고 하는 나라가 있었다. 그 나라의 국왕은 이웃 나라 동인도의 칼링가국 출신의 왕비와 결혼을 하였다. 그들은 공주를 두고 있었는데 공주는 항상 나라 안팎을 여행하기를 좋아 하였다.

어느 날 공주는 상인들과 함께 이웃 나라 마가다국을 여행하기 위해 길을 떠났다. 상인들과 공주가 길을 가는 도중 라라국에 이르렀을 때였다. 사자들이 나타나 많은 상인들을 죽이고, 공주를 사로 잡은 사자는 공주를 잘 보살펴 주기 위해 산 속에 있는 맛있는 열매들과 사슴고기 등을 가져다 주었다. 나중에 공주는 사자와 결혼을 하고, 자신의 나라로 돌아갈 것을 단념한 채 사자와 살았다. 얼마 후 사자와 공주 사이에 1남 1녀의 쌍둥이가 태어났다. 쌍둥이 중 아들은 싱하바후라 하고 딸은 싱하시바리라

하였다. 싱하바후는 겉 모습은 일반 사람과 같으나 성질은 짐승과 같아 무척 난폭하였다.

그 아이들은 무럭무럭 자라 어느덧 스무 살이 되었다. 싱하바후는 특별히 힘이 강하여 맨손으로도 맹수들을 때려 잡을 수 있게 되었다. 그리고 나이가 들자 그들에게 지혜도 생겼다. 하루는 싱하바후가 자신들이 어떻게 해서 태어났는지에 관해 궁금해 하면서 어머니에게 그 내용을 설명해 달라고 부탁하였다.

"왜 저희들의 아버지는 사자이고 어머니는 사람이십니까? 어머니와 아버지는 같은 종류의 생명체가 아닌데 어떻게 결혼하여 사실 수 있었습니까?"

그러자 어머니는 할 수 없이 과거에 있었던 모든 일을 자세히 이야기 해 주었다. 어머니로부터 자신들의 출생에 관한 비밀을 다 들은 싱하바후는 어머니에게 말했다.

"어머니, 인간과 사자는 겉 모양도 다르고 사는 길도 다릅니다. 그러니 우리 이 곳에서 살지 말고 도망가 사람들이 사는 마을로 내려가서 삽시다."

그리고 사자가 사냥을 나간 사이 어머니와 누이 동생을 데리고 사람들이 사는 마을로 몰래 내려왔다.

마을로 내려온 어머니는 싱하바후와 싱하시바리에게 단단히 주의를 주며 말했다.

"너희들은 지금까지 알고 있는 너희들의 출생에 관한 비밀을 어느 누구에게도 말해선 안 된단다. 아마 사람들이 너희들의 출생 비밀을 알게 되면 너희들은 그들로부터 무시당하고 그들은 너희들을 죽이려 들지도 모른단다."

한편 아내와 자식들이 사람들이 사는 마을로 도망을 친 것을 알게 된 사자는 자식들을 그리워하며 지냈다. 그러다가 아내와 자식을 잊지 못하고 마을로 내려 와서는 사람과 동물들을 마구 해치기 시작 하였다. 사자의 횡포가 심해지자 마을 사람들은 혼자 다니면 사자로부터 화를 당하기 때문에 많은 사람이 모여 무리를 지어 북을 치거나 피리를 불며 무기를 갖고 다녀야 화를 면할 수 있게 되었다.

이에 왕은 자신의 덕이 부족하여 나라에 이렇게 상서롭지 못한 일이 생겼다고 생각을 하였다. 그리고는 사자를 직접 사로잡기 위해 병사를 동원하여 사자가 있을 만한 숲으로 나아갔다. 하지만 사자가 워낙 용감하기 때문에 사자를 사로잡을 수 없었다. 오히려 병사들도 사자가 가까이 오면 무서워 도망치기에 바빴다. 이에 국왕은 사자를 잡는 사람에게 후한 상을 주겠다고 포고하였다.

한편 사자의 아들 싱하바후도 왕의 포고를 들었다. 그는 어머니가 말리는 데도 불구하고 자신의 아버지인 그 사자를 죽이러 갔다. 싱하바후는 자신이 사자를 잡겠노라고 왕에게 이야기 하고 사자가 있는 곳으로 갔다. 멀리서 싱하바후가 자기를 죽이기 위해 가까이 오는 것을 본 사자는 아무런 저항도 하지 않고 아들 앞에 순순히 무릎을 꿇었다. 사자가 순순히 무릎을 꿇자 싱하바후는 사자를 칼로 찔러 죽였다. 왕은 그 사자의 아들이 가진 불가사의한 힘에 놀라서 그 젊은이에게 사연을 물었다. 하지만 그 젊은이는 처음에는 아무런 이야기도 하지 않았다.

그러나 싱하바후도 왕이 감옥에 보내겠다고 협박을 하자 그 내용을 모두 이야기 하지 않을 수 없었다. 싱하바후의 이야기를 다 듣고난 왕은 말했다.

"자식이 아버지를 살해한다는 것은 인간은 물론 동물의 도리에도 어긋나는 것이다. 아버지를 살해하는 자라면 부모와 자식간이 아닐 때는 얼마나 더 포악해지겠는가? 무릇 모든 인간들은 짐승적인 심성을 달래기가 어려워 쉽게 포악해 질 수 있다. 모든 사람들에게 인륜의 무서움을 깨닫게 해주기 위해서라도 너를 벌해야 마땅하다. 하지만 네가 나서서 나라의 어려운 일을 해결하였으므로 내 너에 대한 벌과 상을 상쇄하여 목숨만은 살려주마. 그리고 너를 배에 실어 멀리 다른 나라로 추방할 것이다."

그리고 어머니만 그 나라에 머물게 하고 두 척의 큰 배에 충분한 양식을 실어 남매를 각각의 다른 배에 태워 바다로 띄워 보냈다.

그들이 탄 배는 물결이 치는대로 흘러 갔다. 얼마나 지났을까. 싱하바후가 탄 배는 여기 저기 표류하다가 어느 섬에 도착하였다.

그가 도착하여 보니 그 섬에서는 아주 귀한 보석들이 많이 났다. 싱하바후는 그 섬에 머무르기로 작정을 하였다. 그래서 그 전부터 그 섬을 지배하던 야차(夜叉)들과 새롭게 그 섬에 다다른 싱하바후는 싸움을 하게 되었다. 이 싸움에서 싱하바후는 야차들을 모두 물리쳤다. 싸움에서 이긴 싱하바후는 그 섬을 완전히 정복하여 스스로 왕이 되었다. 싱하바후가 나라를 다스리자 보석을 찾아 그 섬으로 오는 사람들이 늘어났다.

　이렇게 그가 도착한 섬이 바로 오늘날의 스리랑카 섬인 것이다. 사람들은 그 이후에 사자와 같이 용감한 자의 후예가 사는 곳이라 하여 그 곳을 '집사자국(執獅子國)'이라 불렀고 싱하바후가 야차를 물리치고 나라를 세웠기 때문에 그를 정복자라고 부르는 것이다.

　한편 다른 배를 타고 같이 떠났던 동생 싱하시바리는 서쪽으로 흘러흘러 가서 페르샤에 닿아 그 곳을 지배하는 신과 결혼하여 살았다고 한다.

✳✳✳✳

　신라 시대의 이야기 호원(虎願) 내용의 뿌리가 된 이야기입니다. 호원에서는 부자 간의 싸움이 아니라 연인 간의 싸움으로 만들었지요. 우리 조상의 지혜를 엿볼 수도 있습니다. 이렇듯 우리 나라의 이야기 중에는 남아시아 지역의 영향을 받은 이야기가 적지 않습니다. 효(孝)를 생각하게 하기도 하고, 동물과 인간의 만남을 생각케 하기도하는 이야기입니다.

인과응보를 보여주는 자매 이야기

 옛날 어떤 숲 속에 언니와 동생이 사이좋게 살고 있었다. 자매는 자신들의 신랑을 구해야겠다고 작정하고 하루는 집을 떠나 마을로 향했다.
 마을로 가던 길에 그들은 두 마리의 소를 만났다. 소들이 다가와 자매에게 물었다.
 "어디들 가십니까?"
 "우리는 지금 마을에서 우리를 입혀주고 먹여줄 사람을 찾으러 가는 길이야."
 언니의 대답에 소 한 마리가 말했다.
 "그러시다면 저희 같은 소는 어떠신지요? 저희들도 입혀드리고 먹여드릴 수 있어요. 저희들은 힘도 세답니다."
 자매들이 소에게 물었다.
 "너희는 뭘 먹고 사는데?"
 "우리들은 숲 속에서 나는 풀들을 먹고 살지요. 숲 속에는 풀들이 무척 많이 있거든요."

소들이 대답했다.

"그럼 안돼. 우리는 풀만 먹고 살 수는 없단 말이야."

자매는 소들의 청혼을 거절하고 마을을 향해 다시 길을 떠났다. 길을 가다가 이번에는 두 마리 쟈칼을 만났다. 쟈칼이 물었다.

"어디들 가십니까?"

"우리는 지금 마을에서 우리를 입혀주고 먹여줄 사람을 찾으러 가는 길이야."

이번에도 언니가 대답했다. 그러자 쟈칼 한 마리가 물었다.

"우리는 어떠신지요? 저희들도 두 분을 입혀드리고 먹여드릴 수 있어요."

"너희는 뭘 먹고 사는데?"

"우리들은 과일과 고기를 먹고 살지요. 당신은 무얼 먹고 지내시는지요?"

"우리는 마른 생선을 먹고 살기 때문에 너희들이 필요하지 않은데."

자매는 쟈칼의 청혼을 거절하곤 다시 길을 떠났다. 한참 길을 가고 있는데 이번에는 형제가 길을 가고 있었다. 형제가 자매에게 다가와 물었다.

"어디들 가십니까?"

"우리는 지금 마을에서 우리를 입혀주고 먹여줄 사람을 찾으러 가는 길이에요."

이번에도 언니가 대답했다.

"그러면 우리는 어떠신지요? 저희들도 입혀드리고 먹여드릴 수 있어요."
"댁들은 뭘 먹고 지내시는데요?"
자매가 형제에게 물었다.
"우리는 마른 생선을 먹고 지내지요."
"그러시다면 먹고 지내는 것이 저희와 같군요. 아주 좋은데요."
"아, 그러세요? 당신들만 좋으시다면 저희 집으로 갑시다."
형제는 기뻐하며 자매를 자신들의 집으로 데리고 갔다. 잠시 후 집에 도착하자 형제는 자매들에게 집안의 열쇠를 주면서 말했다.
"식량과 반찬거리들은 뒤편 창고에 있으니 가서 찾아다가 우리가 돌아올 때까지 음식을 준비 해놓으시오."
그리고 일을 하러 간다며 논으로 떠났다.
자매들은 집안으로 들어가서 언니는 형의 집에 들어가 음식 준비를 했고, 동생은 남자 동생의 집에 들어가 음식을 준비하였다. 한참 후 형제는 돌아와 자매들이 마련해 놓은 음식을 잘 먹었다.
많은 세월이 흘렀다. 두 자매는 각각 예쁜 딸을 하나씩 낳았다. 그런데 그 동안 동생은 마음씨도 착하고 물건도 아껴 써서 집안이 풍성해졌지만 반대로 언니는 낭비가 심하고 물건들을 함부로 사용하여 아무 것도 모아둔 것이 없었다. 그래서 언니는 항상 자기가 잘 살지 못하는 것에 대해 질투하는 마음을 내서 자기 동생을 죽일 생각을 하고 있었다.

어느 날 매일 그렇게 해왔듯이 그들 자매는 밥을 지어서 논에서 일하는 형제들에게 갖다 주기 위해 논으로 향했다. 동생이 앞에 가고 언니가 뒤에 따라 갔다. 논으로 가는 도중 조그만 강가에 이르렀다.
그러자 언니가 말했다.
"얘 동생아, 너 목욕하지 않을래? 네 등을 보니 때가 무척 많구나. 우리 옷을 벗고 들어가 잠시 목욕이나 하고 가자꾸나."
동생은 마침 덥기도 해서 그러자고 말하였다.
그들은 가지고 가던 밥그릇들을 땅에 내려 놓고 물 속으로 들어가 목욕을 하기 시작 했다. 목욕을 하던 중 언니는 동생에게 말했다.
"애야, 이리와서 등 좀 밀어 주렴."
동생이 언니의 등을 밀고 있을 때였다. 갑자기 언니가 동생을 강 한가운데 깊은 곳으로 밀어 넣어 죽여 버렸다. 그리고 강 밖으로 나온 언니는 아무 일도 없었다는 듯이 밥그릇들을 모두 가지고 논으로 나갔다. 언니가 논에 가니 형제 중의 동생이 물었다.
"왜 우리집에선 아무도 오지 않지요?"
언니가 말했다.
"아니 아무도 안 오다니요? 걔는 지금 집에서 놀고 있어요."
언니는 그들이 식사를 마치자 다시 그릇들을 챙겨 가지고 집으로 돌아 왔다.
언니가 집에 돌아오니 동생의 딸이 물었다.
"이모, 우리 엄마는 왜 안 오시죠?" 하고 물었다.

그러자 언니는 말했다.

"네 엄마는 지금도 논에 있단다."

밤이 되었다. 형제들도 논일을 마치고 모두 집으로 돌아 왔다. 동생은 부인이 보이지 않자 자기 딸에게 물었다.

"네 엄마는 어디 가셨니?"

딸이 대답했다.

"엄마는 오후에 이모와 같이 아빠 드린다고 밥을 가지고 가서는 아직 돌아 오지 않았어요."

남동생이 이상하다는 표정을 지으며 말했다.

"어디? 네 엄마는 논에 오지도 않았는데."

딸이 말했다.

"아니 내가 이모한테 물어 보니까 엄마가 논에 있다고 그러던데요."

동생은 자기 아내를 찾을 수 없었다. 여러 날을 찾아 다녔으나 찾지 못했다. 그는 더 이상 찾는 것을 포기하고 말았다.

그 후 그들 형제는 자매 중 동생의 물건들도 다 함께 가지고 한 집에서 함께 살았다. 그리고 그 다음부터 언니는 자신이 낳은 딸과 조카의 손에 밥을 들려 가지고 논으로 내보냈다.

두 소녀들이 밥을 가지고 가기 시작한 지 이삼일 정도 지났을 때였다. 두 소녀는 강에서 얼굴을 내밀고 있는 하얀 거북이 한 마리를 발견하였다. 소녀들은 그 거북이를 잡으러 강으로 들어 갔다. 그런데 신기한 것은 언니가 낳은 딸이 거북이를 잡으러 가면 거북이는 강 한가운데로 도망을 가서 잡을 수가 없었지만 죽은 동생의 딸이 거북이를 잡으러 가면 거북이는 강둑으로 올라와 그 소녀의 몸에 자기의 몸을 비비곤 하였다.

소녀들이 집으로 돌아와 이상한 거북이 이야기를 했다.

"엄마! 강 안에 하얀 거북이가 있어요. 그런데 쟤가 가까이 가면 거북이는 가까이 와서 막 비비고, 내가 가까이 가면 헤엄쳐 도망 가잖아요 글쎄."

그 이야기를 듣고 있던 언니가 말했다.

"그래, 그렇다면 그 거북이를 내가 잡아서 구워 먹어야지."

이 이야기를 듣고 있던 동생의 딸이 강가로 달려가 소리 쳤습니다.

"흰 거북아, 흰 거북아! 우리 이모가 와서 너를 잡아 먹겠데."

그러자 하얀 거북이가 말했다.

"그러니? 그것 참 잘 되었구나. 나는 전에 네 엄마였단다. 이제 내 말을 잘 들어라. 분명히 네 이모는 나를 잡아 요리를 할거다. 그리고 너한테도 역시 국물을 조금 줄거야. 그러면 넌 그 국물을 다 마셔라. 뼈를 가지고 외양간으로 가렴. 그리고 '네가 만일 우리 엄마라면 너는 맹고 나무로 다시 태어나거라' 하고 말하면서 그 뼈를 외양간 안에 던지렴."

저녁 때 논에 일하러 나갔던 형제들이 돌아 왔다. 그런데도 부인은 누워서 꼼짝도 하지 않고 있었다.

형제가 말했다.

"아니 당신은 우리가 논에서 일을 하고 돌아 왔는데 누워서 뭐 하는 거요?"

그러자 부인은 짜증난 듯이 말했다.

"난 지금 아주 중한 병이 났어요. 그래서 이렇게 누워 있는 거란 말이에요. 내 병이 나을려면 강에 있는 하얀 거북이를 잡아 먹어야 한단 말이에요."

그 말을 듣고 형제는 강가로 나가서 하얀 거북이를 잡아서 집으로 가져왔다. 그들은 거북이를 푹 삶아서 먹으라고 부인에게 주었다. 부인은 그 거북이 국을 후루룩거리며 맛있게 먹었다.

그녀는 거북이 국물과 뼈를 자기 동생이 낳은 소녀에게도 주었다. 그 소녀는 흰 거북이가 시킨대로 그 국을 다 마셨다. 소녀는 뼈를 가지고 외양간 쪽으로 갔다. 그리고 하얀 거북이가 시킨대로 말했다.

"네가 만일 우리 엄마라면 너는 맹고 나무로 다시 태어나거라."

그렇게 말하면서 외양간 안에 그 뼈를 던졌다.

신기하게도 얼마 후 그 곳에서는 맹고 나무 한 그루가 자라 났다. 그 맹고 나무에는 며칠 사이에 아주 큰 맹고 열매가 열렸다. 두 소녀가 맹고 나무가 있는 곳으로 가까이 가서 보니 맹고 열매가 탐스럽게 열려 있었다. 그들은 맹고 열매를 따기 위해 그 나무 근처로 가까이 갔다. 그런데 신기하게도 언니가 낳은 딸이 맹고를 따기 위해 가까이 가면 맹고 나무는 더 높이 자라 맹고를 딸 수가 없었다. 그런데 동생의 딸이 맹고를 따러 가면 맹고 나무 가지는 저절로 구부러져서 그 소녀의 팔 근처로 열매를 드리워 편하게 열매를 딸 수가 있었다. 그렇게 동생의 딸이 자기가 원하는 만큼 맹고를 따서 먹으면 맹고는 금방 다시 자라서 풍성하게 열매를 맺는 것이었다.
　언니의 딸이 또 엄마에게 그 이야기 하였다.
　"엄마, 우리 외양간 앞 들판에 맹고 나무 하나가 새로 생겨 났는데 내가 따려고 하면 나무가 막 더 자라서 따지 못하게 하고 동생이 따려고 하면 가지가 땅 쪽으로 구부러져 내려와 따기 쉽게 하잖아요."
　"그래 그렇다면 내가 그 나무를 넘어뜨려서 불로 몽땅 태워 버리치 뭐."
　이 이야기를 들은 동생의 딸이 맹고 나무 근처로 뛰어 갔다.
　동생의 딸이 맹고나무에게 말했다.
　"엄마! 이모가 엄마를 넘어 뜨려서 불로 태운데요."
　맹고 나무가 말했다.
　"아, 그러니? 얘야, 그것 참 잘 됐구나. 나를 넘어뜨리면 여기에 밑둥 조각이 남지 않니? 그러면 너는 그것을 집어서 '만일 네가 우리 엄마라면 캐기리 넝쿨(열매가 아주 맛있는 열대 식물)이 되어 다시 태어 나렴' 하고 말하면서 집 뒤에 갖다 놓으렴."
　잠시 후 두 남편들이 왔을 때 언니는 또 누워서 꼼짝도 하지 않고 있었다.
　형제가 말했다.
　"아니 우리가 논에서 돌아 왔는데 누워서 뭐하는 거요?"
　그러자 그 부인이 말했다.
　"저기 외양간 앞 들판에 맹고 나무가 하나 새로 자라났는데 그 맹고 나무 좀 없애 주세요."

이 말을 들은 그 두 사람은 외양간 앞 들로 가서 맹고 나무를 도끼로 잘라서 땔감으로 쓰기 위해 집으로 가져 왔다. 언니는 언제 아파서 드러 누웠느냐는 듯이 자리에서 일어나 그 나무를 아궁이에 넣고는 다 태워 버렸다.

이 때 동생의 딸은 맹고 나무가 있던 자리로 갔다. 그 곳에는 정말로 조그만 밑둥 조각이 하나 남아 있었다. 그것을 집어든 소녀는 맹고 나무가 시킨대로 그 조각을 가지고 집 뒤로 갔다. 그리고 그것을 집어 던지며 말했다.

"만일 네가 우리 엄마라면 캐기리 넝쿨이 되어 다시 태어 나렴."

며칠 지나자 그 곳에는 캐기리 나무가 자라 나서 열매가 맺히기 시작했다. 그런데 동생의 딸이 그 열매를 따 먹으러 가면 얼마든지 따 먹을 수 있게 캐기리 열매가 열리고 언니의 딸이 그 열매를 따 먹으러 가면 어느덧 열매는 다 사라지는 것이었다.

집에 돌아온 언니의 딸이 엄마에게 캐기리에 관한 일을 자세히 이야기 했다.

"엄마, 집 뒤에 캐기리 나무가 하나 새로 생겨 났는데 동생이 따려 하면 열매가 아주 많이 열려서 얼마든지 따 먹을 수 있게 하고 내가 딸려고 하면 열매가 저절로 다 없어지잖아요."

엄마는 말했다.

"아, 그래! 그러면 내가 그 캐기리 나무를 다 캐서 먹어치우지 뭐. 그 걸 카레에 섞어 먹으면 아주 맛있다구."

이 이야기를 들은 동생의 딸은 캐기리 나무 근처로 달려 갔다. 동생의 딸이 말했다.

"엄마! 이모가 엄마를 따서 카레에 섞어서 먹어 버린데요."

캐기리 나무가 말했다.

"아, 그러니? 애야, 그것 참 잘 됐구나. 그래 이모가 나를 다 먹게 내 버려 둬라. 네 이모가 나를 캐낸 자리 밑을 보면 캐기리 뿌리가 남아 있을 거다. 그것을 가지고 강가로 가서 '만일 네가 나의 엄마라면 푸른 연꽃으로 태어 나거라' 하면서 부리를 강 속으로 던져 넣으렴."

언니는 캐기리 나무를 뽑아서 집으로 가져가 카레에 섞어서 먹었다. 동생의 딸은 캐기리 나무가 있던 곳으로 가서 뿌리 하나를 집어 들고는 강가로 나갔다. 강가에 이르른 소녀는 엄마가 시킨대로 '만일 네가 나의 엄마라면 푸른 연꽃으로 태어 나거라' 하면서 뿌리를 강 속으로 던져 넣었다. 그러자 그 곳에선 금방 푸른 연꽃이 아름답게 자라 났다.

언니가 낳은 딸과 동생이 낳은 딸이 강가로 목욕을 하러 가니 강에는 푸른 연꽃이 피어 있었다. 그 연꽃을 본 작은 소녀가 꽃을 만지러 가까이 갔다. 그러자 강 중간에 있던 연꽃이 강가로 나와 소녀의 손 안에 들어 오는 것이었다. 그런데 큰 소녀가 연꽃을 잡으러 가면 연꽃은 강 중간으로 들어가 버려 연꽃을 잡을 수가 없게 되는 것이었다.

집으로 돌아 와서 언니가 낳은 소녀는 강가에서 있었던 일을 자기의 엄마에게 말했다.

"엄마! 강에 연꽃이 한 송이 피어 있는데 동생이 만지러 가면 강가로 나와 쉽게 만질 수 있게 해 주고 내가 만지러 가면 강 속으로 들어가버려 도저히 만질 수가 없잖아요."

그 어머니가 말했다.

"그래 그것 잘 되었구나. 내가 가서 그 연꽃을 잡아 뽑아버려야겠다."

이 이야기를 들은 동생의 딸이 강가로 달려가 말했다.

"엄마! 이모가 엄마를 잡아 뽑으러 온데요."

그러자 푸른 연꽃이 말했다.

"애야 걱정마라. 네 이모는 나를 절대 뽑을 수가 없으니까."

저녁이 되자 논에 일하러 나갔던 두 사람이 돌아 왔다. 부인은 또 누워서 움직이지도 않고 있었다. 그러면서 강가에 있는 푸른 연꽃을 뽑아다 달라고 부탁을 하는 것이었다. 그들은 푸른 연꽃을 뽑으러 강으로 갔지만 뽑을 수가 없었다. 그들이 푸른 연꽃을 뽑으려고 하면 푸른 연꽃은 강 한 가운데로 흘러가는 것이었다.

그러자 그 푸른 연꽃을 뽑으러 갔던 그 형제들은 강에서 일어나는 일을 왕에게 가서 이야기했다. 이 이야기를 들은 왕도 뭔가 이상하다는 생각이 들어 많은 시종들을 데리고 코끼리를 타고 강가로 나왔다. 언니와 그들의 딸들 그리고 언니의 남편도 그 곳에 나와 있었다.

사람들은 강의 양쪽에 서서 그 연꽃을 따려고 애를 썼다. 하지만 이상하게도 그들이 가까이 가면 그 푸른 연꽃도 강 속으로 들어가 버려 연꽃을 딸 수가 없었다. 이것을 보고 있던 동생의 딸이 자기라면 딸 수 있을 것이라고 생각을 하였다. 그리고 왕에게 자기가 그 연꽃을 따겠노라고 이야기했다. 그러자 왕이 대수롭지 않은 표정을 지으며 되물었다.

  소녀는 다시 말했다.

  "제가 저 연꽃을 딸 수 있을 것 같아요."

  소녀로부터 이 말을 들은 왕은 그럼 한번 해보라고 하였다.

  그 소녀가 강으로 들어가서 연꽃을 향해 손을 뻗쳤다. 그러자 연꽃은 마치 기다리기라도 했다는 듯이 그 소녀의 손으로 빨려 들어왔다. 소녀는 그 연꽃을 따가지고 물가로 나왔다.

  이 광경을 보고 있던 왕은 소녀에게 도대체 어떻게 해서 연꽃을 딸 수 있었느냐고 물었다. 그러자 소녀는 그 동안 있었던 일을 왕에게 모두 이야기 하였다. 소녀의 이야기를 들은 왕은 언니를 불러다 동생을 죽였느냐고 추궁을 하였다. 처음에는 아니라고 하던 언니도 할 수 없이 모든 것을 다 실토하고 말았다. 왕은 동생을 죽인 언니를 감옥에 가두라고 명령하였다. 그리고는 푸른 연꽃과 소녀를 자기가 타고 온 코끼리의 등에 같이 태우고서 사는 궁으로 데리고 갔다.

✳✳✳✳

우리 나라의 콩쥐 팥쥐 이야기를 연상케 합니다. 남이 미워서 해치려고 하면 할수록 자신의 고통은 커 가고 미움을 받는 이는 그래도 살아 남을 수 있다는 것을 보여 줍니다. 인과응보의 생각이 깊이 담겨져 있습니다.

사악한 왕의 어리석음

옛날 어떤 나라에 왕과 왕비가 살고 있었다. 그 왕비가 오랫동안 아이를 낳지 못해서 양자를 들여서 왕자로 삼았다. 그런데 양자로 왕자가 들어 오고 나서 얼마 안가 왕비는 아들을 낳았다.

그 아이가 태어난 후에 왕과 왕비는 양자로 들어온 왕자를 미워하기 시작하여 그를 죽이기로 결심을 하였다.

하루는 왕이 몰래 신하를 불러서 명령하였다.

"이 아이를 숲 속에 데리고 가서 대나무 밑에 끌어다가 버려. 그러면 애는 굶어서 죽을 거야."

신하는 왕의 명령이라 어쩔 수 없이 그 아이를 데리고 숲으로 가서 대나무 밑에 끌어다가 버렸다. 이 때 그 아이의 나이는 겨우 일곱 살이었다.

얼마 후 어떤 사람이 집에서 쓸 대나무를 자르기 위해 그 곳으로 갔다. 그때 왕이 그 곳에 버린 아이가 그대로 살아 있었다. 그 사람은 어린 아이 주위에 있는 대나무를 자르고 그 아이를 자기 집으로 데리고 갔다.

다음 날 왕이 신하에게 말했다.

"대나무 밭에 가서 그 아이가 죽었는지를 보고 오너라."

이 말을 듣고 신하가 그 곳을 가보니 아이는 그 곳에 없었다. 신하는 그 곳에서 벌어진 상황대로 왕에게 이야기 하였다.

그 이야기를 듣고 왕은 말했다.

"아마도 대나무를 자르러 갔던 사람이 그 아이를 데리고 갔을 것이다. 그러니 지금 이 돈을 가지고 가서 돈을 주고 그 아이를 다시 이리로 데리고 오너라."

그리고 왕은 금화 오백 냥을 신하에게 주었다. 신하는 그 사람을 찾아가서 왕이 준 금화 오백 냥의 돈을 주며 왕자였던 아이를 데리고 궁으로 돌아왔다.

그러자 왕은 이번에는 이렇게 말했다.

"이 아이를 데리고 가서 오백 마리의 소들이 모여 있는 외양간 안에 넣어 두고 오너라. 그러면 그 아이는 틀림없이 소들에게 밟혀서 죽을 거야."

그러자 신하는 왕이 시키는대로 오백 마리의 소들을 키우는 외양간 안에 아이를 버려두고 궁으로 돌아 왔다.

저녁 때 풀을 뜯으러 나갔던 오백 마리의 소들이 외양간 안으로 돌아 왔다. 그런데 소들 중의 왕이 맨 처음 들어 오다가 그 아이가 있는 것을 보았다. 아이를 본 소의 왕은 아이를 자신의 배 밑에 있게 하였다. 다음 날 목동이 와서 이 모습을 보았다. 그리고 그 아이를 데리고 자신의 집으로 데려 갔다.

하루는 왕이 신하에게 또 물었다.

"외양간에 가서 그 아이가 죽었는지를 보고 오너라."
신하가 외양간에 가 보니 아이는 그 곳에서 찾을 수가 없었다. 신하는 본대로 왕에게 이야기 하였다.
왕은 또 말했다.
"아마도 소를 키우는 사람이 그 아이를 데리고 갔을 것이다. 그러니 지금 이 돈을 가지고 가서 돈을 주고 그 아이를 이리로 데리고 오너라."
왕은 신하에게 금화 오백 냥을 주었다. 신하는 그 사람을 찾아가서 왕이 준 금화 오백 냥을 주며 왕자였던 아이를 데리고 다시 궁으로 돌아 왔다.
왕은 다시 신하를 불러서 이야기 했다.
"이 아이를 데리고 가서 오백 개의 수레가 다니는 곳에 아이를 놓고 오너라. 그러면 수레에 밟혀 죽을 거야."
그래서 신하는 그 아이를 데리고 길가로 나가 오백 개의 수레가 다니는 곳에 아이를 놓고는 궁으로 돌아 왔다.
그런데 수레를 끄는 사람이 소년이 그 곳에 있는 것을 보고 소년을 수레에 태워 자기 집으로 데리고 갔다.
다음 날 아침 왕은 왕자였던 소년이 오백 개의 수레가 다니는 곳에 있는 지 가서 보고 오라고 신하에게 명령하였다. 신하는 자기가 어제 소년을 버렸던 곳에 가 보았다. 그러나 소년은 보이지 않았다. 신하는 본대로 왕에게 이야기 하였습니다.
이번에는 왕이 금화 천 냥을 주며 말하였다.
"아마도 수렛꾼 중의 한 사람이 데리고 갔을 것이다. 그러니 이 돈을 가지고 가서 수렛꾼에게 주고 그 아이를 이리로 데리고 오너라."

그 신하는 금화 천 냥의 돈을 주고는 그 아이를 데려다가 왕에게 돌려 주었다.

그러자 왕이 말했다.

"가서 옹기장이를 데리고 오너라. 나는 이 아이를 죽이고 싶은 생각은 하나도 없다. 다만 이 아이를 옹기 가마에 넣고는 불을 지피고 싶을 뿐이다."

신하는 옹기장이에게 가서 말했다.

"우리 왕에게 왕자가 있는데 그 왕자가 생기기 전에 양자를 들인 왕자가 있었다. 그런데 왕자를 낳자 왕은 양자로 들인 왕자를 죽이려고 여러 번 애를 썼다. 하지만 그는 왕자였던 그 아이를 죽이지 못했다. 그래서 왕은 이번에는 그 아이를 옹기 가마에 넣고 불을 지피라고 하시는데 그렇게 해 줄 수 있느냐?"

옹기장이가 말했다.

"예, 해드리지요. 왕의 말씀이라는데 안 할 수가 없잖아요? 가서 아이를 데리고 오시요."

신하는 왕에게 가서 말했다.

"옹기장이가 말하기를 아이를 데리고 오라고 하더군요."

그러자 왕은 편지를 썼다.

"이 편지를 가지고 가는 왕자를 보는 즉시 옹기를 만드는 가마에 넣고 불을 지펴라."

편지를 다 쓴 후에 왕은 왕자에게 편지를 주었다.

"가서 이 편지를 옹기장이에게 전하고 오너라."

왕자가 왕의 심부름을 하기 위해 가려고 할 때였다. 왕이 낳은 왕자가 뜰에서 놀고 있다가 자기 형이 어딘가를 가는 것을 보았다.

왕자는 물었다.

"형! 지금 어디를 가고 있는 거요?"

그러자 양자인 왕자가 말했다.

"아버지께서 이 편지를 나에게 주셨어. 옹기장이한테 갖다 주고 오라고 하셨어."

왕이 낳은 왕자가 말했다.

"형 그건 내가 가면 안 될까? 그 동안 형은 여기서 놀고 있어요."

그리고 왕이 낳은 왕자는 편지를 가지고 옹기장이에게 가고 왕자였던 소년은 마당에서 놀고 있었다.

왕자가 왕의 편지를 가지고 오는 동안 옹기장이는 왕자를 넣고 끓일 옹기 가마를 만들고 있었다. 왕자가 와서는 옹기장이에게 왕의 편지를 건네 주었다. 거기에는 '이 편지를 가지고 가는 왕자를 보는 즉시 옹기를 만드는 가마에 넣고 불을 지펴라.' 라고 쓰여져 있었다. 그래서 옹기장이는 왕자를 가마에 넣고는 사정 없이 불을 지폈다. 왕이 낳은 왕자는 죽고 말았다.

한편 마당에서 놀고 있던 왕자였던 소년은 아무 것도 모른 채 한참 후 왕궁으로 돌아 왔다. 그 아이가 돌아온 것을 본 왕이 물었다.

"내 편지는 어떻게 했느냐?"

그러자 왕자였던 소년은 말했다.

"제가 그 편지를 가지고 가는데 동생이 놀고 있다가 저를 보고 어디를 가느냐고 하길래 왕의 심부름으로 편지를 전하러 간다고 했어요. 그러니까 동생이 자기가 간다고 하며 편지를 가지고 갔어요."

그 말을 들은 왕은 깜짝 놀랐다. 왕은 서둘러서 신하를 불러서 말했다.

"빨리 옹기장이에게 가서 왕자가 있는지를 보고 오너라. 만일 왕자가 있으면 같이 데리고 오너라."

신하는 서둘러서 옹기장이에게 달려 갔다.

"왕자가 왔는지요?"

옹기장이는 말했다.

"제가 편지를 가지고 온 아이를 죽였는데요."

신하는 궁으로 돌아와 왕자가 죽었다는 말을 왕에게 전하였다.

그러자 왕은 더욱 화가 치밀어 도저히 그 아이를 죽이지 않고는 견딜 수가 없었다. 그래서 이번에는 이웃 나라의 왕에게 그 편지를 가지고 가는 사람을 죽이라고 편지를 썼다. 그리고 왕자였던 소년에게 편지를 주면서 이웃 나라의 왕에게 이 편지를 직접 전해 주고 오라고 말했다.

왕자였던 소년은 아무 것도 모른 채 그 편지를 가지고 이웃 나라로 향했다. 왕자였던 소년이 이웃 나라에 도착하니 마침 왕은 어디론가 사냥을 가고 없었다. 그리고 왕의 공주만 그 곳에 있었다. 사실 그 동안 왕자였던 소년은 아주 건장하고 말쑥하게 자라

훌륭한 청년이 되어 있었다.
 그 청년을 본 이웃 나라의 공주는 왕자였던 소년과 결혼을 하고 싶은 마음이 생겼다. 공주는 왕자였던 소년에게 가지고 온 편지가 뭐냐고 물어 보고는 그 편지를 슬쩍 열어 봤다. 편지를 보니 그 편지를 가지고 가는 사람은 누구이든간에 즉시 죽이라는 내용이 있었다. 공주는 그 편지를 갈기갈기 찢어 버렸다. 그리고 그 편지를 가지고 가는 사람은 귀한 왕자이니 공주와 결혼시켜 달라는 내용으로 편지를 다시 썼다.
 공주는 공주 자신이 쓴 편지를 왕자였던 소년의 손에 쥐어 주며 말했다.
 "우리 왕이 돌아 오시면 이 편지를 드려요."
 얼마 후 왕이 돌아 오자 왕자였던 소년은 편지를 왕에게 주었다. 그 편지를 보니 왕자였던 소년과 자기의 공주와 결혼시켜 달라는 부탁을 써 놓았으므로 왕은 공주와 왕자였던 소년을 성대히 결혼시켰다.
 그들이 결혼을 하고 잘 지내고 있는 동안 왕자였던 소년의 아버지인 사악한 왕은 큰 병이 들었다. 그도 늙어서 외로워지기 시작 하였다. 그리고 자기가 죽이라고 보냈던 왕자가 어찌 되었나 수소문 하니 그 나라의 공주와 결혼하여 잘 살고 있다는 소식도 듣게 되었다. 그래서 왕자가 돌아 왔으면 좋겠다는 편지를 이웃 나라로 보냈다. 그 편지에는 '지금이라도 돌아와 주기 바랍니다. 현재 왕이 매우 위독한 병에 걸려 있습니다. 왕자께서는 제발 돌아와 주세요.' 하고 쓰여져 있었다. 그러자 왕자였던 소년은 단호하게 잘라 말했다.

"나는 가지 않을 거야."

그러자 공주는 말했다.

"당신 어떻게 당신의 부모인데 '나는 가지 않을 거야.' 하고 말할 수 있어요? 오늘 당장 떠납시다."

그리고 사악한 왕이 있는 곳으로 왔다. 그들이 돌아왔을 때 왕은 거의 죽음에 이르러 숨을 몰아 쉬고 있었다. 왕자는 왕의 발치에 앉았다. 그리고 공주는 왕의 머리맡에 앉았다. 왕은 왕자에게 유언을 하기 위해 가까이 와서 앉으라고 이야기 했다. 그러자 왕은 자신이 가지고 있는 모든 보석과 재산 그리고 왕의 신분을 자신의 아들과 며느리인 이웃 나라의 공주에게 다 준다고 아주 작은 목소리로 말하고 세상을 떠났다.

그 후 그 왕자였던 소년은 왕이 되었고 이웃 나라 공주였던 아내와 함께 오래도록 나라를 잘 다스리면서 행복하게 살았다.

✳✳✳✳

전반적인 내용이 많이 알려진 듯한 이야기입니다. 업보의 무거운 짐을 이해하지 못해서 어리석은 일을 계속 저지른 왕과 나중에 왕에 대해 증오를 갖게 된 왕자에게 부모에게 자식의 도리를 다할 것을 일러준 공주의 이야기입니다. 아무리 힘과 재화가 많이 있다 하여도 악한 마음을 가지고는 아무런 일도 성취할 수 없음을 보여 줍니다.

까마귀와 굴뚝새

 아주 아주 오래된 옛날이었다. 어느 날 까마귀가 먹을 것을 찾으러 나왔다가 굴뚝새 한 마리를 잡았다. 까마귀는 굴뚝새에게 말했다.
 "이게 너의 마지막이니 잘 봐둬."
 그러면서 주위를 구경시켜 줬다. 한참을 구경시켜준 까마귀가 굴뚝새에게 말했다.
 "이제 난 너를 잡아 먹을 거야!"
 굴뚝새는 손을 비비며 애원했다.
 "제발, 목숨만은 살려 주십시오 까마귀님."
 까마귀가 쌀쌀맞게 말했다.
 "왜 내가 너를 살려 줘야하니? 나는 너를 잡으려고 오랫동안 고생했단 말이야."
 굴뚝새가 다시 애원하듯이 말했다.
 "나 혼자 잘 살려고 그런 게 아닙니다. 나한테는 어린 딸 아이가 있습니다. 내가 만일 죽으면 그 아이는 누가 돌봅니까?"

"그래 네 말도 옳군. 네가 죽으면 누가 네 딸을 보살피지? 그렇다면 내가 너를 잡아 먹는 대신 너의 딸을 잡아 먹을게. 그러면 너는 네 딸을 돌봐야 하는 걱정거리가 없어지잖아. 내가 너의 딸을 잡아 먹으러 7일 후 올테니 준비를 하고 있어."

이렇게 쌀쌀히 말하고 까마귀가 하늘로 날아가자 굴뚝새는 걱정에 휩싸였다.

"아! 이 일을 어떻게 하지? 하지만 나는 시간을 벌었어. 아직 7일이나 여유가 있잖아. 뭔가 대책을 세우면 되겠지. 그리고 7일이 지나면 까마귀가 잊어 먹고 안 올지도 몰라"

굴뚝새는 혼자 중얼거렸다.

"자기가 바라는 것뿐 아니라 다른 것에서 즐거움을 찾을 수 있다는 말도 있잖아. 그러니 다른 새들한테 날아가 상의 해봐야겠어."

굴뚝새는 숲 속으로 날아가 다른 짐승들에게 그 동안 있었던 일을 이야기 하였다. 하지만 모두들 걱정만 했지 뾰족한 방법을 제시하지는 못했다.

일주일이 쏜살같이 지나 갔다. 까마귀가 새끼 굴뚝새를 저녁으로 먹기 위해 굴뚝새의 집에 찾아 왔다.

까마귀를 보고 어미 굴뚝새가 말했다.

"우선 그 동안 당신이 무엇을 먹고 지냈는지 말해 보시오. 당신의 부리는 온통 진창 투성이군요."

까마귀는 입맛을 쩝쩝 다시며 말했다.

"나는 벌레도 잡아 먹고 풀도 뜯어 먹고 죽은 짐승의 시체도 먹고 냇가에 흐르는 시냇물도 마셨지. 나는 모든 종류를 다 먹거든."

굴뚝새가 말했다.

"나는 당신이 그 지저분한 입과 부리를 씻기 전에는 나의 사랑스러운 딸을 당신의 먹이로 내 줄 수 없소. 가서 물로 입과 부리를 깨끗이 씻고 나한테 보여 주시오. 그러면 내 당신에게 내 딸 아이를 주리다."

까마귀는 스스로도 깨끗한 물로 자신의 입과 부리를 씻으면 먹기가 더 나을 것이라고 생각했다.

까마귀는 냇가로 날아가 냇물에게 말했다.

"냇물아, 내가 오늘 아기 굴뚝새를 잡아 먹으려고 하는데 먹기 전에 내 부리와 입을 깨끗이 해야 되거든. 그러니 나한테 깨끗한 물 좀 주지 않으련?"

냇물이 말했다.

"암! 주지, 주고 말고. 너는 얼마든지 깨끗한 물을 가지고 갈 수 있어. 하지만 그 전에 너는 물을 담아갈 항아리를 가지고 와야 돼. 항아리도 없이 어디에 물을 담아가니?"

까마귀는 그 말이 옳다고 생각하고 항아리를 찾으러 날아갔다. 항아리를 만나자 까마귀는 물었다.

"항아리야, 내가 새끼 굴뚝새를 잡아 먹으려 하는데 입과 부리를 깨끗히 해야 하거든. 그러니 네가 나와 함께 냇가로 가서 깨끗한 물 좀 담아 주지 않겠니?"

항아리가 말했다.

"그래 갈께. 그런데 우선 너는 가서 진흙을 구해와야 돼. 그래서 그 진흙을 나의 온 몸에 발라줘. 그래야 나는 물을 흘리지 않고 가져 갈 수 있거든."

까마귀는 다시 진흙에게 날아 가서 말했다.

"진흙아, 내가 아기 굴뚝새를 먹기 전에 내 입과 부리를 닦을 물을 가져가야 되거든. 그런데 그 물을 운반할 항아리를 수리해야돼. 네가 가서 도와 주지 않겠니?"

진흙이 말했다.

"물론 가지. 그런데 나는 지금 너무 굳었어. 그래서 네가 나를 그냥 사용할 수 없으니까 물소에게 가서 온 몸에 물을 많이 묻히고 이 곳에 와서 좀 뒹굴어 달라고 하지 않겠니?"

까마귀는 다시 물소에게 가서 말했다.

"물소야! 제발 온 몸에 물을 많이 묻히고 진흙이 있는 곳에 와서 좀 뒹굴어 주지 않겠니? 왜냐하면 내가 지금 새끼 굴뚝새를 잡아 먹으려 하는데 입을 물로 깨끗히 씻어야 하거든. 그런데 물을 담아 가야할 항아리가 깨져서 물이 새고 있어. 그래서 진흙으로 항아리를 수리 해야하는데 그만 진흙이 굳지 않았겠니? 와서 도와 주지 않겠니?"

물소가 아주 낮은 목소리로 말했다.

"그럼 가지. 그런데 너는 가서 풀을 좀 뜯어 와야겠다. 나는 지금 배가 무척 고파서 뭔가를 먹기 전에는 전혀 움직일 수가 없어."

까마귀는 풀을 찾기 위해 다시 날아 갔다. 풀을 본 까마귀는 말했다.

"오! 풀아. 나랑 같이 좀 가서 물소의 먹이가 되어 주지 않으련? 내가 새끼 굴뚝새를 잡아 먹으려 하는데 입과 부리를 깨끗이 해야 하거든. 그런데 물을 담아가야 하는데 물을 담을 항아리가 깨져서 항아리를 수리 해야하는데 그만 진흙이 굳었어. 그 굳은 진흙은 물소가 와서 뒹굴면 다시 풀어지는데 물소가 지금 배가 고파 도저히 움직일 수가 없다고 하잖아. 그러니 가서 물소의 먹이가 좀 되어 주지 않겠니?"

풀이 말했다.

"그래 물론 가지. 하지만 물소는 큰 동물이야. 알겠니? 아마 물소는 나를 금방 먹어 치울 수 있을 거야. 그러니 나만 가지고는 부족하지. 물소가 충분히 먹을 수 있을 만큼의 더 많은 풀이 자라게 하려면 땅을 잘 갈아 놔야 돼. 그러니 땅에게 가서 잘 갈아 달라고 부탁을 좀 하렴."

까마귀는 다시 땅에게로 날아가 말했다.

"땅아! 땅아! 빨리 빨리 풀 좀 자라게 해줄 수 없겠니? 내가 새끼 굴뚝새를 잡아 먹으려 하는데 입과 부리를 깨끗이 해야 되거든. 그런데 물을 담을 항아리가 깨져서 항아리를 수리해야 하는데 그만 진흙이 굳어 버렸어. 굳은 진흙은 물소가 와서 뒹굴면 풀어지는데 물소가 배가 고파 움직일 수가 없다고 하잖아. 그래서 풀한테 가서 이야기 했더니 자기만 가지고는 부족하다고 하면서, 지금 땅을 잘 갈아서 풀을 더 자라게 해야 한다고 그러던데."

땅이 말했다.

"물론 내가 많은 풀들을 자라게 해주지. 하지만 풀들이 숲 속에서 자라지 않고 들판에서 자라게 할려면 나무들이 있는 땅들을 평평하게 해야돼."

그러자 까마귀는 나무에게 가서 말했다.

"나무야 나무야! 빨리빨리 멀리 좀 비켜 줄 수 없겠니. 내가 새끼 굴뚝새를 잡아 먹으려 하는데 입을 깨끗히 해야 하거든. 그런데 물을 담을 항아리가 깨져서 항아리를 수리해야 하는데 진흙이 굳었어. 그 굳은 진흙은 물소가 와서 뒹굴면 풀어 지는데 물소가 배가 고파 움직일 수가 없다고 하잖아. 그래서 물소가 풀을 먹어야 하는데 풀들이 잘 자라려면 땅을 잘 갈아 놔야 되고 그러려면 나무들이 없어야 한다고 그러잖아."

나무들이 대답했다.

"그래 그렇다면 물론 우리들 전부 옮겨 딴 곳으로 가 주지. 하지만 우리는 뿌리가 깊이 박혀서 움직일 수가 없어. 그러니 땅을 깨끗히 하려면 불이 필요해."

까마귀는 다시 불에게로 가서 말했다.

"오 불아! 나랑 같이 숲으로 가서 나무들을 다 태워 주지 않겠니. 내가 새끼 굴뚝새를 잡아 먹으려 하는데 입과 부리를 깨끗이 해야 하거든. 그런데 물을 담을 항아리가 깨져서 항아리를 수리해야되는데 진흙이 굳었어. 그 굳은 진흙은 물소가 와서 뒹굴면 풀어지는데 물소가 배가 고파 움직일 수가 없다고 하잖아. 그래서 물소가 풀을 먹어야 하는데 풀들이 잘 자랄려면 땅을 잘 갈아 놔야돼. 땅을 갈아 놓으려면 나무들이 없어야 하잖아. 그런데 나무 뿌리들이 깊이 박혀 있어 움직일 수가 없잖아. 그러니 네가 가서 나무들을 좀 태워 주지 않겠니?"

까마귀의 이야기를 다 듣고는 불이 말했다.

"그래 가지."

그리고 까마귀가 더 기뻤던 것은 '하지만'이란 말을 더 이상 듣지 않았던 것이었다. 까마귀는 부리 속에 불을 담아 숲을 태우기 위해 숲으로 갔다. 숲에 불을 붙였다. 그런데 불이 숲 속의 나무들을 모두 다 태웠을 때 까마귀도 지쳐서 불을 피하지 못하고 타 죽었다.

까마귀가 불에 타 죽은 것을 안 어미 굴뚝새와 새끼 굴뚝새는 오래오래 행복하게 살았다.

※※※※

스스로 하고 있는 일이 무엇인지 모르는 이들을 경책하기 위한 이야기입니다. 언뜻 보면 소탐대실(小貪大失)이라고 표현할 수 있을 것처럼 보입니다. 하지만 소탐소실(小貪小失)하면서 살아가다가 공수거(空手去)하는 우리의 인생을 그대로 나타낸 듯이 보입니다.

"자기가 바라는 것뿐 아니라 다른 것에서 즐거움을 찾을 수 있다"는 굴뚝새의 말은 아마도 모든 수행자에게 집착에서 벗어날 것을 가르치는 말일 것입니다.

무지 막지한 왜가리

옛날 호수가에 왜가리 한 마리가 살고 있었다.

그 왜가리는 무척 교활하였다. 왜가리는 항상 나무에 앉아 어떻게 하면 호수에 있는 물고기들을 헤엄치지 않고 끊임없이 한 마리 한 마리 잡아 먹을 수 있을까 하고 궁리하였다.

하루는 그 왜가리가 앉아서 이 사악한 흉계를 꾸미고 있는데 작은 물고기 한 마리가 헤엄쳐 나와 왜가리에게 인사를 했다.

"참 화창한 날씨군요! 그런데 왜 당신은 무슨 걱정거리가 있어 보이죠? 왜가리씨!"

왜가리는 대답하였다.

"그냥 내 마음이 뒤숭숭해서 그렇게 심각해 보이는 거야."

작은 물고기가 말했다.

"그럼 그 심각한 것이 뭔지 나에게 말해 봐요. 아마 내가 당신의 마음을 달랠 수 있도록 도와 줄 수 있을 거야."

왜가리가 말했다.

"사실 그 문제는 나한테는 그렇게 심각한 문제가 아니야. 하지만 너나 너의 가족들에게는 매우 기분 나쁜 일이지."
 그러자 작은 물고기가 믿을 수 없다는 표정을 지으며 말하였다.
 "정말?"
 왜가리가 힘 주어 말했다.
 "그래, 정말이야."
 "너 이 호수가 점점 말라가고 있는 것을 알고 있니? 올 여름이 되면 아마 이 호수에는 물이 하나도 남아나지 않을 거야. 그러면 이 호수에서는 아무도 살 수가 없어. 그래서 나는 매우 슬프단다."
 작은 물고기가 말하였다
 "하지만 난 그걸 믿을 수가 없는데. 아직까지 한 번도 이 호수의 물이 마른 것을 본 적이 없는 걸"
 왜가리가 말했다.
 "그래 못봤겠지…. 하지만 나는 이 호수가 말라가고 있다는 걸 너한테 확실히 일러 줄 수가 있어."
 한동안 침묵이 흘렀다.
 잠시 후 왜가리가 작은 물고기를 바라 보며 말했다.
 "나는 저기 건너에 있는 아름다운 호수를 알고 있어. 그 호수는 여름이 되어도 마르지 않아. 네가 원한다면 우리 함께 가서 그 호수를 돌아 보지 않으련?"
 작은 물고기가 말했다.
 "어떻게 내가 거기에 갈 수 있어?"

왜가리가 말했다.

"내가 데려가지."

작은 물고기가 말했다.

"하지만 난 우리 가족들과 헤어지는 것이 아주 싫은데 어쩌지?"

왜가리가 말했다.

"걱정마, 내가 너를 그 호수로 데리고 가서 보여만 주고 다시 이리로 데리고 올게. 그러면 너는 네 식구들에게 돌아가 그들에게 호수가 어떤 지를 본대로 이야기 해주면 되잖아. 그래서 만일 너의 식구들이 좋아하면 여름이 오기 전까지 식구들을 하나하나 그 호수로 옮겨주면 돼잖아."

작은 물고기가 소리쳤다.

"그것 참 좋은 생각인데! 그래 나 좀 그 호수로 데려다 줘 봐."

왜가리는 그 작은 물고기를 입에 물고는 날아서 근처에 있는 다른 호수로 데려 갔다. 그 호수는 정말로 아름답고, 깊고 넓었다. 그 호수의 근처에는 많은 수선화와 연꽃들이 활짝 피어 있었다.

"자, 봐라 얼마나 아름다운 호수인가!"

왜가리는 그 작은 물고기를 한참 동안 그 호수에서 놀도록 하여 주었다.

작은 물고기는 큰 소리로 외쳤다.

"응, 그래. 무척 아름다운 호수야! 이렇게 아름다운 호수는 처음 봤는 걸! 다른 물고기들도 이 호수를 보면 무척 좋아할 거야.

그러니 왜가리야, 내가 가서 이렇게 아름다운 호수가 있다고 우리 식구들한테 모두 이야기 해야겠어. 그러면 너는 여기로 모두들 데리고 와 줘!"

교활한 왜가리는 그 작은 물고기를 다시 입에 물고 먼저의 호수에 있는 가족들에게로 데려다 주고는 물고기가 다른 호수에 대해 이야기 해주기를 기다리고 있었다.

작은 물고기는 그의 가족들에게 다른 호수에 관해 아주 근사한 말로 설명 하였다. 그리고 왜가리에게 돌아와서 모든 물고기들이 다른 호수로 옮기기를 원한다고 전하면서 가능한 빨리 옮겨 달라고 말하였다. 바로 이것이 그 사악한 왜가리가 원하던 것이었다. 하지만 작은 물고기는 그것을 전혀 눈치채지 못하였다.

다음 날부터 물고기들은 기대에 부풀어 한 마리 한 마리 그들이 살던 호수에서 왜가리의 입에 물린 채 다른 호수로 건너가기 위해 공중으로 날아 올라갔다.

그런데 그 왜가리가 진실로 그 물고기들을 다른 호수로 옮겼을까요? 천만의 말씀입니다. 왜가리는 물고기들을 한 마리 한 마리 호숫가에 있는 나무로 데리고 가서 모조리 잡아 먹었다. 그리고 그 나무의 밑둥에 물고기의 뼈들을 모아서 순서대로 박아 기둥을 만들어 놓았다.

못된 왜가리는 연못 속에 물고기들이 하나도 남아 나지 않을 때까지 이 못된 짓을 계속하였다. 얼마가지 않아 연못 속의 물고기들을 다 잡아 먹었기 때문에 왜가리는 이제 그 일을 그만 두어야만 했다. 그러나 왜가리는 다시 배가 고프고 움직이기는 싫었기 때문에 이번에는 연못가에 있는 게를 똑같은 방법으로 잡아먹을 생각을 하였다.
 하루는 왜가리가 호숫가에 서서 게에게 무척 걱정스러운 듯이 말했다.
 "게야, 난 네가 측은해서 어쩌지."
 게가 의아한 표정으로 물었다.
 "아니 내가 측은하다니, 왜 그러는데?"
 왜가리가 말하였다.
 "모든 물고기들이 다 떠나간 이 연못에 너만 외롭게 있으니 그렇지 뭐. 너는 다른 물고기들이 간 그 아름다운 호수에 가서 그들과 함께 있고 싶지 않니? 이 호수는 얼마 안 지나면 물이 다 말라 버리거든."
 게가 물었다.
 "그래, 그것 참 좋은 생각인데, 하지만 나는 혼자서 그 곳에 갈 수가 없으니 어쩌지?"
 왜가리가 아주 친절하게 말했다.
 "그래, 내가 기꺼이 너를 그 호수에 데려다 주지. 전에 물고기들도 내가 다 옮겨 줬었거든."
 게가 말했다.
 "무척 고마워, 왜가리야. 하지만 나는 몸이 크고 미끌미끌해서 네가 나를 다른 물고기들처럼 네 부리 속에 나를 넣고 옮기기는 어려울 거야. 그러니 내가 네 목에 매달려서 가는 것이 나을 것 같은데."

왜가리도 아주 좋은 방법이라고 생각하였다. 왜가리는 게를 목에 매달고 하늘로 날아 올라 갔다. 왜가리가 밑둥에 물고기의 뼈들을 모아서 박아두는 기둥을 만들어 놓은 나무에 이르렀다. 그러자 나뭇가지에 멈춰서서 가지의 아래를 물끄러미 쳐다 보았다. 게가 물었다.

"아니? 왜 여기서 멈추는 거지?"

왜가리가 의기 양양하게 말했다.

"이 바보같은 게야. 지금부터 난 너를 잡아 먹으려고 해. 사실 지난 번 물고기들도 다 내가 잡아 먹었거든. 저 아래를 봐. 멍청한 고기들의 뼈들이 걸려 있는 것들이 보이지. 내가 다 해치운 것들이지."

이 소리를 듣고 게는 말했다.

"글쎄 너는 여기서 나를 잡아 먹을 수 있을까? 아마도 어려울 걸. 너는 나를 호수로 데리고 가야해. 아니면 난 네 목을 놓아 주지 않을 테야."

그렇게 말하며 왜가리의 목을 더욱 힘을 주어서 꽉 끌어 안았다. 왜가리가 숨도 못 쉬면서 고통스럽게 소리쳤다.

"게야! 제발 내 목을 놔 줘. 숨이 막혀 죽겠어."

그러자 게는 단호하게 말했다.

"그러면 빨리 나를 호수로 데리고 가! 아니면 계속 끌어 당길 테니까."

왜가리는 할 수 없이 게를 호수가로 데리고 갔다.

호수 근처에 온 왜가리가 켁켁거리며 말하였다.

"자 이제는 놔줘. 호수까지 왔잖아!"
그러나 게는 소리쳤다.
"안돼! 나는 너를 절대 놓아 줄 수 없어. 너는 나쁜 왜가리야."
그의 강한 집게로 왜가리의 목을 덥석 물고 점점 더 세게 잡아 당겼다. 드디어 왜가리의 머리는 몸통으로부터 뚝 떨어져 나왔다. 게는 그 왜가리를 믿고 따랐던 불쌍한 물고기들의 원수를 갚아 주었다. 게는 죽은 왜가리를 맛있게 잡아 먹었다. 그리고 다시 물속으로 기어 들어 갔다. 그 호수에는 비록 예쁜 물고기들은 없었지만 다시 평화가 찾아 왔다.

※※※※

남이 아무리 귀에 듣기 좋은 말을 한다 하더라도 그 말이 옳은지 꼭 생각해 보아야 할 것입니다. 넓고 꽃이 많이 핀 것 같은 동산을 찾아 자기를 버린 사람들을 우리는 주위에서 쉽게 찾아 볼 수 있습니다. 진리는 스스로 행할 때 비로소 진리로써 우리에게 와 닿는 것입니다.

종교도 마찬가지입니다. 우리는 주위에서 종교를 내세우면서 왜가리 같은 행동을 하는 사람을 많이 볼 수 있습니다. 지구상에 일어나고 있는 많은 전쟁들도 그러한 사람들 때문입니다. 하지만 왜가리 같은 이들이 주위에 많다 하더라도 뚫고 나갈 수 있는 마음을 간직해야 할 것입니다.

버마의 아이들은 물고기들을 잡아 먹은 사악한 왜가리와 왜가리를 지혜롭게 죽인 게의 이야기를 요즈음까지도 즐겨하고 있습니다.

산에서 온 뱃사공

 옛날에 북부 버마에 사기성이 아주 짙고 남을 괴롭히기 좋아하는 선주 한 사람이 살고 있었다.
 그는 자신의 배로 이라와디 강을 따라 서너 달에 걸쳐 남부 버마에 가서는 물건을 사다가 북쪽에 되팔곤 하여 돈을 많이 벌었다. 그가 남부를 갔다 올 때는 배에서 일할 많은 사람들을 고용해야 했고 여행 도중에 사공들이 먹을 식사도 준비해야 했다. 그는 원래 좋지 않은 사람이었기 때문에 사공들의 품삯은 항상 여행 후에 주겠다고 미루곤 했다. 그 이유는 사공들에게 간교를 부려 품삯을 주지 않거나 사공들이 조금이라도 꾀를 피우면 품삯을 깎으려고 했기 때문이었다. 그 선주의 교활함과 난폭함을 알고는 사공들도 매우 조심하였다. 그들은 또 새로이 고용되는 사공들에게도 조심하라고 신경을 써서 일러 줬다.
 여행을 하던 도중 얼마 안 가서 새로운 사람이 고용되어 왔다. 그는 산악지대에서 온 사람으로 다른 뱃사공보다 훨씬 몸이 튼튼한 사람이었다. 그는 아주 조용하고 순진한 사람처럼 보였다.

그는 다른 사람들과 잘 어울리지 않아 사공들도 그에게 이야기를 걸지도 않았다. 그래서 선주의 까다롭고 교활한 행위에 관한 주의를 들을 수도 없었다.

그들이 탄 배가 강 하류 목적지에 도착하자 사람들은 배에서 내려 북쪽으로 돌아갈 채비를 하였다. 어떤 사람은 집으로 가져갈 옷감을 사기도 하고 또 어떤 사람은 집에서 쓸 연장 같은 것도 샀다. 그때 그 배의 주인은 산으로부터 온 그 사공에게 말했다.

"내가 만일 너라면, 나는 여기 남쪽 버마에 있는 동안 닭을 살 거야. 이 곳에서 닭 값은 북쪽보다 훨씬 싸기 때문에 너는 그것들을 사가지고 북쪽으로 가서 닭을 내다 팔면 아주 많은 이익을 볼 수 있지"

산으로부터 온 사공은 그렇게 좋은 충고를 해주는 배의 주인에게 진심으로 감사를 표했다. 그리곤 밖으로 나가 닭을 샀다.

남쪽에서 볼 일을 다 마친 그 배는 북부 버마로 돌아가기 위해 다시 출발했다. 산에서 온 뱃사공은 닭을 샀기 때문에 배 안에서 닭에게 줄 모이가 필요했다. 그는 배의 요리사를 찾아가 한 줌의 쌀을 달라고 부탁했다.

요리사는 만일 배의 주인이 쌀을 닭의 모이로 주기 위해 산으로부터 온 사공에게 줘도 좋다고 한다면 닭의 모이로 매일매일 주겠다고 말했다. 산에서 온 사공은 하루에 한 줌씩인데 어떻냐고 이야기했다.

여행이 끝나고 뱃사공들에게 뱃삯을 지불할 때였다. 배의 주인은 산으로부터 온 사람을 따로 불렀다.

"자네와 나는 상의 해야 할 일이 하나 있네. 처음에 내가 자네를 고용할 때 식사는 자네한테만 제공한다고 했네. 우리는 자네의 닭한테까지 식사를 제공한다고 한 적은 없네. 그러니 자네는 닭이 먹은 값을 내야 하네."

산으로부터 온 사공이 말했다.

"예, 알겠습니다. 그러면 그 닭이 먹은 모이의 값이 얼마인지 이야기 하세요. 제가 지불하겠습니다."

교활한 배 주인은 말했다.

"그 닭이 먹은 쌀의 값을 계산했지. 그랬더니 이상하게도 자네의 품삯과 액수가 같았네. 그러니 우리는 서로 주고 받을 것이 없네."

산으로부터 온 사공이 아무렇지도 않다는 듯이 말했다.

"그렇다면 할 수 없지요."

주위에 있던 사공들은 재미있다는 듯이 그 광경을 바라 보았다. 그들은 수군거렸다.

"아마도 저 사람은 바보인가 봐."

"저렇게 바보같은 사람은 계속 잡아 놔야 해."

산으로부터 온 사공은 닭을 데리고 그의 갈 길을 갔다. 그는 집에 도착 해서 그 닭을 팔았다. 닭을 판 돈으로 손잡이가 아주 기이하게 생긴 칼 두 자루를 사서 그 칼들을 아주 비슷하게 만들었다. 그는 다시 강가로 나와 지난 번 탔던 배 주인을 찾아가 만일 다음 번 남쪽으로 갈 때에도 고용해 준다면 다시 배를 타고 싶다고 말했다.

배 주인은 기쁨에 넘쳐 어쩔 줄 몰랐다. 산으로부터 온 그 사공은 아주 열심히 일하면서도 쉽게 속여 먹을 수 있는 그런 사람이라고 생각했기 때문이다. 배 주인은 두말 할 것도 없이 그를 채용하였다.

다른 사공들이 배에 탔을 때 그들은 산으로부터 온 사공이 다시 배에 탄 것을 보고는 깜짝 놀랐다. 그들은 예전의 일을 상기하며 아마도 산으로부터 온 사공이 아주 어리석은 사람이기 때문에 다시 배에 탔으리라 생각하였다.

그들은 산으로부터 온 사공을 무자비하게 비웃었다.
"너는 우리가 다시 남쪽 버마에 닿으면 닭을 살거니? 그러면 너는 무척 빨리 부자가 될 수 있을 걸."

산으로부터 온 사공이 말했다.
"암 부자가 되야지. 나도 이번엔 그렇게 호락호락하진 않을 거야. 왜냐하면 이번엔 내가 신비스러운 마술검을 가지고 왔거든."

사공들이 웃으면서 물었다.
"오! 그래, 너의 신비스러운 마술검을 한번 볼 수 있을까?"

산으로부터 온 사공은 두 개의 칼중 하나는 보여주고 다른 하나는 아무도 모르게 깊숙히 감춰 두었다.

사공의 우두머리가 말했다.
"이게 무슨 신비스러운 칼이야. 손잡이가 좀 이상하게 생기긴 하였지만."

산으로부터 온 사공은 아주 정중하게 말했다.

"나중에 알게 될거요."
　사공들은 자신들이 놀리는 것이 잘 먹혀 들지 않는다고 생각했다.
　어느 날, 배가 어느 마을에 정박했다. 산으로부터 온 사공이 배의 한 쪽에 앉아 칼을 갈고 있자 다른 배의 사공이 와서 그에게 물었다.
"내 칼도 좀 갈아줄 수 있겠소? 누가 압니까? 당신이 내 칼도 신비스러운 마법의 칼로 만들어 줄 수 있을지?"
　그는 농담으로 말하였지만 산으로부터 온 사공은 그의 칼을 갈아주겠다고 하였다. 그러나 그 칼을 받으려고 하다가 그만 자신이 칼을 강 속으로 빠뜨리고 말았다.
　그 모습을 보고 있던 다른 사공들이 말하였다.
"서둘러, 어서 강에 들어가서 그 칼을 찾아와."
　하지만 산으로부터 온 사공은 아무 일도 없다는 듯이 당황하지 않고 침착하게 있었다. 그는 다른 배의 사공으로부터 받은 칼을 가지고 자신이 타고 있던 배의 한 부분을 긁어서 표시를 해놓았다.
　산으로부터 온 사공은 말했다.
"서두를 것 없어요. 내가 지금 칼을 떨어뜨린 자리를 배에 표시해 놨으니까 나는 언제든지 물에 들어 가면 나의 칼을 찾을 수 있어요. 그래서 이것이 신비의 칼이란 말이죠."
　그의 동료들은 그런 우둔한 사람은 처음 본다는 듯이 그를 쳐다 보았다.

"하지만 자네는 너무 어리석어. 배에 표시해 놓은 그 자리에서 언제든지 물에 뛰어 든다고 그 칼을 찾을 수 있을 것 같나?"

그들 중 한 사람이 물었다.

그러자 산에서 온 사람이 대답했다.

"그럼요! 난 내 칼을 언제든지 찾을 수가 있어요. 왜냐하면 이 배에다 표시를 해놓았거든요."

그러자 다른 사공들도 더 이상 그 사람에게 말해 주는 것을 포기했다.

한편, 배 주인은 이 소동을 멀리서 다 보고는 뭔가 만족한 듯이 미소를 지었다. 이것은 필경 그 배 주인에게 이번 두번째 항해에서도 산으로부터 온 사공에게 임금을 주지 않아도 될 것이라는 예감을 가져다 주었기 때문이다.

어느 새 그들은 여행의 절반을 마치고 돌아가기 위해 강을 거슬러 북쪽으로 올라가기 시작했다. 다음 날 그들의 배가 어느 마을에 도착했을 때, 배 주인은 여기서 무언가 속임수를 써야겠다고 마음을 먹고 산에서 온 사공을 불렀다.

"이봐! 이제 우리의 여행이 거의 끝나가는데, 내 자네한테 한 가지 제안을 하지. 내일이면 먼저 자네가 칼을 잃어버린 그 마을에 도착하는데 자네 물 속에 들어가 그 칼을 찾아 올 수 있겠나? 자네는 그 칼이 신비의 칼이기 때문에 별로 걱정하지 않는다고 했지. 하지만 나는 그것이 어림 없는 일이라고 생각하네."

"물론이지요. 나는 그 칼을 당연히 찾을 수 있어요. 배에다 표시를 해 놓았거든요."

산으로부터 온 사공이 자신있게 말했다.
"그러면 그것을 가지고 우리 내기를 할까?"
교활한 배 주인이 말했다.
"하지만 주인님, 하지 마세요. 당신도 알다시피 나는 그 마술의 칼을 물에 떨어뜨린 자리에 표시를 해 놨거든요. 이번에 나는 전혀 실패하지 않을건대요. 아마 당신이 질 걸요! 그래도 하시겠어요? 그러시다면 한번 해 보세요."
산으로부터 온 사공이 다시 말했다.
그러자 그 배 주인은 음흉하게 말했다.
"나는 말이야 정정당당한 기회를 잘 잡는 사람이야."
배 주인은 계속해서 말했다.
"그럼 우리 이렇게 하자. 만일 네가 잃어버린 마술의 칼을 찾는데 실패한다면 너는 그 벌금으로 너의 임금을 모두 나한테 내놔야 한다. 그리고 만일 네가 그 마법의 칼을 찾아 오면 내가 너에게 두 배의 임금을 주도록 하겠다. 어때? 동의하느냐?"
"좋습니다. 그러도록 하지요."
산으로부터 온 사공이 대답했다.
다음날 배가 전에 정박했던 마을에 다다랐을 때, 산으로부터 온 사공은 칼을 찾으러 간다며 조심스럽게 배의 한쪽에 표시해 놓은 곳에서 물로 뛰어들어 갔다. 배의 밑부분까지 들어 갔을 때 그는 재빨리 옷 속에 감춰 두었던 칼을 꺼내서 한 손에 쥐고는 수면 밖으로 나오며 소리쳤다.
"칼을 찾았다."

밖에서 구경하고 있던 사람들도 산에서 온 사람이 칼을 강에서 건져온 것으로 생각하였다.

배에서 구경하고 있던 사공들은 배의 주인이 산으로부터 온 사공한테 져서 두 배의 임금을 줘야 한다는 것을 알고는 기뻐서 소리치며 좋아 했다. 배의 주인은 화가 나서 날뛰었다.

"너는 나를 속였어."

그는 산으로부터 온 사공에게 화를 내며 소리쳤다.

"제가 당신을 속였다고요?"

산으로부터 온 사공이 조용히 물었다.

"나는 당신에게 말했습니다. 그것은 마법의 칼이었어요. 그래서 다시 찾을 수 있다고 말씀 드렸잖아요? 그리고 임금을 가지고 이야기를 꺼낸 사람은 제가 아니고 당신이었어요. 그러니 지금 당장 나에게 두 배의 임금을 주시오. 그것은 당신이 나에게 빚지고 있는 것일 뿐이요."

산으로부터 온 사공이 말했다.

배 주인은 산으로부터 온 사공에게 두배의 임금을 지불하지 않을 수 없었다. 그리고 다시는 교활한 방법을 쓰지 않았다.

✱✱✱✱

수행자는 자기가 저지른 잘못을 스스로 해결하려는 노력을 해야 합니다. 하지만 방법은 정도(正道)에 의해야 하는 것입니다. 수행에는 지름길이 없기 때문입니다. 수행자를 비방하는 이는 영원히 윤회의 굴레에서 벗어날 수 없습니다. 수행을 비방하는 것은 스스로 지옥을 찾아가는 길인 것입니다.

친절한 마부와 흉악한 악어

 까마귀 한 마리가 강을 따라 날아가다가 하루는 강 한쪽 끝 얕은 곳에서 기운이 없어 허위적거리고 있는 악어를 보았다. 그 악어는 뚱뚱했지만 나른해져서 오래 살기가 어려워 보였다. 까마귀는 악어가 죽으면 그의 몸으로 성찬을 먹을 수 있다고 기대며 입안에 물을 한 웅큼 물고는 입맛을 쩍쩍 다시고 있었다.
 까마귀는 악어의 주위를 한참 뱅뱅 맴돌다가 지쳐 악어가 누워있는 강가 둑에 앉아서 악어가 죽기를 기다리기로 했다.
 까마귀가 말했다.
 "아주 좋은 날씨야! 악어! 자네 여기서 멀지 않은 곳에 이 강보다 더 좋은 강이 있다는 것을 아니? 그 강은 여기보다 물도 맑고 고기도 많아."
 "아니 모르는데."
 악어가 힘이 들어서 낮은 목소리로 대답했다.
 까마귀가 아주 친절한 목소리로 말했다.
 "그래! 그렇다면 내가 자네를 그리로 데려다 줄까?"

악어가 말했다.

"그래 만일 네가 그렇게만 해 준다면 난 까마귀 네가 시키는대로 뭐든지 할께."

까마귀가 물었다.

"그러면 이리 따라 와. 그 강은 여기서 한 반 마일 정도 떨어져 있거든. 너, 그 곳까지 갈 수 있지?"

"물론이지. 반 마일이면 별로 멀지도 않은데."

악어가 즐거운 듯이 말했다. 그들은 새 강을 향하여 출발을 했다. 까마귀는 기분이 좋아서 하늘로 치솟아 오르기도 하며 앞장서서 날아갔고 악어는 뒤에서 천천히 어슬렁거리며 걸어갔다.

악어는 무척 피곤해 보였다. 그리고 그 거리는 반 마일이 훨씬 넘는 것처럼 생각되었다.

악어가 소리쳤다.

"가까워졌니? 까마귀야. 우리 아주 많이 걸어온 것 같애. 난 지금 무척 피곤하거든."

"뭐라구? 벌써 지쳤다구? 내가 말한 그 좋은 강에 가려면 조금 더 걸어가야해."

까마귀는 마치 왜 그렇게 걷지 못하냐는 표정으로 말했다.

악어는 하는 수 없이 까마귀가 가는 쪽으로 터덜거리며 걸어갔다. 하지만 점점 기운이 빠져서 땅바닥에 쓰러지고 말았다.

그 때 까마귀가 즐거운 목소리로 말했다.

"이 늙은 친구야, 저기 가서 쉬고 있어. 강이 있기는 어디에 있어. 난 네가 죽으면 재빨리 날아와 너의 이 뚱뚱한 몸뚱아리를 다 먹어 치울거야."

　다시 한 번 까마귀는 입에 물을 물고는 죽어가는 악어를 놔둔 채 멀리 날아갔다.

　악어는 배도 고프고, 목도 마르고 온몸에 기운이 빠져서 엎드려 있는 자신의 모습이 처량하여 그만 눈에 눈물이 그득 고였다.

　바로 그 때, 멀리서 어떤 사람이 물소가 끄는 수레를 타고 가다가 악어가 눈물을 흘리고 있는 모습을 발견했다. 악어를 본 사람은 측은한 생각이 들었다. 그는 자기가 이 불쌍한 동물을 어떻게 도와줄 수 없을까 하고 수레에서 내려와 가까이 가서 악어를 살펴봤다.

　악어가 말했다.

　"아, 안녕하세요? 마부님. 제발 저를 당신의 수레에 태워 제가 있던 강으로 보내주세요. 난 지금 무척 목이 말라 죽을 것 같아요. 한 발자국도 걷지 못하겠어요."

　그러자 마음씨 좋은 마부는 악어를 불쌍히 여겨 자신의 마차에 태워서 강가로 데려다 주었다.

　강가에 이르러서 마부가 악어를 마차에서 내려 놓으려고 하자 악어가 말했다.

　"저는 지금 너무 기운이 없고 배도 무척 고파요. 그러니 수레를 깊은 강 속으로 끌고가 주셨으면 고맙겠는데요."

　친절한 마부는 악어의 말을 듣고 물이 물소들의 무릎까지 차는 곳으로 들어가서 악어를 내려놔 주었다. 악어는 물을 보고 반가웠는지 첨벙거리며 물 속으로 들어갔다. 그리고 마부가 물소들을 돌려서 수레를 끌고 강둑으로 막 나오려고 할 때였다. 수레가 움직이지 않아 살펴보던 마부는 깜짝 놀랐다. 뒤를 보니 악어가 물소의 발 하나를 물고 있었던 것이었다. 아! 아주 사악하고 배은망덕한 악어였던 것이다.

마부는 자신의 친절한 행동이 이렇게 배은망덕한 일로 돌아오는 것을 보고 슬픔에 빠져 소리쳤다.

"물소의 다리를 놔줘, 악어야! 넌 아주 야비한 놈이로구나."

하지만 악어는 계속해서 물소의 다리를 물고 늘어졌다.

마부와 악어가 다투는 소리를 듣고 물가에서 무슨 일이 벌어졌나 보려고 내려오던 토끼가 이 모습을 보았다. 토끼는 악어가 물소 다리를 물고 있는 모습을 보고 소리쳤다.

"그 악어를 채찍으로 때려줘요. 아주 세게 때려요."

마부가 가지고 있던 채찍으로 악어를 두세 차례 세게 내리 쳤다. 매를 맞은 악어는 깜짝 놀라서 금새 물소의 다리를 놓아 주고 말았다. 그 때를 놓칠세라 마부는 물소들을 재빨리 돌려서 강 밖 둑 위로 올라 왔다. 마부는 토끼에게 고맙다는 인사를 했다.

자신의 생명을 구해준 마부에게 저지른 나쁜 짓을 잊어 버린 악어는 토끼가 방해를 해서 자기가 물소를 잡아먹지 못했다고 생각하며 대단히 화를 냈다. 악어는 토끼에게 복수를 해야겠다고 단단히 마음 먹었다.

다음 날 아침이 되자 토끼가 물을 마시러 강가로 갔다. 토끼가 강가로 올 것을 알고 있던 악어는 숨어서 기다리고 있었다. 악어는 강가의 아주 얕은 물에 길게 엎드려 있으면 아마도 토끼가 자기를 커다란 나뭇 토막이라고 착각하리라고 생각하였다.
 하지만 토끼는 그렇게 쉽게 속아 넘어가는 동물이 아니었다. 토끼는 강가로 뛰어 왔다. 그리고 큰 소리로 말했다.
 "아이쿠 어디 한번 보자. 통나무는 강물 아래로 흘러가고 악어는 강을 거슬러 올라오고 있네!"
 이 소리를 들은 악어는 더욱 통나무처럼 보이려고 강 아래로 조금 흘러 내려 갔다. 악어가 강 아래로 조금 내려가자 토끼는 재빨리 물을 마시고 둑 위로 달아났다. 악어는 토끼에게 속은 것을 알고 분해했지만 어쩔 수 없었다.
 다음 날 아침 토끼는 다시 물을 마시러 강가로 갔다. 악어도 어제처럼 숨어서 기다리고 있었다. 하지만 토끼는 악어가 자신을 계속 속이고 있다고 생각하면서도 주의를 기울이지 않는 척 했다. 그리고 물을 마시기 위해 물 속으로 약간 들어갔다. 악어는 토끼가 움직이는 것을 바라보고 있다가 토끼가 물을 막 먹으려고 할 때 재빨리 그 큰 입을 벌리고 토끼의 목을 물려고 하였다.
 하지만 토끼는 모든 동물들 중에서 가장 현명한 동물이었다. 토끼는 악어의 이빨과 이빨 사이에 물렸다. 그러자 악어는 마치 온 세상을 다 얻은 것처럼 기분이 좋아서 요동을 치고 꼬리를 흔들고 껄껄거리며 좋아라고 헤엄을 쳤다.
 "히! 히! 히!"
 악어의 입에서 웃음 소리가 났다.
 "히! 히! 히!"
 마치 같이 걸어가는 것처럼 보이려고 토끼도 똑같은 소리를 내며 악어에게 웃으면서 말했다.
"너 참 영리한 악어구나. 그렇지?"
"히! 히! 히!"
악어가 다시 소리쳤다.
"히! 히! 히!"
토끼가 태연하게 다시 대답을 했다.
"히! 히! 히!"
악어가 다시 웃으며 소리 쳤다.
"하!하!하!"
토끼도 큰 소리로 웃었다.
토끼를 끌고가면서 무척 기분이 좋았던 악어도 '하!하!하!' 하고 따라 웃었다.
악어가 '하!하!하!' 하고 웃기 위해선 입을 벌려야만 했다. 이것은 영리한 토끼가 미리부터 생각하고 있던 것이었다. 악어가 '하!하!하!' 하면서 입을 쫙 벌리고 크게 소리쳐 웃는 동안 토끼는 악어 입 밖으로 재빨리 뛰어 나와서 물이 얕은 곳으로 되돌아왔다. 그리고 계속해서 잔뜩 화가 난 어리석은 악어를 놀리듯 '하!하!하!' 하고 웃으며 멀리 달아났다.

❋❋❋❋

은혜를 모르는 이는 남으로부터 도움을 받지 못합니다. 악한 이는 남으로부터 미움을 받게 되어 있습니다. 자기만이 옳다고 하는 이는 남이 찾아와 주지를 않습니다. 항상 은혜를 갚아 서로 도와야지 때리고 꾸짖으며 원망하고 미워하여서는 안 됩니다.

법정에 선 세 동물

옛날에 아주 친한 친구 넷이 있었다. 그들은 모두가 다 부자로 각각 다른 도시에 흩어져 살았지만 아주 친한 사이였다.

어느 날 그들 중 한 친구가 부인과 열 여섯 살 난 아들을 두고 그만 죽고 말았다.

자기 남편과 친구들 간의 사이를 잘 알고 있던 미망인은 남편의 장례를 치른 후에 아들에게 아버지의 친구를 일일이 찾아가 인사를 드리라고 했다. 그 아들은 어머니의 말씀을 듣고 집을 떠났다.

그 젊은이가 첫번째 부유한 사람의 집이 있는 성 밖에 이르렀을 때 개 한 마리를 끌고 가는 사람을 보았다. 그 젊은이는 개를 물끄러미 보면서 그 개를 가질 수 있게 되었으면 좋겠다고 생각했다. 그는 개를 끌고 가는 사람에게 다가가 개를 팔 것을 요청했다.

"얼마에 살 건데요? 이 개는 비싼 개인걸요."

그 사람은 되물었다.

"비싸요? 그러면 내 당신에게 은화 100냥을 주지."

젊은이가 말하자 그 사람은 개를 팔았다.

젊은이는 그 개를 하인에게 건네주며 개를 집에다 갖다 놓고 자신이 집으로 돌아올 때까지 개를 잘 보살펴 달라고 어머니에게 부탁하라고 말했다.

그 청년의 어머니는 하인이 개를 가지고 왔을 때 무척 놀랐다. 그리고 그의 아들이 개를 사기 위해 은화 100냥이나 썼다는 것을 알고나서는 더욱 기가 막히지 않을 수 없었다.

'아니 이까짓 개 한 마리를 은화 100냥이나 주고 사? 아마 이건 남편 친구가 권한대로 산 걸거야. 내 아들이 집으로 돌아오면 나한테 그 경위를 설명해 주겠지' 하고 그 어머니는 생각했다.

이런 생각을 하며 젊은이의 어머니는 그 개를 잘 보살폈다.

첫 번째 마을에 있는 아버지의 친구를 만나 인사를 한 후 두번째 부자의 마을 밖에 다다랐을 때 그 젊은이는 고양이를 끌고 가는 사람을 보았다. 고양이가 매우 귀여워 젊은이는 고양이를 갖고 싶었다. 그래서 그 젊은이는 고양이를 갖고 가는 사람에게 말했다.

"당신 그 고양이를 저에게 파시지요"

고양이 주인이 되물었다.

"얼마나 줄거요?"

"은화 100냥을 주면 되겠소?"

젊은이가 말하자 그 사람은 지체 없이 고양이를 팔았다.

아들은 그 고양이도 무척 좋아 했다. 그리고 고양이를 하인에게 건네 주며 집에다 갖다 놓고 자신이 집으로 돌아올 때까지 잘 보살펴 달라고 어머니에게 부탁하라고 말했다.

그 젊은이의 어머니는 아들의 다른 하인이 고양이를 가지고 왔을 때도 무척 놀랐다. 그리고 그의 아들이 고양이 값으로 은화 100냥을 썼다는 것을 알고 나서는 더욱 기가 막혔다.

'아니 이까짓 고양이 한 마리를 은화 100냥이나 주고서 사? 아마 이건 내 남편 친구가 권한대로 산 걸거야. 아마 내 아들이 집으로 돌아오면 나한테 그 경위를 설명해 주겠지' 하고 그 어머니는 생각했다.

그리고 어머니는 그 고양이도 잘 보살폈다.

두 번째 마을에 있는 아버지의 친구를 만나 인사를 한 후 세 번째 부자의 마을 밖에 다다른 그 젊은이는 망구스를 안고 가는 사람을 만났다.

젊은이가 물었다.

"오 망구스! 이 망구스를 가질 수만 있다면 얼마나 좋을까? 얼마에 이 망구스를 팔겠소?"

"얼마나 줄거요?"

망구스를 가지고 가던 사람이 물었다.

"은화 100냥 주지요."

젊은이가 전에 그랬던 것처럼 말하자 그 사람은 지체없이 그 망구스를 팔았다.

젊은이는 망구스를 무척 좋아했다. 그리고 망구스를 다른 하인에게 건네주며 자신이 집으로 돌아올 때까지 망구스를 잘 보살펴 달라고 어머니에게 부탁하라고 말했다.

  젊은이의 어머니는 아들의 다른 하인이 망구스를 가지고 왔을 때 또 한 번 무척 놀랐다. 그리고 그의 아들이 망구스 값으로 은화 100냥을 썼다는 것을 알고 나서는 더욱 기가 막혀서 말도 나오지 않았다.

  '아니 이까짓 망구스 한 마리를 은화 100냥이나 주고 사? 아마 이건 내 남편 친구가 권한대로 산 걸거야. 아마 내 아들이 집으로 돌아오면 나한테 그 경위를 설명해 주겠지' 하고 그 어머니는 생각하였다. 그리고 어머니는 망구스도 잘 보살폈다.

  어머니는 개와 고양이는 잘 다룰 수가 있었으나 망구스를 보살피는 데는 많은 어려움을 겪었다. 왜냐하면 망구스는 집에서 키울 수 있는 동물이 아니고 야생 동물이기 때문에 두렵기도 하고 다른 동물들도 망구스를 싫어했기 때문이다. 얼마가 지나자 그녀는 동물들이 성가시게 여겨지기 시작했다. 아들이 빨리 돌아와서 그 동물들을 돌봐 자신은 동물들에 대한 책임으로부터 빨리 벗어났으면 했다.

  매일 아침 그 집으로 탁발을 오고 있던 스님이 문득 그 어머니가 무언가 골치를 썩는 일로 안색이 나쁘다는 생각이 들어 그녀에게 이유를 물었다. 그녀는 스님에게 아들이 보낸 애완 동물들과 망구스 때문에 그녀가 고통스러워 하는 것을 전부 이야기 했다.

  "더 이상 망구스 때문에 이렇게 두려움 속에서 지내지 마세요. 그리고 망구스는 숲 속에서 자라는 동물이니까 망구스를 숲 속에 풀어 놓아서 자유롭게 해 주세요. 그러면 당신은 망구스로부터 해방되어서 개와 고양이만 돌보며 살 수 있어요."
 "하지만 내 아들이 돌아오면 뭐라고 말하죠? 그 아이가 나한테 망구스를 잘 돌봐 달라고 하였는데……"
 그 어머니가 머뭇거리며 말했다.
 "망구스는 숲 속에서 지내는 것이 더 편안해요. 그리고 당신의 아들은 망구스보다는 당신을 더 사랑하고 있으니 그런 행동을 이해할 겁니다."
 스님이 이야기 했다.
 그 어머니는 스님의 말씀에 감사를 드리고는 망구스에게 맛있는 음식을 많이 먹여 주고 숲에 풀어놔 주었다.
 얼마 후 아들이 여행을 모두 마치고 집으로 돌아왔다. 젊은이는 어머니를 무척 사랑하였고 무엇보다도 어머니가 아주 행복하고 마음이 편안하게 지내는 것을 보고 만족해 했다. 그리고 어머니께서 망구스를 숲으로 놔줬다는 말을 듣고도 아무런 불평없이 만족해 했다. 젊은이는 자신의 어머니, 고양이 그리고 강아지와 함께 아버지가 돌아가셔서 생긴 집안의 빈 자리를 잘 메꿔 나갔다.
 그러던 어느 날 어머니가 풀어준 망구스가 숲 속을 거닐고 있을 때, 망구스는 소원을 들어주는 루비가 달린 신비의 반지를 길에서 주웠다. 망구스는 불현듯 자신의 새 주인인 부잣집 아들과 자기를 숲에 놓아줘서 자유를 찾게 해 준 그 어머니가 떠올랐다.
 '나를 이렇게 놓아 주신 나의 새 주인에게 이 반지를 가져다 주어야지.' 하고 생각했다. 그리고 그 아들의 집으로 가서 소원을 들어주는 루비가 달린 반지를 그 아들에게 주었다.

　그 젊은이는 망구스를 다시 만나게 되자 무척이나 좋아하였고 루비가 달린 신비의 반지도 망구스로부터 받았다. 그 젊은이는 황금 망루가 달린 성이 생겼으면 좋겠다고 소원을 빌며 신비의 반지를 문지르자 갑자기 그의 소원대로 황금 망루가 달린 아름다운 성이 나타났다.

　그것은 정말로 아름다운 성이었다. 그 성에 대한 소문은 멀리 퍼져 나갔다. 그 나라에 살고 있는 모든 사람들이 그 성을 구경하러 와서는 성이 너무 좋아 감탄을 하며 돌아갔다. 나중에는 왕도 소문을 듣게 되어 성을 구경하러 왔다. 그 성을 둘러본 왕은 그 젊은이를 자신의 사위로 삼기로 결정을 하고 젊은이와 공주를 결혼시켰다. 이제 그 성에서는 젊은이와 그의 어머니, 강아지, 고양이 그리고 공주가 같이 행복하게 살게 되었다.

　한편 젊은이와 공주가 결혼할 때 공주를 궁에서 돌보던 사람이 시종으로 그 성에 따라왔다. 그 사람은 매우 사악하고 탐욕스러운 늙은이였다. 그 늙은이는 젊은이가 가진, 항상 소원을 들어주는 루비가 달린 신비의 반지를 몰래 훔치려고 궁리를 했다.

　어느 날, 젊은이가 궁을 잠시 비운 사이였다. 공주를 궁에서 돌보던 늙은이가 공주에게 슬쩍 말했다.

　"공주님, 공주님. 저는 공주님을 어려서부터 곁에서 모셔왔습니다. 그런데 지금 저를 슬프게 하는 게 하나 있습니다. 제가 공주님께서 결혼을 하신 후 지금까지 공주님이 지내는 것을 보니 공주님의 신랑께서는 전혀 공주님을 사랑하지 않고 있는 것 같아요. 그래서 공주님이 무척 불행해 보이신답니다."
 "아니예요. 저희 신랑께서는 저를 무척 사랑하고 있답니다. 염려마세요."
 공주가 자신있게 말했다.
 "아니예요. 제가 보기엔 공주님은 지금 속고 있는 거예요. 정 그렇게 믿으신다면 한번 시험을 해 보시지요."
 공주를 궁에서 돌보던 늙은이가 말했다.
 "그래요? 만일 당신이 나에게 좋은 방법을 일러준다면 내가 한번 시험을 해 보지요."
 공주가 말했다.
 "그건 그렇게 어려운 건 아니예요. 공주님! 공주님의 신랑께서는 항상 그 싸구려 반지를 끼고 있잖아요? 만일 그가 공주님을 진실로 사랑한다면 그 반지를 공주님에게 줄 수 있느냐고 한번 물어 보세요. 만일 그가 당신을 사랑한다면 그 반지를 줄 것이고 그렇지 않으면 공주님을 사랑하는 것이 아니예요"
 공주를 궁에서 돌보던 늙은이가 말했다.
 "제 생각엔 만일 제가 반지를 달라고 하면 제 남편은 그 반지를 줄 걸로 믿고 있어요."
 순진한 공주는 자신을 궁에서 돌보던 사람의 제안을 아무런 생각 없이 받아들였다.
 "그러면 한번 노력을 해보시지요."
 공주를 궁에서 돌보던 늙은이가 말했다.
 "내일 당신이 날 만날 때 아마도 나는 그 반지를 끼고 있을 거예요. 그리고 그건 내 남편이 나를 사랑하고 있다는 증거도 되구요."

공주는 자신있게 말했다.

그날 밤, 공주는 웃으면서 남편에게 말했다.

"여보, 당신은 저를 사랑하나요?"

"물론이지. 난 당신을 무척 사랑해. 항상 당신을 위해 무엇이든 할 수 있어. 이 세상에 내가 사랑하는 사람은 당신과 어머니뿐이야."

그 젊은이가 다정하게 대답했다.

"그러시다면 내일 나에게 당신이 끼고 계신 반지를 끼워 줄 수 있으세요?"

공주가 물었다.

"무슨 내일이야 ? 오늘이라도 좋아. 그리고 당신이 원한다면 언제든지 끼라고."

그 젊은이는 그렇게 말하며 자신의 손가락에서 반지를 빼서 공주의 손에 끼워줬다. 그리고 단단히 주의를 주었다.

"이것은 소원을 들어주는 루비가 달린 신비의 반지야. 그러니 한 순간도 이 반지를 손가락에서 빼놓지 말아요."

공주는 남편이 자기를 진심으로 사랑하고 있는 것을 확인하고 무척 기뻤다. 그녀는 소원을 들어주는 루비가 달린 반지를 손에 끼고 사랑스럽게 남편에게 입맞춤을 했다.

다음 날, 공주는 그녀를 돌봐주던 늙은이에게 자신의 남편이 자기를 진심으로 사랑하고 있다는 것을 증명해 보여 줄 수 있게 되어 마음이 무척 들떠 있었다.
"자 보세요. 여기 그 반지가 있잖아요. 이제 당신은 내 남편이 나를 사랑하고 있다는 것을 알게 되었죠?"
공주는 소원을 들어주는 루비가 달린 신비의 반지를 낀 손을 내보이며 말했다.
"예, 맞아요. 공주님, 공주님이 옳았어요. 그리고 제가 공주님의 남편을 의심했던 것이 잘못 되었어요."
그는 공주의 손에 낀 반지를 쳐다보았다.
"아! 무척 아름다운 반지군요. 이 반지를 좀더 가까이에서 볼 수 있을까요?"
그 사람이 말했다.
공주는 그만 너무 기분이 좋아 반지를 절대로 빼서는 안 된다는 남편의 주의도 잊어버린 채 반지를 빼서 궁에서 돌보던 늙은이에게 주어 버렸다.
늙은이는 반지를 받자마자 자신이 새로 변하게 해 달라고 빌었다. 그러자 공주가 보는 앞에서 그 늙은이는 새로 변하여 멀리 사라지고 말았다.
그리고 동시에 황금 망루가 달린 성도 사라지고 전에 소년의 아버지가 살던 그 집이 다시 나타났다. 공주가 자신의 잘못을 깨닫기에는 너무 늦어 버렸다.
그녀는 흐느끼며 남편에게 모든 일을 다 이야기했다. 그러나 남편은 공주를 야단치지 않았다. 오히려 남편은 공주를 위로하였다.

"성이나 반지는 없지만 아직은 부자이니 아무 걱정없이 행복하게 지낼 수 있지 않겠소."

그들은 서로 사랑하고 위로하며 지냈다. 그런데 이 모든 이야기를 다 들은 고양이가 자신을 돌봐주는 주인을 위해 그 반지를 찾아다 줘야겠다고 마음 먹었다.

한편, 공주를 궁에서 돌보던 늙은이는 새로 변하여 바다로 훨훨 날아가 바다에 뜨는 궁전을 만들어 달라고 소원을 빌었다. 눈앞에 아주 아름다운 궁이 바다 위에 둥둥 떠서 나타났다. 궁이 나타나자 늙은이는 다시 자신의 모습을 사람으로 되돌려 달라고 빌었다. 사람의 모습으로 돌아온 그는 그 궁에서 살고 있었다.

주인의 반지를 찾아야겠다고 결심을 한 고양이는 어떻게 하면 그 신비스러운 반지를 찾을까 하고 궁리를 하였다. 어느 날 고양이는 여신들이 목욕한다고 알려져 있는 호숫가를 찾아가 어슬렁거렸다. 그 호수에는 정말로 어린 여신이 목욕을 하고 있었다. 고양이는 만면에 미소를 띠우며 여신이 목욕을 하기 위해 호숫가에 벗어 놓은 옷을 집어 들고 그 옷을 감춰 버렸다.

목욕을 다 끝내고 물에서 나온 여신은 옷을 벗어 놓았던 곳으로 왔지만 그녀가 벗어 놓은 옷이 보이질 않았다. 여신은 어쩔 줄 몰라 여기 저기 살펴 보았다. 한참 주위를 돌아보니 고양이 한 마리가 싱글싱글 웃고 있었다.

"이 장난꾸러기 고양이! 네가 내 옷을 감췄지? 그 옷이 없으면 난 우리 마을로 돌아갈 수 없단 말이야. 빨리 내 옷이 어디에 있는지를 말해줘. 네가 감췄지?"

여신이 말했다.

"그래 내가 너의 옷을 감췄어. 그 옷들은 다 주지. 그런데 너도 나한테 한 가지 약속을 해야 돼. 우리 공주를 궁에서 돌보던 사람이 마법의 반지를 빼앗아 달아났어. 지금 그가 어디로 달아나 살고 있는지 알아서 나를 그 곳까지 데려다줘야 돼. 아니면 네 옷을 줄 수 없어."

고양이가 말했다.

"그래 난 지금 그가 어디에 있는지 알고 있어. 왜냐하면 그는 그 반지를 가지고 굉장한 힘을 발휘하고 있거든. 먼저 나의 옷을 줘. 그러면 내가 너를 그 곳에 데려다 줄께."

여신이 말했다.

고양이는 감춰두었던 여신의 옷을 내 주었다. 여신이 옷을 입고 주문을 외우자 금새 마법의 다리가 나타났다.

"이 다리가 너를 여기서부터 바다 한 가운데로 데리고 갈거야. 거기에 가면 공주를 궁에서 돌보던 그 사악한 사람이 살고 있는 바다에 떠 있는 궁전이 있어."

여신이 말했다.

고양이는 여신에게 고맙다고 인사를 하고 그 여신이 말한대로 다리를 타고 조용히 바다에 떠 있는 궁전을 향해 달려 갔다.

고양이가 그 성에 다다랐을 때 운이 좋게도 공주를 궁에서 돌보던 사람은 낮잠을 자고 있었다. 그는 그 반지가 그의 늙은 손가락에 끼기에는 너무 작아서 반지를 자신의 베개 밑에 두고 있었다. 고양이는 그가 낮잠을 자는 침대 근처로 살며시 다가갔다.

그리고 살며시 앞발을 뻗어서 그 반지를 낚아 챈 후 반지를 입에 물고 서둘러 다리로 돌아와 재빨리 육지로 다시 날아갔다. 고양이가 집으로 돌아오자 여신이 만들어준 다리는 저절로 사라졌다. 고양이는 반지를 공주와 자기 주인에게 되돌려 주었다.

젊은이와 공주는 고양이가 반지를 다시 찾아오자 무척 기뻐하였다. 그들은 고양이에게 아주 푸짐한 음식을 주고 그 마법의 반지에게 전의 그 궁전이 다시 나타나도록 해 달라고 소원을 빌었다. 전에 있던 아름다운 궁이 다시 나타났다. 그러자 바다에 떠있는 궁전은 어느덧 사라지고 공주를 궁에서 돌보던 늙은이는 물에 빠져 죽고 말았다. 그들 젊은 부부는 어머니와 개와 고양이와 함께 그 황금 망루가 달린 궁에서 아주 행복한 나날을 보냈다.

하지만 모든 문제가 다 해결된 것은 아니었다. 그 청년이 마법의 반지를 잃었다가 다시 찾아 황금 망루가 달린 궁전을 짓고 산다는 소문은 온 나라에 퍼져 나갔고 이 소문을 들은 도둑들이 청년이 잠자고 있는 사이에 몰래 성으로 들어와 그 청년을 죽이고 반지를 빼앗아 달아나려고 계획을 세웠기 때문이다.

어느 날 밤이었다. 도둑들은 공주와 젊은이가 사는 궁으로 몰래 숨어 들어가 황금 계단을 따라 그 젊은이의 침실로 들어갔다. 성을 지키던 개가 이 모습을 보았다. 개는 컹컹 짖으면서 도둑 두목의 목을 꽉 깨물었다. 두목이 개에게 물려 죽자 용기를 잃은 도둑들은 멀리 도망쳐 버렸다. 개는 주인을 깨워 도둑 두목의 시체가 있는 계단으로 안내했다. 잠에서 깬 젊은이는 도둑 두목의 시체를 보고 무슨 일이 일어났었는지 알 수 있었다.

젊은이는 자신이 은화 100냥 씩을 주고 샀던 그 동물들의 충성심에 무척 기분이 좋았다. 처음에 다들 이 세 마리를 사기 위해 은화 100냥씩을 주었다는 말을 듣고는 비웃었지만 그 동물들은 아주 많은 행운을 가지고 왔고 그들의 주인에게 믿음직스럽고 충성스럽게 굴었던 것이다.

맨 처음 그 소원을 들어주는 루비가 달린 신비의 반지를 가져다 준 것은 망구스였다. 그리고 그 반지를 잃어버렸을 때 위험을 무릅쓰고 찾아다 준 것은 고양이였다. 또 도둑들이 그 반지를 빼앗기 위해 그들의 주인을 죽이려 할 때 생명을 구해준 것은 개였다. 어느 누구도 이들 동물들보다 주인에게 충성스러운 것은 없었다. 그래서 젊은이는 그 동물들에게 보답을 하려고 마음을 먹었다.

맨처음 숲속의 망구스를 찾아가기로 한 젊은이는 다음 날 아침 숲에 들어가 망구스를 소리쳐 불렀다. 그 충성스러운 망구스는 즉시 즐거운 마음으로 그의 주인을 따라 궁으로 돌아왔다. 망구스를 데리고 돌아온 청년은 망구스와 고양이, 개들이 아주 편하게 지낼 수 있도록 금으로 된 집을 하나씩 지어 주었다. 그리고 그 동물들에게 매일 매일 좋아하는 음식을 맘껏 먹을 수 있도록 하인에게 지시하였다.

이제 그 청년은 정말 공주와 어머니 그리고 개와 고양이와 망구스를 데리고 행복하게 살 수 있을 것이라고 생각하였다. 하지만 완전한 행복은 아직도 오지 않았다. 매일매일 세 마리의 동물들이 누가 가장 많은 공을 세웠는가 하는 문제로 다투었기 때문이다.

"내가 최고야. 왜냐하면 내가 그 소원을 들어주는 루비가 달린 마법의 반지를 발견해서 주인님께 갖다 드렸잖아."

망구스가 어깨를 으쓱거리며 말했다.

"그래 그 말은 맞아. 하지만 우리 주인님이 어떻게 지금 반지를 가질 수 있었겠어? 그 악당같은 사람으로부터 위험을 무릅쓰고 반지를 찾아온 건 누군데? 만일 내가 없었다면 지금 우리 주인께서 그 반지를 갖고 있지 못했을 걸!"

고양이가 말했다.

"그렇긴 해. 하지만 도둑이 들어와서 그것을 다시 훔쳐가려 했잖아? 그 때 내가 주인님의 목숨을 지키지 않았다면 그건 다시 도둑의 손에 넘어갔을 걸. 그리고 반지만 없어진 줄 알아? 주인님의 목숨도 빼앗길 뻔 했잖아."

개가 말했다.

이들 세 마리의 동물들은 이 일로 매일 매일 다투어 그 동안 사이좋게 지내던 우정도 의리도 송두리째 없어지게 되었다. 그래서 결국 젊은이는 동물들에게 세상의 모든 법칙을 다 잘 아는 공주에게 가서 누가 옳은지 가려달라 하자고 제안했다. 세 마리의 동물들은 세상의 모든 법칙을 다 잘 아는 공주에게 갔다. 동물들의 이야기를 다 들은 공주는 다음과 같이 말했다.

"그래 망구스가 처음 그 소원을 들어주는 루비가 달린 마법의 반지를 발견해서 주인님에게 갖다 준 것은 사실이야. 하지만 그 반지를 너는 우연히 발견한 것 아니니? 그리고 고양이는 악당같은 사람으로부터 위험을 무릅쓰고 그 반지를 찾아왔잖아. 그러니 만약에 망구스하고 고양이 둘 중에 누가 더 큰 일을 했는가를 따진다면 고양이가 더 큰 일을 했어. 왜냐하면 고양이는 위험을 무릅썼거든. 그래서 고양이가 첫째야. 하지만 또 고양이와 개를 생각해 보자구. 고양이는 아주 큰 용기를 내서 먼 바다에 떠 있는 성까지 나가서 그 반지를 다시 찾아왔지만 개도 무척 용감하게 싸웠어. 개가 만일 그 주인의 목숨을 구하지 않았다면 그 반지는 지금 누가 갖고 있겠어? 그러니 개가 고양이 보다는 더 큰 일을 했어. 이렇게 하나하나 설명하다 보면 너희들 모두 다 일등이 돼. 그러니 너희들은 싸우지 말고 주인에게 더 많은 충성을 해야 해. 너희들은 모두 다 일등이잖아. 그러면 너희들의 주인도 너희들을 더욱 잘 보살펴 줄거야. 그러니 누가 먼저 음식을 먹겠다고 싸울 필요도 없어. 너희들은 매우 좋은 주인을 만났으니까 그 주인 밑에서 사이좋게 지내며 충성을 다하면 돼."

공주의 말을 듣고 있던 세 마리의 동물들은 싸우지 않기로 마음 먹었다. 그들은 즐거운 마음으로 집으로 돌아 왔다. 젊은이와 공주, 그의 어머니, 개, 고양이 그리고 망구스는 아주 오래오래 행복하게 살았다.

✳✳✳✳

방생의 공덕을 깊이 생각나게 하는 이야기입니다. 이 이야기에서 보듯이 아무리 미혹한 동물이라도 자신을 구해준 은혜를 갚으려고 노력 합니다. 아마 그들이 은혜를 갚으려고 하는 노력은 현세뿐만 아니라 내세에도 이어질 것입니다. 하지만 스스로를 만물의 영장이라고 착각하면서 살아 있는 생명체를 함부로 다루고 있는 인간은 어떠한지요?

호랑이와 원숭이는 왜 사이가 나쁠까요?

옛날 옛날 호랑이 한 마리가 살고 있었다. 어느 날 호랑이는 좁은 길을 아무런 생각 없이 어슬렁거리며 걸어 가면서 앞으로 어떻게 하면 다른 동물들보다 좀 더 즐겁고 재미있게 지낼 수 있을까 하고 생각했다.

그러던 호랑이는 맞은 편에서 코끼리가 오고 있는 것을 보았다. 코끼리는 호랑이를 보고도 비킬 생각을 하지 않고 계속해서 호랑이가 가는 길 쪽으로 다가오는 것이었다. 호랑이는 그만 화가 났다.

"비켜! 숲 속에서 왕인 내가 걸을 때는 어느 누구도 내 갈 길을 방해하지 못해. 그러니 당장 비켜."

호랑이가 버럭 소리를 쳤다.

"흥, 당신이 이 숲 속의 왕이라고요?"

코끼리가 비웃었다.

"제발 바라는데 날 웃기지 마. 이 숲 속에서 나보다 더 힘이 센 동물이 있다면 그건 사자뿐이야. 사자 이외에는 이 숲 속에서 어느 누구도 나보다 세지 않아."
 코끼리도 지지 않겠다는 듯이 말했다.
 "그렇다면 내가 너보다 더 힘이 세다는 걸 보여주지. 내가 너보다 힘이 더 세다는 것이 확인되면 난 너를 잡아 먹을거야."
 호랑이는 자신있게 말했다.
 "그래 나도 마찬가지야. 내가 너보다 더 힘이 세다는 걸 보여주지. 그리고 내가 너보다 힘이 더 센 것이 확인이 되면 나도 너를 잡아 먹을거야."
 코끼리도 무뚝뚝하게 말했다.
 먼저 호랑이가 머리를 치켜 들면서 힘차게 으르렁거렸다. 온 숲이 호랑이가 으르렁거리는 소리로 진동을 하였다. 쟈칼 몇 마리가 그 근처에서 놀고 있다가 호랑이가 으르렁거리는 소리에 정신을 잃고 죽은 듯이 가만히 있었다.
 호랑이의 으르렁거리는 소리가 끝나자 숲은 다시 예전처럼 조용해졌다.
 이번에는 코끼리가 그의 머리를 하늘 높이 치켜 들었다. 코끼리는 코를 뒤로 젖히고 크게 울부짖었다. 하지만 코끼리가 울부짖는 소리는 허공으로 멀리 날아갔을 뿐 아무도 그 소리에 관심을 갖지 않았다.
 "이제 봐라. 이래도 네가 나보다 힘이 더 세니? 누가 너의 울음소리에 꼼짝이나 하던? 이제 내가 너보다 더 힘이 센 것이 밝혀졌으니 약속대로 이제 나는 너를 잡아 먹어야겠다."
 호랑이가 의기양양한 듯이 말했다.

코끼리는 자기가 호랑이보다 힘이 약하다는 것을 알았기 때문에 잡혀 먹는 것을 거절할 수가 없었다. 코끼리는 이제 죽을 수밖에 없다고 생각하였다. 코끼리는 갑자기 자신이 돌아오길 기다리고 있을 아내와 새끼들 생각이 나서 눈에 눈물이 가득차기 시작했다. 그리고 호랑이에게 집에서 아내와 자식들이 기다리고 있으니 좀 봐줄 수 없겠느냐고 사정했다. 그러자 호랑이가 말했다.

"그러면 좋다. 내 너에게 6일간의 여유를 주지. 너는 6일 동안 네 가족들과 보내다가 너의 가족들과 작별을 해야 돼. 그리고 7일째 되는 날 이 시간에 이 곳에 와서 나에게 잡혀 먹힐 준비를 해야 하다는 것을 명심해."

코끼리는 슬픔에 가득 차서 터덜거리며 가족들이 기다리는 집으로 돌아왔다. 집으로 돌아온 코끼리는 가족들을 모아 놓고 그동안에 있었던 모든 일을 가족들에게 이야기하였다. 그리고 자신이 없어도 자식들이 잘 살 수 있도록 혼신을 다해 훈련을 시켰다.

마지막 날이 다가왔다. 코끼리는 마지막으로 그 동안 살아 왔던 숲 속을 걷기로 마음 먹고 슬픔이 가득찬 마음으로 눈을 거의 감은 채 이리저리 아무런 생각없이 걸어다녔다. 한참 걷다가 코끼리는 토끼를 만났다.

"안녕하세요? 코끼리씨! 뭔가 안 좋은 일이 있으신가 보죠? 그게 뭐지요? 당신 걱정거리가 무엇인지 나한테 이야기 해 보세요. 제가 도울 수 있으면 도와 드릴테니까요."

토끼가 말했다. 토끼는 비록 체구는 작지만 착하고 현명해서 동물들의 어려운 일을 잘 해결해 주었기 때문에 동물들이 무척 좋아 하였다. 코끼리는 토끼를 믿을 수는 없었지만 혹시나 하는 마음으로 내일이면 호랑이에게 죽음을 당해야 하는 그 불행한 내용을 토끼에게 모조리 털어 놓았다.

토끼는 코끼리의 이야기를 아주 주의깊게 들었다. 그리고 토끼는 뭔가 골똘히 생각에 잠겼다.

코끼리가 아주 꺼져 가는 목소리로 말했다.

"이제 너도 알다시피 내일 이 시간이면 나는 호랑이한테 죽어야 돼. 이젠 아무 희망도 없어. 이제 우리 식구들은 누가 보살펴 주지?"

갑자기 토끼가 활기차게 소리를 쳤다.

"코끼리님 아무 걱정 마세요. 나에게 당신의 목숨을 구할 수 있는 좋은 생각이 있어요. 그러니 아무런 걱정 마세요. 그리고 내일 아침 해가 뜰 무렵 여기에서 다시 만납시다."

다음 날 아침 토끼는 동이 트기 전에 일어났다. 토끼는 모든 동물들을 다 불러 모았다. 그리고 코끼리를 살릴 수 있도록 모든 동물들에게 도와 달라고 말했다. 호랑이를 부르지 않은 것은 물론이고 또 한 마리 토끼로부터 초청 받지 못한 동물은 원숭이였다. 원숭이는 믿을 수가 없었고 또 사기성이 아주 짙기 때문에 부르지 않았던 것이다. 원숭이 역시 토끼를 존경하거나 믿고 따르지 않았다. 하지만 숲 속의 다른 동물들은 모두 토끼를 믿고 따랐다.

모든 동물들이 왜 원숭이와 호랑이는 안 오느냐고 물었을 때 토끼는 조용히 말했다.

"여러분! 저는 오늘 당신들이 저를 좀 도와달라고 여기에 오시라고 했습니다. 사실 오늘 우리는 코끼리의 목숨을 구해야만 합니다. 오늘 호랑이가 코끼리를 잡아 먹기로 되어 있어요. 그러니 우리가 코끼리를 도와줘야 합니다."

"그래요? 그렇다면 저희들은 당신이 시키는대로 무엇이든 하죠. 현명하신 토끼님."

모든 동물들이 한 목소리로 이야기 했다.

"자 제 말을 들어 보세요. 여러분들 모두는 지금부터 아주 겁에 질린 표정을 하고 '숲 속의 왕인 무섭고 현명한 토끼가 나타났다. 토끼가 나타났다. 그는 힘이 세서 코끼리한테도 이겼다. 이제 토끼는 호랑이를 찾아가서 호랑이와 싸울 것이다. 호랑이는 토끼를 이길 수가 없을 것이다.' 하고 소리치며 숲 밖으로 막 도망을 가세요."

토끼가 이렇게 말하자 모든 동물들이 그러겠노라고 약속했다.

잠시 후 동물들은 토끼가 일러준대로 '숲 속의 왕인 무섭고 현명한 토끼가 나타났다. 토끼가 나타났다. 그는 힘이 세서 코끼리한테도 이겼다. 이제 토끼는 호랑이를 찾아가서 호랑이와 싸울 것이다. 호랑이는 토끼를 이길 수가 없을 것이다.' 라고 소리치며 사방으로 쏜살같이 도망을 쳤다. 한 순간에 온 숲 속은 동물들이 우왕좌왕하면서 도망가는 발자국 소리와 동물들의 울부짖는 소리로 가득차게 되었다.

한편 코끼리가 토끼를 만나기 위해 전날 약속한 장소로 오니 토끼가 주렁주렁 달린 바나나 줄기를 하나 뽑아 코끼리의 등 뒤에 척 얹어 놓고는 말했다.

"이봐요, 코끼리씨! 이제 당신은 호랑이를 만나기로 한 자리로 천천히 가세요. 당신은 사방에서 들려오는 동물들이 울부짖는 소리를 들을 수 있을 거예요. 그것이 바로 당신을 구하기 위한 것이니 그리 아세요. 아무 걱정 마시구요."

한편 호랑이도 코끼리를 잡아 먹을 생각에 사로 잡혀 입맛을 다시며 약속한 장소로 어슬렁거리며 다가가고 있었다. 그 때 이런 소리를 들었다.

"숲 속의 왕인 무섭고 현명한 토끼가 나타났다. 토끼가 나타났다. 그는 힘센 코끼리한테도 이겼다. 이제 토끼는 호랑이를 찾아가서 호랑이와 싸울 것이다. 호랑이는 토끼를 이길 수가 없을 것이다."

호랑이는 주변에서 일어나는 소리를 들으며 뭔가 심상치 않은 일이 숲 속에서 일어났다고 생각했지만 대수롭지 않게 넘겼다. 그러나 사방에서 들려오는 동물들의 울부짖는 소리는 호랑이를 갑자기 혼란스럽게 했다. 호랑이는 두려워지면서 누군가 같이 있어줬으면 좋겠다고 생각했다.

호랑이는 동물들이 무슨 소리를 하나 하고 다시 귀를 기울여 보았다.

"숲 속의 왕인 무섭고 현명한 토끼가 나타났다. 토끼가 나타났다. 그는 힘센 코끼리한테도 이겼다. 이제 토끼는 호랑이를 찾아가서 호랑이와 싸울 것이다. 호랑이는 토끼를 이길 수가 없을 것이다."
 소리가 사방에서 들려오고 있었다.
 이 소리를 들은 호랑이는 결코 토끼를 두려워하지 않을 것이라고 생각했다. 설사 토끼가 코끼리를 이겼어도 감히 자신을 이길 수 없을 거라고 생각했다. 그러면서 호랑이는 코끼리가 토끼한테 졌다는 것도 믿을 수 없다고 생각했다. '어떻게 토끼가 코끼리를 이기나?' 그렇게 생각하자 호랑이는 다시 마음이 편안해졌다. 그리고 자신이 코끼리를 이긴 것을 상기하며 약속 장소로 빨리가서 코끼리를 먹어 치울 생각만 하고 있었다.
 "이봐 친구들! 나는 너희들을 해치지 않아. 그리고 토끼가 너희들을 해치지 못하게 할게. 코끼리를 이긴 것은 토끼가 아니고 바로 나야. 바로 이 호랑이지. 조금 있으면 코끼리가 나한테 잡혀 먹히러 이리로 올거야. 이봐 친구들! 걱정하지마 내가 먹을 것을 너희들한테 조금씩 나누어 줄께."
 호랑이가 소리쳤다.
 하지만 어느 동물도 호랑이가 있는 곳에 오지 않았다. 그래서 호랑이는 사방에서 들려오는 동물들 도망가는 소리를 들으면서 외롭게 홀로 남아있어야 했다.
 이 때 원숭이가 나무 위로 올라가 이 나뭇가지 저 나뭇가지로 옮겨 다니며 숲 속에서 무슨 일이 벌어지고 있는지를 보니 사방에서 소리가 들려오고 있었다.
 "숲 속의 왕인 무섭고 현명한 토끼가 나타났다. 토끼가 나타났다. 그는 힘센 코끼리한테도 이겼다. 이제 토끼는 호랑이를 찾아

가서 호랑이와 싸울 것이다. 호랑이는 토끼를 이길 수가 없을 것이다."

그리고 모든 동물들이 사방으로 달아나는 모습도 볼 수 있었다.

호랑이를 보자 원숭이가 반가운 듯이 말했다.

"오! 호랑이씨. 안녕하세요. 저 소란스러운 소리가 들리세요? 토기가 당신을 잡아 먹으러 오다니요. 말도 안되지요. 내가 여기서 당신의 친구가 되어 함께 있지요."

"정말! 그래 우리 친하게 지내자. 원숭이야!"

호랑이는 그래도 한 친구를 찾았다는 생각에 즐거운 마음으로 말했다.

사방에서 소란스러운 소리가 들려오고 있는 가운데 호랑이와 원숭이는 총총 걸음으로 걸어 갔다. 하지만 호랑이와 원숭이는 서로를 믿은 것은 아니었다.

그들이 코끼리와 약속한 장소에 왔을 때 원숭이가 말했다.

"아마 다른 동물들하고 싸움이 일어나면 우리는 무척 위험할 것 같아요. 왜냐하면 그 동물들은 우리를 떼어 놓으려고 할거니까요. 그러니 호랑이님의 꼬리하고 제 꼬리하고 묶어 둡시다. 그래야 우리는 떨어지지 않고 계속 같이 있을 수 있잖아요."

사실 호랑이는 무슨 일이 생겨도 두려울 것이 없었지만 원숭이는 무슨 일이 발생하면 혼자서는 살아 남기 힘들다고 생각했다. 하지만 호랑이는 원숭이가 제안한 것이 무슨 뜻인지도 모르고 그래도 숲 속의 동물들 중에서 자기를 알아주는 동물이 원숭이니까 원숭이가 말한 것이 무조건 좋은 의견이라고 생각했다.

"그래 네 말이 맞는 것 같구나. 네 꼬리와 내 꼬리를 서로 묶자."

호랑이도 말했다.

꼬리를 서로 묶은 호랑이와 원숭이는 숲 속에서 코끼리가 오기를 기다리고 있었다. 그들이 기다리고 있는 동안에도 계속해서 숲 속의 동물들이 이리저리 뛰는 소리가 들려왔기 때문에 호랑이와 원숭이는 자리가 불편해지기 시작했다.

코끼리가 어슬렁거리며 오고 있는 소리가 들리고 잠시 후 코끼리와 토끼가 나타났다. 호랑이와 원숭이는 코끼리의 등 위에 토끼가 타서는 맛있는 음식을 먹으면서 오는 것을 보고는 깜짝 놀랐다.

"하! 하! 하! 코끼리의 골은 무척 맛있는 걸. 이제 호랑이의 골은 어떤 맛인가 한 번 맛 좀 볼까."

토끼가 이렇게 말하며 바나나를 하나 당겨 뜯어 먹고 있었고, 코끼리는 토끼를 등에 태운 채 호랑이와 원숭이가 있는 쪽으로 어슬렁 어슬렁 다가왔다.

호랑이는 질겁을 하고는 두려움에 떨면서 원숭이에게 속삭였다.

"원숭이야, 우리 지금 시간이 있을 때 빨리 다른 곳으로 자리를 옮기자."

"호랑이야. 바보같은 소리 하지마. 토끼가 먹는게 코끼리의 골이 아냐. 지금 토끼는 바나나를 먹고 있잖아."

원숭이가 비웃듯이 말했다.
"네가 어떻게 그리 잘 아니?"
호랑이가 부들부들 떨면서 다시 물었다.
"확실해. 왜냐하면 난 매일 매일 바나나를 먹거든."
원숭이가 사실이라는 듯이 말했다.
이 때 코끼리와 토끼가 호랑이와 원숭이가 기다리고 있는 숲 뒤로 왔다.
"어이 원숭이! 오랜만이야. 나 여기 왔어. 그리고 네가 호랑이를 이리로 데리고 온다고 한 약속을 지키니 기분이 무척 좋은 걸. 이제 원숭이 네가 나를 믿도록 해주지. 내가 호랑이의 골을 먹을 수 있다고 했잖아."
토끼가 반가운 듯이 원숭이에게 말했다.
"아니? 약속을 지켰다니? 그래. 이제 난 알았어. 넌 무척 교활한 동물이야."
호랑이가 화가 나서 원숭이에게 말했다.
"처음에 넌 나한테 친한 척하고 접근을 했었지. 그리고 난 다음엔 넌 네 꼬리와 내 꼬리를 같이 묶자고 했어. 그러더니 토끼가 힘센 코끼리의 골을 먹고 있는데도 바나나를 먹고 있다고 속였지. 뭐, 토끼가 내 골을 먹지 않을 것이라고? 너는 토끼와 약속을 하고는 나를 이리로 데리고 온 거야. 어디 두고 보자."
호랑이는 이렇게 말하고 번개같이 숲 속으로 도망쳤다. 원숭이는 호랑이의 꼬리에 묶여 있었기 때문에 호랑이 등에서 밑으로 떨어져 온 몸이 긁혀 가면서 질질 끌려갔다.

원숭이가 온 힘으로 꼬리를 잡아 당기자 서로 묶었던 꼬리가 풀렸다. 땅에 떨어진 원숭이는 반대편 숲 속으로 쏜살같이 도망갔다. 호랑이도 빨리 위험에서 벗어나야 한다고 생각을 하고는 뒤도 돌아보지 않고 달려갔다.

이 모습을 보고 있던 토끼가 하! 하! 하! 하며 웃었다. 이제 코끼리의 목숨은 구해졌다. 코끼리는 아주 정중하게 토끼와 숲 속에 있는 동물들에게 고맙다는 인사를 하였다. 다시 숲 속에 평화가 찾아왔고 호랑이와 원숭이를 제외한 동물들은 전처럼 다시 어울려 즐겁게 살았다. 하지만 호랑이와 원숭이는 그들의 꼬리가 풀어진 이후로는 결코 친구가 되지 못했다.

✽✽✽✽

어리석은 사람은 하는 일에도 스스로 근심을 끌어 들인다 하였습니다. 또한 스스로의 욕심이 만든 악한 업은 그 죄를 받기 전에는 끝나지 않습니다. 또한 꾀로써 악함이 없어지고 선함이 나타나지 않습니다. 오로지 지혜를 따를 때 선의 열매를 딸 수 있을 것입니다.

지혜로운 왕의 안목

옛날 나라를 잘 다스려 백성들이 편하게 살 수 있게 해준 왕이 있었다. 어느 날 그 나라의 재상이 갑자기 세상을 떠났다. 아무런 준비도 없이 사망했기 때문에 왕은 재상을 새로 뽑아야 했다. 왕은 여러 사람들에게 재상이 될 후보를 추천해 달라고 하였다. 재상으로 추천된 후보는 모두 세 명이었는데 그 세 후보는 장관들로서 각자 다양한 방법으로 왕을 잘 모셨다. 그래서 왕은 재상을 새로이 임명해야 하는데도 불구하고 누구를 재상으로 임명해야 할 지를 몰랐다.

그는 재상을 임명하는 문제로 너무 고민을 하여 몸의 상태가 좋지 않게 되고 정신은 멍청한 상태가 되어 버리고 말았다. 왕은 음식을 먹기는커녕 만지기조차 하지 않았다. 한밤중이 되어도 잠을 이루지 못하고 밤새도록 깨어 있었고 신하들이 무슨 말을 하여도 듣지 못했다.

이것을 알아 차린 신하들은 모여서 왕의 마음을 바꿔줄 수 있는 방법이 없을까 하고 생각하였다. 그들은 왕을 하루 정도 모든 일로부터 자유롭고 마음을 새롭게 해주기 위해 강가로 소풍을 가기로 결정하였다.

 소풍을 가는 날이 되었다. 왕과 신하, 시종, 하인 모두는 악대를 앞세우고 코끼리를 타고 이라와디 강으로 나갔다. 시종들은 왕을 즐겁게 하기 위하여 오락과 음악 게임 등을 준비하기도 하고 또한 강에 들어가서 목욕도 하였다. 날씨도 아주 좋은 날이었다. 하늘은 맑아 있었고 햇빛도 적당히 내려 쬐고 있었다. 소풍을 나간 모든 사람들은 휴일의 분위기에 흠뻑 젖어 있었다.

 아주 즐거운 분위기에서 같이 간 사람들이 모두 좋아하며 맛있는 음식을 먹고 술도 마시고 있어 왕도 그의 고민을 잊은 듯이 보였다.

 왕은 깊은 생각을 하기 귀찮다는 듯 햇빛이 따갑게 쪼이는 강둑에 앉아 유유히 흐르는 강물을 평화롭게 바라보며 시종들이 연주하는 음악 소리를 평화스럽게 듣고 있었다. 그러다가 갑자기 왕은 재상의 후보로 생각하고 있는 세 명의 장관들이 가까이에 앉아 있는 것을 알고 다시 새로운 재상을 뽑아야 한다는 생각에 정신이 번쩍 들었다. 그것은 마치 맑고 화창한 하늘에 검은 구름이 몰려드는 것과 같았다.

 왕의 마음이 다시 어두워져서 멍하게 흐르는 물을 바라보고 있으려니 갑자기 물위로 조그마하고 둥근 물건이 물을 따라 흘러 내려 가는 것이 보였다.

 왕은 가까이 앉아 있던 세 사람에게 다가가서 말했다.

 "저기 무언가 흘러 내려가는 것이 있는데 그것이 무엇일까?"

한 사람이 그의 손을 이마에 대고 그 물을 바라보면서 말하였다.

"대왕님, 제가 보기엔 어떤 과일 종류인 것 같은데요."

그러자 다른 한 사람은 뛰어서 강가로 내려갔다. 그는 강가에서 그것이 무엇인지를 잠시 바라본 다음에 다시 왕에게로 돌아와 말하였다.

"대왕이시여, 그것은 맹고 열매인 것 같습니다."

나머지 한 사람도 역시 일어나 강가로 다가가서는 그것을 바라 보았다. 그런데 그 맹고 열매는 강가로부터 멀리 흘러 내려가 있었다. 그 사람은 자신이 입고 있던 옷과 모자를 벗어 버렸다. 그리고 강물 속으로 뛰어 들어가 헤엄쳐 그 과일을 잡았다. 그는 건져 올린 과일을 손에 쥔 채로 강가로 돌아와서 왕에게 다가가 정중하게 말하였다.

"대왕이시여! 그렇습니다. 그것은 아주 신선한 맹고였습니다. 무척 맛이 있겠는데요."

그리고 왕의 손에 맹고를 쥐어줬다.

왕은 기분이 무척 좋아졌다. 갑자기 그의 마음을 휩싸고 있던 검은 구름이 환하게 걷히는 것이었다. 바로 이 사람을 재상으로 임명하여야 되겠다고 생각하였다.

'나는 이제 더이상 재상 문제로 고민을 하지 않아도 돼. 누구를 재상으로 시킬 것인지를 결정했거든.' 하고 기분이 좋아져서 소풍을 마치고 궁전으로 돌아왔다.

왕과 신하, 시종, 하인들 모두 그날의 소풍이 매우 즐거웠다고 생각하고 왕도 다시 그 전처럼 마음이 평온해 보였다.
 다음 날 아침이 되었다. 왕은 시종에게 발표할 것이 있으니 모든 장관들을 다 모이게 하고 말하였다.
 모든 장관들이 다 모였을 때 왕이 말하였다.
 "나는 오늘 지난 번 죽은 재상의 뒤를 이을 새로운 재상을 결정하였다. 이번의 새로운 재상도 먼저의 재상처럼 백성들을 무척 위할 재상이다."
 잠시 흥분이 지나갔다.
 '과연 누구를 재상으로 뽑았을까? 어떠한 방법으로 재상을 골랐을까?' 하고 모두들 궁금해 하며 수군거렸다.
 "어제는 우리 모두 소풍을 갔었지. 그런데 우리가 소풍을 갔던 이라와디 강을 따라 흘러가던 맹고 열매가 나를 도와주었어."
 왕은 계속해서 말하였다.
 "세 장관이 흘러 가는 것이 무엇인지를 확인하러 갔지. 그런데 오직 한 장관만이 내가 아무런 명령이나 지시를 하지 않았는데도 자신의 옷을 벗어 집어 던지고, 물에 들어가 맹고 열매를 집어와서 나에게 건네 주었어. 나는 그 장관을 새로운 재상으로 임명하겠노라."
 왕의 말을 듣고 그 곳에 모여 있던 모든 사람들은 그가 누구인지를 알 수 있었다. 그들은 모두 축하의 박수를 쳤다.
 "나는 작은 문제에서도 자발적이고 용감하게 처리하는 사람은 크고 위태로운 문제에도 역시 같은 행동을 보일 것이라고 기대한다. 그리고 나를 그렇게 생각하는 자는 역시 우리의 백성도 그렇게 생각할 것이라고 믿는다. 나는 그의 말보다는 행동에 의해서 그를 재상으로 임명하는 것이니 여러분들은 이제 새로운 재상을 도와 온 백성들이 더욱 편하게 지낼 수 있도록 해주기 바라오."

왕이 기쁜 표정을 지으며 말했다.

왕은 그 재상과 더불어 백성들을 위해 더 많은 선정을 베풀어 나라를 잘 이끌어 나갔다고 한다.

✽✽✽✽

진심으로 도를 얻으려 하는 이는 어려운 일이 닥쳐도 자신의 마음을 속이지 않습니다. 하지만 도의 맛만 보려는 이에게는 끝내 이로움이 없습니다. 스스로 칼과 매를 불러들여 해를 입는 것과 같습니다. 수행자는 수행 속에서 생활해야 합니다. 일시적인 고통을 두려워하거나 피하기만 하는 이에게는 이룰 수 있는 과보는 없을 것입니다.

제3부

황금의 땅

미얀마

등잔밑이 어두웠던 생쥐부부

옛날 옛날에 스스로 아주 아름답고 우아하다고 생각하는 생쥐가 한 마리 있었다. 그 생쥐의 부모들도 역시 자기의 딸이 세상에서 가장 아름다운 동물이라고 생각하였다. 부모들은 그 딸의 결혼 적령기가 다가 오자 딸에게 알맞은 배우자를 구해야 되겠다고 생각하였다.

생쥐의 부모들은 첫 째로 하늘에서 천하를 비추고 있는 해에게 가서 물어보기로 마음 먹었다. 부모 생쥐가 말했다.

"햇님! 햇님! 우리는 당신을 이 세상에 살아 있는 것 중에서 가장 힘이 세고 훌륭한 분이라고 생각하고 있습니다. 저희에게 아름다운 딸 아이가 있는데 햇님께서 그 아이의 신랑이 되어 주실 수 있다고 생각해서 이렇게 청혼을 하러 왔습니다."

그 말을 듣고 해가 말했다.

"그래요. 내가 당신이 말하는 그 아름답고 우아한 딸의 남편이 되어 드릴 수 있습니다. 하지만 저기 나보다 더 힘이 센 분이 있는데요."

"아니 햇님 보다 힘이 더 센 분이라니요? 그 분이 도대체 누구죠?"

"하늘에는 나를 여기로 저기로 몰고 다니는 힘센 자가 있습니다. 그가 오면 나는 꼼짝도 못하죠. 그가 누구냐 하면 바로 비입니다."

"아아! 빗님이라구요?"

생쥐의 부모들은 해에게 자기 딸과 결혼해 달라고 한 것을 사과하고 비를 만나러 떠나 갔다.

"빗님! 빗님! 이 세상의 모든 생명체 중에서 가장 힘이 세신 빗님! 그래서 해를 하늘의 이리 저리로 몰고 다닐 수 있는 빗님! 우리는 당신을 우리의 아름답고 우아한 딸과 아주 어울리는 신랑감이라고 생각하고 여기에 왔습니다. 우리 딸과 결혼해 주시지 않겠습니까?"

생쥐의 부모가 말했다.

"내가 당신의 아름답고 우아한 딸과 잘 어울리는 신랑감이라니 그것 참 영광인데요. 하지만 나보다 더 힘이 센 분이 있는데요."

"아니 빗님보다 힘이 더 센 분이라니요? 그게 어느 분이죠?"

"그 분은 바람이예요. 바람! 왜냐하면 바람이 불어와 나를 여기 저기 데리고 다니면 나는 어쩔 수 없이 밀려 다녀요. 그러니 바람이 나보다 힘이 훨씬 더 강하지요"

그래서 생쥐의 엄마와 아버지는 다시 바람을 찾으러 갔다.

"바람님! 바람님! 이 세상의 모든 생명체 중에 가장 힘이 세신 바람님! 그래서 구름을 이리 저리 몰고 다닐 수 있는 바람님! 우리는 당신을 우리의 아름답고 우아한 딸과 잘 어울리는 신랑감이라고 생각하고 여기에 왔습니다. 우리 딸과 결혼해 주시지 않겠습니까?"

"아니 제가 두 분의 아름다운 딸과 결혼을 한다구요? 무척 기분이 좋은데요. 하지만 내가 인정하지만 나보다 더 힘이 센 분이 있어요. 사실은 나도 큰 산악에 가면 꼼짝을 못한답니다. 만일 내가 가는 곳에 산이 서 있으면 내가 아무리 바람을 세게 불어도 그 산은 끄떡도 안하고 있습니다. 그러니 그 산이 저보다 훨씬 힘이 센 것이지요."

생쥐의 부모는 바람에게 고맙다고 이야기를 하고는 이번에는 산을 찾아갔다.

"산이시여! 산이시여! 당신은 바람을 멈출 수 있을 정도로 힘이 세시다면서요? 그러니 당신은 이 세상에서 가장 힘이 세신 분이예요. 그래서 우리는 당신을 우리의 아름답고 우아한 딸과 아주 어울리는 신랑감이라고 생각하고 이 곳에 왔습니다. 우리 딸과 결혼해 주시지 않겠습니까?"

"제가 이 세상에서 가장 힘이 세다니? 그 말씀이 정말인가요?"

산이 믿을 수 없다는 듯이 말했다.

"예 그래요. 당신이 이 세상에서 가장 힘이 세신 분이시죠. 그러니 우리 딸과 결혼해 주세요."

"하지만 당신들도 알듯이 가장 강하고 힘이 센 분이 따로 있습니다. 당신은 황소를 찾아가 만나 보세요. 황소는 매일 매일 뿔을 갈기 위해서 나한테 오죠. 그리고 그 큰 뿔로 나를 여기저기 부러 뜨리곤 해요. 만약 황소가 계속해서 그 뿔로 나를 여기저기 부러 뜨린다면 아마 나도 곧 없어질거예요. 확실히 그 소가 나보다 더 힘이 세다구요."

산이 계속해서 말했다.

그래서 생쥐의 부모는 황소를 찾아갔다.

"황소님, 황소님, 당신은 산을 파낼 수 있을 정도로 힘이 세시다면서요? 그래서 우리는 당신을 우리의 아름답고 우아한 딸과 아주 어울리는 신랑감이라고 생각하고 이 곳에 왔습니다. 우리 딸과 결혼해 주시지 않겠습니까?"

생쥐의 부모가 말했다.

"아니 저하고 당신의 딸과 결혼을 하라구요? 이것 참 영광이군요. 하지만 아니예요. 나는 가장 힘이 세지가 않아요. 왜냐하면 밧줄로 나를 묶으면 나는 그만 꼼짝을 못하고 만답니다. 그러니 나를 꼭꼭 묶으면 내가 그만 꼼짝 못하는 밧줄을 찾아 가세요. 밧줄이 가장 힘이 세지요."

"그러면 우리 밧줄을 찾아 가서 한번 물어 봅시다."

어미 쥐와 아비 쥐는 밧줄을 찾아가 말하였다.

"밧줄이시여! 우리에게 나이가 든 딸이 있어 결혼을 시키려고 합니다. 그래서 마땅한 신랑감을 찾아 가장 힘이 세다고 하는 황소에게 갔지요. 그런데 황소가 밧줄 당신이 가장 힘이 세다고 하더라구요. 아름답고 예쁜 우리 딸의 배우자가 되어주지 않겠소?"

"아니 저하고 당신의 딸과 결혼을 하라구요? 이것 참 영광이군요. 하지만 아니예요. 내가 이 세상에서 가장 강하지 않답니다. 내가 제일 강하고 센지 아니면 약한지는 다른 것에 의해 달려 있어요."

"아니 다른 것에 달려 있다니요? 그럼 그는 우리가 다시 찾아가 물어봐야 할 분이겠지요?"

"그렇습니다. 내가 강하고 약하고의 문제는 외양간에 있는 쥐들에게 달려 있습니다. 매일 밤 쥐들이 나에게 와서 나를 쏠아 먹으면 나는 꼼짝 못하고 말죠. 그러니 쥐가 저보다 훨씬 강하답니다."

이 말을 듣고 쥐 부부는 다시 외양간에 살고 있는 쥐를 찾아 갔다. 외양간에 살고 있는 쥐는 밧줄이 말한대로 밧줄을 끊는데 훌륭한 솜씨를 보여주었다.

쥐 부부는 이제야 딸에게 적당한 신랑감을 찾았다고 기분 좋아했다.

그리하여 마침내 외양간의 쥐와 아름답고 우아한 쥐는 결혼하여 오랫동안 행복하게 살았다.

✱✱✱✱

아주 많이 알려져 있는 이야기입니다. 참 자기를 모르고 헤매는 이들은 쥐 부부가 저지른 것과 같은 어리석음을 많이 저지를 것입니다. 탐욕에서, 성냄에서, 어리석음에서…….

봄을 찾아 이 산 저 산을 헤매다 돌아와 보니 자기집 마당에 봄이 와 있더라는 이야기가 생각납니다. 당신도 봄을 찾아 이 산 저 산을 헤매는 이는 아닌지요?

마웅 파욱 캬잉

옛날에 마웅 파욱 캬잉이라고 하는 젊은이가 있었다. 집안에서 그를 집안의 희망으로 생각하였기 때문에 그의 아버지는 많은 것을 배우고 돌아오라고 그를 도시에 있는 대학에 보내 공부를 하게 하였다. 하지만 마웅 파욱 캬잉은 무척 게을러서 공부는 하지 않고 매일매일 노는 것만 좋아했다. 3년 동안이나 대학에 있으면서도 그는 공부를 하거나 모르는 것을 배울 생각을 하지 않아 실력을 조금도 향상 시키지 못했다. 그는 너무 게을러서 세월이 빨리 흐르는 것조차 알지 못했던 것이다.

드디어 삼년이 지나고 고향으로 돌아가야 할 날이 되었다. 그동안 열심히 공부하여 좋은 결과를 얻은 그의 동료 학생들은 즐거운 마음으로 고향으로 돌아갈 준비를 하였다. 그들은 이제 번듯하게 성장한 사람으로서의 역할을 충분히 할 수가 있었다. 하지만 마웅 파욱 캬잉은 마지못해 공부를 해왔기 때문에 좋은 결과가 나올 리 만무하였다. 그는 자기의 아버지가 3년 동안이나 아무 것도 하지 않고 허송 세월을 보내고 온 것을 알게 될까봐 두려워했다. 동료 학생들이 즐거운 마음으로 그들의 은사들로부터 떠나서 마을로 돌아갈 준비를 하고 있는 동안에 마웅 파욱 캬잉은 어찌해야 좋을 지 결정하지 못하고 고민에 빠져 있었다.

그의 선생님은 마웅 파욱 캬잉이 왜 그러는지 잘 알고 있었다. 모든 학생들이 다 자기 마을로 돌아갔을 때 선생님은 마웅 파욱 캬잉을 불러서 말했다.

"애야! 네가 부모가 계신 집을 떠나 여기에 온 이유는 열심히 학문을 추구하여 실력을 키우는 것이었다. 하지만 너는 오로지 먹고 놀고 즐기기만 했어. 그것은 사실 네 스스로가 택한 길이었던 거야. 네가 어찌된다 하더라도 사실 나는 개의치 않아. 하지만 내 말을 잘 들어 봐. 내가 지금 너에게 살아 가는데 꼭 필요한 행동의 세 가지 규칙을 일러주마. 만일 네가 그 말을 잘 따르기만 하면 너는 무척 복을 받을 수 있어."

"네, 말씀해 주세요. 선생님! 선생님께서 말씀하신대로 하겠습니다. 저는 지금 제가 그동안 게을렀던 것과 나태했던 것에 대해 마음 속 깊이 후회하고 있습니다. 말씀해 주세요. 선생님!"

마웅 파욱 캬잉은 애원하듯 말했다.

"그래 좋아. 내 너에게 말하지. 첫 번째 규칙은 너의 목표를 정하고 그 목표를 달성할 때까지 그것을 잊지 않고 꾸준히 해 나가는 거야."

선생님이 말하는 동안 마웅 파욱 캬잉은 귀를 기울여 선생님의 말씀을 들었다.

"두 번째 규칙은 네가 무언가를 알기 위해 필요한 것을 찾아낼 때까지 계속해서 의문을 품는 거야. 그것은 꾸준히 의문을 품어야 가능한 것이지. 그리고 세번째 규칙은 마음을 놓지 않는 거야. 마음을 놓지 않는다는 말은 방심하지 않는다는 이야기이지."
 계속해서 선생님은 말했다.
 마웅 파욱 캬잉은 선생님께 감사하다고 인사를 드렸다. 그리고 선생님께서 마지막에 하신 말씀을 가슴 속 깊이 새기고 3년 간 머물렀던 학교를 떠났다.
 마웅 파욱 캬잉은 그 전부터 타가웅시에 관해 많은 이야기를 듣고 있었다. 그래서 이번에 고향으로 돌아가기 전에 그 곳을 가보고 싶었다. 타가웅시는 멀리 떨어져 있었는데 마웅 파욱 캬잉은 돈이 없어 그 곳까지 말을 타고 갈 수가 없었다. 마웅 파욱 캬잉은 타가웅시까지 걸어서 가야만 했다. 여러 날 동안을 마웅 파욱 캬잉은 제대로 먹지도 못하고 터덜터덜 걸어 갔다. 그는 오랫동안의 여행에 매우 피곤했다. 하지만 그는 타가웅시에 가야한다는 생각으로 피곤하고 힘든 것도 잊고 계속해서 걸어갔다.
 어느 날 아침 드디어 그는 타가웅시에 도착했다. 그는 콧노래를 부르며 도시 안으로 들어 갔다. 그러면서도 그는 '목표에 이를 때까지는 쉬지 말고 계속해 나가라.' 하는 스승이 일러준 말씀을 되새겼다.
 타가웅시에 도착한 마웅 파욱 캬잉은 그 곳에 얼마간 머무르기 위해 마땅한 집을 찾아봤다.
 마웅 파욱 캬잉 자신은 아무런 기술이나 지식이 없기 때문에 잡일을 해 주면서 머무를 수 있는 곳을 찾아다녔다. 여기 저기를 다니면서 이것 저것 물어보는 동안 마웅 파욱 캬잉은 그 도시를 여자가 다스리고 있음을 알게 되었다.

　그녀는 보통의 왕과는 달랐다. 그녀는 자신이 주재해야 할 모임에도 나가지 않는 이상한 왕이었다. 마웅 파욱 캬잉은 그녀가 무슨 이유로 왕이 주재하는 모임에도 나가지 않는지를 사람들에게 물어 보았다. 물어보다 보니 마웅 파욱 캬잉은 그녀가 결혼을 하지 않고 혼자 지내고 있는 것도 알게 되었다. '왜 그녀는 결혼을 하지 않고 혼자 살고 있을까?' 하고 마웅 파욱 캬잉은 궁금해했다. 자신의 궁금증을 풀려고 사람들에게 물어보니 그녀가 결혼을 안한 것이 아니라고 말하였다.

　그녀는 결혼을 했었다. 그것도 한 번이 아니고 세 번씩이나 결혼을 하였다. 하지만 이상하게도 결혼식 날 밤에 그 신랑들은 모두 다 죽었다. 신랑들이 모두 결혼식 첫날 밤에 죽었기 때문에 그녀에 대해 미묘한 분위기와 소문이 만들어져 그 도시에 사는 남자들은 어느 누구도 그녀와 결혼하기를 꺼려했다. 그래서 그 도시 장관들의 도시 문제를 상의하기 위한 모임은 항상 나쁜 분위기로 한없이 이어져 왔던 것이다.

　마웅 파욱 캬잉은 자신이 그 동안 게을러서 아무런 지식이나 경험을 쌓지 못했기 때문에 어떤 문제에 부딪혔을 때 아무 것도 시도해 볼 수 없는 것을 후회하였다. 마웅 파욱 캬잉은 자신의 손을 비볐다. 마웅 파욱 캬잉은 다시 스승의 두 번째 이야기를 생각했다. '의심을 품고 또 품어라. 그러면 너는 네가 필요로 하는 것이 무엇인지를 알게 될 거야.'

마웅 파욱 캬잉은 타가웅의 궁으로 가서 자신은 여왕과 결혼을 하기 위해 왔다고 말했다. 그 말을 들은 여왕의 신하는 어떤 젊은이가 스스로 여왕의 배우자가 되겠다고 와서 이야기 하니 무척 기분이 좋았다. 그리고 그 젊은이가 대학에서 3년 동안이나 공부를 했다고 하니 더욱 즐거웠다.

그 신하들은 마웅 파욱 캬잉에게 아무 것도 물어볼 생각을 하지 않고 무조건 환영하였다.

그들은 즉시 온 나라에 여왕과 마웅 파욱 캬잉이 곧 결혼할 것이라는 사실을 알렸다. 마웅 파욱 캬잉은 과거의 세 왕이 결혼식 날 밤에 죽었다는 것을 알고 있었기 때문에 그에 대한 준비를 세밀히 하고 있었다.

우선 마웅 파욱 캬잉은 바나나 나무의 커다란 줄기를 하나 구해서 침대 밑에 아무도 몰래 감추어 놓았다. 한밤중이 훨씬 넘어서 그들의 결혼식은 끝났다. 여왕과 마웅 파욱 캬잉은 그들의 신혼밤을 지낼 침대가 있는 방으로 갔다. 하지만 마웅 파욱 캬잉은 잠을 자지 않았다.

그는 여왕이 깊게 잠들기를 기다렸다. 여왕이 잠에 빠진 것을 확인한 후 마웅 파욱 캬잉은 살며시 침대에서 빠져 나와 자기가 누웠던 곳에 바나나 나무의 큰 줄기를 집어 넣었다. 마웅 파욱 캬잉은 이불을 잘 덮어 마치 잠자는 것처럼 해 놓았다. 그리고 자신은 방 한쪽 구석에 숨어서 침대를 계속 살펴 보았다. 마웅 파욱 캬잉은 누군가 여왕의 신혼 첫날 밤에 방으로 들어와 신랑을 죽이고 간다고 믿었던 것이다. 그래서 그 괴이한 소문을 해결하기 위해서 숨어서 누군가 오기를 기다렸다.

결혼식 날 하루 종일 피로로 마웅 파욱 캬잉은 도저히 졸음을 참을 수 없었지만 그는 그의 스승이 말한 세번째 규칙 '끝까지 방심하지 않는 거야' 를 반복해서 떠올리며 눈꺼풀이 감기지 않도록 참았다.

얼마나 지났을까? 한 두 세 시간 정도가 지났을 때였다. 마웅 파욱 캬잉은 무언가 벽이 긁히는 소리가 나서, 눈을 번쩍뜨고는 소리가 나는 그 쪽을 가만히 바라 보았다. 커다란 물체가 지붕 쪽에서 내려오고 있었다. 가만히 보니 그것은 한 마리의 커다란 용이었다. 용은 서까래 아래의 기둥과 여왕이 자고 있는 침대 사이로 살며시 기어오고 있었다. 마웅 파욱 캬잉은 그 용이 무슨 짓을 하나 하고 가만히 바라 보았다. 용은 여왕 옆에서 자고 있는 남자를 향해 아주 거칠게 공격하였고, 이 소리에 여왕도 잠이 깼다. 그 때 마웅 파욱 캬잉은 준비했던 칼로 그 용의 목을 찔렀다. 용은 그 자리에서 죽어 넘어졌다. 그러자 여왕은 죽은 용의 시신 옆에서 슬프게 울었다.

이제 그동안에 있었던 수수께끼는 모두 풀렸다. 그 용은 밤이 되면 사람의 형상을 할 수 있었으나 아침이 되면 용의 형상으로 돌아가야 했고 여왕은 그 용과의 사랑을 은밀히 즐겼던 것이다. 이전의 세 남편도 용에게 죽음을 당했다. 장관들은 물론 도시의 모든 사람들은 그 괴이한 일이 해결되어 모두 기뻐했다. 이제 용도 죽었고 그 때부터 마웅 파욱 캬잉이 그 도시의 왕이 되었다.

그러나 화가 난 여왕의 마음은 도저히 달랠 길이 없었다. 오히려 여왕은 마웅 파욱 캬잉보다 죽은 용을 더 많이 생각하였다. 여왕은 비밀리에 오백 개의 은화를 사냥꾼에게 주어서 용의 뼈를 하나 가져오게 하여서 그것을 자신의 머리핀으로 썼다. 또한 여왕은 다른 기술자에게 다시 비밀리에 오백 개의 은화를 주어서 용의 가죽을 박제하게 하였다. 그리고 그 여왕은 온종일 용의 박제 옆에서 슬픈 표정을 하고 지낼 뿐 어느 누구와도 말을 하지 않았다. 마웅 파욱 캬잉은 계속해서 여왕을 달래려고 노력하였다. 하지만 여왕의 마음을 돌릴 수는 없었다. 여왕이 마음을 풀지 않았지만 마웅 파욱 캬잉은 포기하지 않고 계속해서 노력을 하였다.

  마웅 파욱 캬잉이 노력을 계속하는 데도 여왕은 마음을 풀지 않고 전에 용이 자기의 남편들을 없애줬던 것처럼 마웅 파욱 캬잉을 자기가 직접 없애려고 궁리를 하였다. 하루는 여왕이 웃으면서 마웅 파욱 캬잉에게 말했다. 마웅 파욱 캬잉은 용을 죽인 후 여왕이 웃는 것을 처음 보았기 때문에 너무 행복해 졌다. 여왕은 마웅 파욱 캬잉에게 내기를 하자고 하였다. 마웅 파욱 캬잉도 그러자고 하였다. 여왕이 남편에게 수수께끼를 내겠다고 하자, 마웅 파욱 캬잉은 말했다.

  "그래, 여왕! 수수께끼를 내 보시오. 내 성의를 다하여 풀어 보리다."

  "만일 당신이 이 문제의 답을 찾으면 당신이 좋아하는대로 살아 갈 수 있을 것이예요. 그렇지만 문제를 풀지 못하면 나는 당신을 죽일거요. 어때 찬성하시죠?"

마웅 파욱 캬잉은 비록 스스로 그 문제를 풀 수 있을 지 없을 지는 몰랐지만 계속해서 그 곳에서 왕으로서 살고 싶었다. 그리고 그의 스승이 말씀하신 두 번째 원칙을 떠올렸다. '묻고 또 물어라. 그러면 네가 알아야 할 것을 알게 된다.' 마웅 파욱 캬잉은 여왕과의 내기에 동의했다. 왕비는 그 답을 찾는데 열흘의 여유를 준다고 하였다.

그리고 여왕이 문제를 내줬다. 문제는 다음 시를 풀라는 것이었다.

'그녀는 천 개의 동전을 주었네
그녀가 사랑하는 이의 모양을 영원히 간직하려고
그녀가 사랑하는 이의 뼈를 입었네
그녀의 머리를 아름답게 하려고'

한편 마웅 파욱 캬잉의 부모님들은 어찌 되었을까? 그들은 마웅 파욱 캬잉이 학교에서 공부를 마치고 집으로 돌아오는 도중에 타가웅시를 찾아갔다는 것을 알았지만 마웅 파욱 캬잉이 오랫동안 집에 돌아오지 않자 걱정이 돼서 타가웅시로 여행하는 사람들에게 자신들의 아들에 관한 소식을 한번 알아봐 달라고 부탁을 하였다. 그런데 어떤 이가 와서는 마웅 파욱 캬잉이 용감하게도 왕비의 남편을 죽였던 용을 처치하고 타가웅시의 왕비와 결혼을 하여 지금은 왕이 되어 지내고 있다는 소식을 전해줬다. 그 소식을 들은 마웅 파욱 캬잉의 부모님들은 행복해졌다. 그리고 즐거운 마음으로 아들을 만나기 위해 집을 떠나 그 도시로 향했다.
 한편 부모가 그 도시를 향해 오고 있는 동안 마웅 파욱 캬잉은 여왕이 내준 문제를 푸느라 무척 바빴다. 마웅 파욱 캬잉은 장관들을 불러 여왕이 내준 문제를 일러주고 풀어보라고 하였다. 하지만 어느 누구도 해답을 구하지 못했다. 다음에 그는 유명한 점성가와 현인들을 불러 모아 물었으나 그것도 소용이 없었다. 마웅 파욱 캬잉은 시장이나 길거리 등 이 곳 저 곳을 다니며 만나는 사람마다 그 수수께끼의 답을 물어 보았으나 도저히 알 수가 없었다. 하루 하루 시간은 덧없이 지나갔고 이제 약속한 열흘이 거의 다 되었다. 약속한 날이 다가오자 마웅 파욱 캬잉의 마음은 서서히 근심으로 가득차기 시작했다. 결국 그는 문제를 풀 수 없는 것일까?

 한편 마웅 파욱 캬잉의 부모들은 타가웅시의 교외에 도착해서 커다란 나무 밑에 앉아 휴식을 취하려고 앉아 있었다. 그들이 시장해서 가져온 음식을 조금씩 먹고 있을 때 어디선가 까마귀 두 마리가 날아와 그들이 음식을 우물우물 먹고 있는 입모습을 바라보고 있었다.
 "저 까마귀들도 배가 고픈가 보군요. 우리가 먹고 있는 것을 조금 던져 줍시다."
 마웅 파욱 캬잉의 어머니는 이렇게 말하며 음식 조각을 던져 주었다. 까마귀들은 배가 고팠는지 음식 조각들을 아주 맛있게 먹었다. 그런데 음식을 다 먹은 그 까마귀들이 자신들에게 음식을 나누어준 사람들의 다리에 날아와 앉는 것이었다. 그리고 까마귀들은 서로 지껄이기 시작하였다. 마웅 파욱 캬잉의 부모들은 자신들이 까마귀의 말을 알아 들을 수 있게 까마귀들이 말하는 것을 보고 깜짝 놀랐다.

"지금 먹은 음식들은 진짜로 성찬이었어. 나는 무척 배가 고팠었거든. 이 분들이 준 음식으로 완전히 요기가 되었어."

숫까마귀가 말했다.

"나는 내일까지 기다리기가 무척 지루해. 내일 아주 푸짐한 성찬이 있을 건데. 왜 이렇게 시간이 천천히 가는지 몰라."

이번에는 암까마귀가 입맛을 쩍쩍 다시며 말했다.

"당신하고 나는 그걸 다 먹어 치울 수 있을 거야. 나는 특히 왕의 시체 중에서 우선 따끈따끈한 심장을 먹을 거야."

숫까마귀가 말했다.

"아니 왕의 시체! 여보 이게 무슨 말이죠?"

마웅 파욱 캬잉의 어머니가 깜짝 놀라 남편에게 물었다.

"가만히 있어봐."

마웅 파욱 캬잉의 아버지가 조심스럽게 말했다.

"만일 왕이 교수대로 가지 않으면 우린 아주 실망스럽겠지만 왕이 왕비가 내 준 문제를 풀수 있는 날이 이제 하루 밖에 남지 않았거든."

암까마귀가 말했다.

"결국 왕은 그 수수께끼의 답을 찾지 못할 거야!"

숫까마귀가 말했다.

"당신이 그걸 어떻게 알아요?"

암까마귀가 묻자 숫까마귀는 자신있다는 듯이 '깍깍' 거렸다.

"하지만 난 당신이 그 답을 알고 있을 거라고 생각하는데."

암까마귀가 말했다.

마웅 파욱 캬잉의 부모들은 까마귀의 대화를 한 마디도 놓치지 않기 위해서 허리를 구부리고 귀를 기울였다.

"그래 난 알아. 왜냐하면 나는 그 동안 여왕의 창가에 앉아 모든 것을 다 보고 들었거든. 용이 죽음을 당했을 때 난 용의 시체 중에서 당신한테 줄 것이 뭐 없을까 하고 기다리고 있었지. 그런데 아무 것도 가질 수가 없었어. 웬지 알아? 여왕이 천 개의 은화를 비밀리에 신하에게 줘서 용을 박제하게 하고, 뼈는 뽑아서 자기의 머리핀을 만들게 했기 때문이야. 나는 그걸 처음부터 끝까지 다 봤어. 여왕이 내 준 수수께끼도 바로 그것이야. 당신도 무슨 말인지 알겠지?"

숫까마귀가 말했다.

"역시 당신은 똑똑해요."

암까마귀는 잠시 생각에 잠기는 듯하다가 말하면서 숫까마귀의 부리를 사랑스럽게 쪼아주었다.

까마귀들의 대화를 다 들은 마웅 파욱 캬잉의 부모들은 잠시도 지체해서는 안 되겠다고 생각하고는 서둘러 성으로 갔다. 성문에 도착한 그들이 자기가 왕의 부모라고 설명하자 금방 성 안으로 들어갈 수 있었다. 그들은 왕이 머무르고 있는 처소로 안내

되어서 아주 오랫만에 아들을 다시 만날 수 있었다. 하지만 마웅 파욱 캬잉의 즐거움은 잠시였다. 그는 아주 슬픈 얼굴을 하고는 울음섞인 목소리로 말하였다.

"어머니 아버지 아주 죄송하게 되었습니다. 몇 년만에 만나 뵙게 되었는데 곧 헤어져야 되겠군요. 왜냐하면 오늘이 제가 이 세상에 사는 마지막 날입니다. 내일 저는 죽게 되어 있어요. 하지만 우리 오늘만이라도 즐겁게 지냅시다."

"왜 그러냐? 아들아. 아무도 너를 도와줄 수 없는 것이니?"

그의 부모들이 마웅 파욱 캬잉에게 물었다.

"예! 그동안 나를 도와줄 수 있는 것이 하나 있었어요. 그것은 나의 은사님의 충고를 따르는 것이었지요. 그것은 내가 필요로 하는 것을 알게 될 때까지 계속해서 의심을 품어야 한다는 것이었어요. 하지만 저는 아무리 오랫동안 의심을 품었어도 끝내 답을 찾을 수 없었어요. 우리는 지금 만나서 매우 즐거워요. 하지만 내일이면 헤어져야 돼요. 내일 사형당한 제 몸은 까마귀에게 주어지기 위해서 성 밖으로 옮겨질 거예요."

마웅 파욱 캬잉은 슬프게 말했다.

"너의 은사께서 너에게 네가 필요로 하는 것을 알게 될 때까지 계속해서 의심을 품으라고 하지 않았니? 하지만 넌 네 부모에게는 네가 필요로 하는 것을 묻질 않았어. 왜 그랬니?"

마웅 파욱 캬잉의 아버지가 말했다.

하지만 마웅 파욱 캬잉은 아무런 희망도 없는 목소리로 다시 한 번 그 문제를 나지막하게 읊었다.

'그녀는 천 개의 동전을 주었네
그녀가 사랑하는 이의 모양을 영원히 간직하려고
그녀가 사랑하는 이의 뼈를 입었네
그녀의 머리를 아름답게 하려고'

"이것이 여왕이 내준 문제예요. 아버지 어머니! 만일 두 분께서 이 문제의 답을 저에게 알려 주실 수 있다면 제 목숨을 살려 주시는 게 되는 거예요."
마웅 파욱 캬잉이 말했다.
마웅 파욱 캬잉의 어머니는 달려가 마웅 파욱 캬잉을 와락 끌어 안았다. 그녀는 마웅 파욱 캬잉에게 도시 밖의 커다란 나무 밑에서 있었던 일을 모두 말하여 주었다. 물론 까마귀로부터 들은 이야기도 모두 아들에게 해주었다. 마웅 파욱 캬잉은 이제 여왕이 내준 문제의 답이 무엇인지를 알게 되었다. 그들은 아무 일도 없는 듯이 편안하게 그날 밤을 보냈다.
다음 날 아침, 여왕은 마웅 파욱 캬잉을 문초할 모든 준비를 마쳤다. 모든 각료들은 여왕의 집무실에서 여왕의 주위에 모여 있었다. 여왕은 집무실로 들어올 때부터 자신이 이길 것을 확신이라도 한 것처럼 만면에 미소를 지으며 마웅 파욱 캬잉에게 말했다.
"자 나의 주인이시여, 나는 당신에게 스스로 죽음을 택할 수 있는 열흘 간의 말미를 주었습니다. 자 이제 기꺼이 죽음을 택할 준비가 되어 있으신지요?"

"여왕 당신은 어떠한 준비가 되어 있소? 나는 그 답을 알아냈소. 그리고 난 당신과 함께 살아갈 준비가 되어 있소."

마웅 파욱 캬잉은 자신있게 말했다.

여왕은 마웅 파욱 캬잉에게 자기가 낸 수수께끼의 정답을 말하라고 하였다. 마웅 파욱 캬잉은 어제 부모님들한테 들은 이야기를 차분하게 해 주었다. 마웅 파욱 캬잉이 정답을 말하고 있는 동안 여왕은 분을 참지 못하는 듯이 몸을 부들부들 떨었다.

마웅 파욱 캬잉은 목숨을 건졌지만, 여왕은 어찌 되었을까요? 그 때부터 그녀는 마웅 파욱 캬잉의 명령을 받고 살아야 했다. 여왕은 마웅 파욱 캬잉을 두 번이나 죽일려고 했다. 하지만 마웅 파욱 캬잉은 관대하고 인정이 많았기 때문에 여왕을 같이 살도록 허락하였다. 그러나 여왕에게 나라의 일은 아무 것도 맡기지 않았다. 모든 신하들도 여왕의 말 대신에 마웅 파욱 캬잉의 말만을 따르게 되었다. 비록 과거에 마웅 파욱 캬잉은 배우기를 게을리 했던 사람이기는 하나 그는 스승이 일러준 말씀을 항상 가슴에 새기면서 현명한 왕이 되어 백성들이 편하게 살 수 있도록 나라를 잘 다스렸다.

✳✳✳✳

 스승이 일러준 세 가지 생활 방식 중 첫 번째, 정확한 목표를 정해서 그 목표를 이룰 때까지 꾸준히 해 나간다는 것은 대원을 세우는 것을 뜻합니다. 두 번째 생활 방식인 무언가를 알기 위해 필요한 것을 찾아낼 때까지 계속해서 의문을 품는다는 말은 마치 우리가 인생의 화두를 풀어 나가듯이 끝까지 수행해야 함을 이르는 말(정진 즉 不放逸)이고 세 번째 생활 방식인 마음을 놓지 않는다는 말은 수행에 있어 끼어들기 쉬운 마군의 장애를 극복하라는 이야기입니다.
 이 말은 수행은 물론 세속적인 생활에서도 그대로 적용되는 말입니다. 하지만 중요한 것은 세속적 삶에 있어서도 그 희망을 가짐에 있어 가장 중요한 것은 그것이 대원적(大願的)인 것이어야 합니다. 대원적인 것이라 함은 결과가 자리이타(自利利他)의 보살 정신에 두고 있어야 한다는 것입니다.

업의 굴레를 쓰고 있는 세 마리의 새

 어느 날 한 소년이 새총을 가지고 숲 속에서 놀다가 나뭇가지에 앉아 있는 올빼미를 쏘았다.
 올빼미는 새총에 맞아 부상을 당하고 말았다. 고통을 느낀 올빼미는 그의 친구 까마귀에게 도와달라고 애원하였다.
 까마귀가 말했다.
 "아이구 많이 다쳤구나. 빨리 가서 의사에게 보여야겠다. 내가 너를 의사 뻐꾸기한테 데리고 가지."
 뻐꾸기는 새들 중에서도 모든 병을 잘 고치는 새로 유명하였기 때문에 올빼미는 까마귀를 쫓아서 뻐꾸기를 찾아 나섰다.
 뻐꾸기는 올빼미의 상처를 여기저기 살펴 보았다. 한동안 올빼미의 상처를 살펴보던 뻐꾸기는 진흙으로 뭉친 조그만 총알이 올빼미의 몸에 박혀 있는 것을 발견하였다.
 "내가 지금 진료를 하였는데 내 진료비는 좀 비싼 편이요."
 뻐꾸기가 말했다.
 올빼미는 약속을 지키지 않고 신의가 없다고 소문이 나 있었기 때문에 뻐꾸기는 먼저 진료비를 달라고 요구하였다.
 "우선 치료부터 좀 해주세요. 나는 지금 무척 아프단 말이에요. 빨리 치료 좀 해주세요."
 올빼미가 사정했다.
 뻐꾸기가 그것을 보고 머뭇거리자 옆에서 보고 있던 까마귀가 말했다.
 "당신이 받을 진료비 걱정은 마세요, 올빼미님. 내가 보증을 서 드리죠. 만일 올빼미가 치료비를 안내면 제가 대신 내지요. 그러니 이제 제 친구를 위한 처방이 무엇인지를 이야기 해주세요."
 이 말을 믿은 뻐꾸기는 말했다.
 "지금 이 상처에는 물찜질이 최고입니다. 그러니 당신은 가서 우물을 찾으시오. 그리고 그 안에 가만히 들어 앉아 있으시오. 잠시만 지나면 괜찮아질거요."
 까마귀와 올빼미는 뻐꾸기가 일러준대로 우물을 찾기 위해 떠났다. 까마귀는 여기저기를 날아다니며 올빼미가 편안하게 앉아서 물찜질을 할 수 있는 우물 하나를 발견했다. 까마귀는 그 곳으로 올빼미를 데려다가 앉혀 놓고 물찜질을 할 수 있게 해 주고 집으로 날아 갔다.
 올빼미는 진흙 총알로 생긴 아픔이 다 가실 때까지 오랫동안 물에 앉아 있었다. 어느덧 아픈 것이 씻은 듯이 나았다. 올빼미는 상쾌함을 느낄 수 있었다. 올빼미는 우물에서 나와 집으로 날아갔다.

하지만 올빼미는 고통이 사라졌다는 기쁨이나 뻐꾸기의 좋은 처방에 대한 고마운 마음을 조금도 갖고 있지 않았다. 올빼미는 물 속에 가만히 앉아 있으면 나을 거라는 그렇게 간단한 것조차 알지 못한 것이 오히려 속이 상해 화가 나서 분한 듯이 푸르륵거렸다.

다음 날 아침 뻐꾸기는 그의 환자가 어떻게 되었는지를 알아보기 위해 올빼미를 불렀다. 그는 올빼미가 물찜질을 하여서 아픈 것이 다 나아 좋아진 것을 보고 무척 기뻐했다.

뻐꾸기는 말했다.

"내 환자가 내가 준 처방으로 좋아진 것을 보니 무척 기분이 좋습니다."

이것은 올빼미에게 진료비를 달라고 하는 말이기도 했다.

하지만 올빼미가 말했다.

"아니 당신이 나한테 우물에 가만히 앉아 있으라고한 것이 처방이요?"

"예, 그것이 바로 나의 처방이었습니다. 그것 때문에 당신 몸이 좋아졌으니 이제 진료비를 줘야죠."

뻐꾸기가 말했다.

"하지만 당신은 그 처방에 아무 것도 들이지 않았잖아요. 그 우물이 당신 것이기라도 한단 말이요? 아니면 내가 앉아 있던 것이 당신이 힘을 들인 것이란 말이요? 그러니 난 당신한테 진료비로 한 푼도 줄 수가 없소."

올빼미는 화가 난 듯이 소리쳤다.

뻐꾸기는 이런 어이없는 일이 전혀 없었기 때문에 기가 막히다는 듯이 한숨을 쉬었다. 그리고 할 수 없이 보증을 섰던 까마귀를 찾아 날아갔다.

"아, 걱정하지 마세요, 뻐꾸기 박사. 올빼미는 농담하기를 무척 좋아하거든요. 내가 잘 알지요. 우리 같이 가서 올빼미를 만나 봅시다."

까마귀가 자신 있다는 듯이 말했다.

하지만 올빼미는 어디로 갔는지 보이질 않았다. 뻐꾸기와 까마귀는 여기 저기 다니면서 올빼미를 소리쳐 불러 보았다. 그러나 아무리 찾아 봐도 찾을 수가 없었다

뻐꾸기가 말했다.

"저기 나뭇가지에서 잠깐 쉽시다. 우리 둘 다 그 못된 올빼미한테 사기를 당한 것 같은데요. 그러나 당신이 치료비 보증을 섰으니 이제 당신이 진료비를 지불해야겠소."

"난 올빼미 대신 진료비를 지불할 수 없어요. 난 지금까지 살면서 남에게 한 푼도 지불하지 않고 살아 왔단 말이예요. 그러니 줄 수 없어요."

까마귀가 말했다.

하지만 뻐꾸기는 까마귀가 지불할 책임이 있다고 끝까지 주장하며 재판관 앞으로 까마귀를 데리고 갔다. 전후 이야기를 다 들은 재판관은 까마귀가 진료비를 지불해야 한다고 판결을 내렸다. 그래도 까마귀가 지불할 돈이 없다고 계속 주장하자 재판관이 말했다.

"그러면 당신이 돈이 없으니 돈을 지불하는 대신 뻐꾸기를 위해서 노력 봉사를 해야겠소. 앞으로 당신은 뻐꾸기의 새끼들을 뻐꾸기 대신 돌봐주시오."

한편 올빼미는 계속해서 보이질 않았다. 올빼미는 뻐꾸기와 까마귀에게 잡혀서 야단 맞을까봐 무서워졌다. 그래서 밖으로 나오지 못하고 속이 텅빈 나무 속으로 들어가 숨어 버렸다. 그리고 낮에 나오면 뻐꾸기와 까마귀의 눈에 띄일까봐 밤에만 나와 먹을 것을 구하러 다녔다.

이 때부터 올빼미는 밤에만 나돌아 다니게 되었고 까마귀가 뻐꾸기의 새끼들을 키워가기 시작하였다.

****

한번 무명에 빠지면 영원히 업의 굴레를 벗어날 수 없는 경우가 있습니다. 범부는 조그만 명리를 위하여 거짓을 나타내다가 여러 악의 공격을 받습니다. 눈 앞의 현상을 모든 것으로 알고 행하는 이들은 무상의 도를 모르기 때문에 항상 괴로움의 연못을 벗어날 수 없습니다.

토끼의 판결

옛날 남부 버마에 이웃들로부터 아주 머리가 좋은 사람이라고 불리우는 사람이 살고 있었다. 그는 암소를 한 마리 갖고 있었다. 한편 같은 마을에 암말을 한 마리 가지고 있는 사람이 있었는데 그는 무척 우둔한 사람이었다.

어느 날 밤 머리 좋은 사람의 암소가 송아지를 낳으려고 하였다. 같은 날 우둔한 사람의 말도 망아지를 낳으려고 소리를 질렀다. 머리 좋은 사람은 밤새 무슨 일이 일어날런지를 알고 주의를 게을리 하지 않았다. 하지만 우둔한 사람은 평상시와 마찬가지로 아무일 없는 듯 침대에 가서 밤새도록 잠을 잤다. 외양간에서 암소가 새끼를 낳기 위해 고통스럽게 헐떡이고 있었다. 머리 좋은 사람은 횃불을 켜 들고 암소를 보기 위해 외양간으로 다가갔다. 암소는 계속해서 새끼를 낳기 위해 땀을 뻘뻘 흘리고 있었다.

문득 머리 좋은 사람은 건너편 우둔한 사람의 마굿간 쪽을 바라다 보았다. 어둠 속에서 오직 새끼를 낳기 위해 애쓰는 말의 울음소리만 들려왔다. 머리 좋은 사람은 그의 이웃인 우둔한 사람이 평소에 쉽게 속아 넘어가는 것을 알고는 갑자기 욕심이 생겨났다. 그는 자신의 송아지와 우둔한 사람의 망아지를 바꿔놓을 생각을 하였다. 송아지를 마굿간에 넣고 우둔한 사람의 망아지를 자신의 외양간으로 슬쩍 옮겨 놓았다.

다음 날 아침, 머리 좋은 사람은 아침 일찍 일어났다. 그는 외양간에 가보고는 신기하게도 자신의 암소가 망아지를 낳았다고 모든 마을 사람들에게 큰 소리로 말했다. 마을 사람들이 머리 좋은 사람집으로 우르르 몰려왔다. 정말로 외양간에 망아지 새끼가 있었다. 암소가 낳은 망아지를 신기하게 보고 있을 때 마을 사람들의 소리에 우둔한 사람도 잠에서 깨어났다. 우둔한 사람도 자신의 마굿간에 가 보았다. 그런데 이상하게도 자신의 말이 송아지를 낳은 것이었다. 그것을 보고 자신의 집에서도 이상한 일이 벌어졌다고 생각하였다. 우둔한 사람은 마을 사람들이 몰려 있는 곳으로 가 보았다. 그 곳에서 머리 좋은 사람의 집에서 무슨 일이 일어난 것을 알고 이것은 기이한 일이 아니라고 생각하게 되었다.

"당신은 도둑이야. 당신이 내 마굿간에서 망아지를 훔쳐가고 그 대신 송아지를 몰래 집어 넣었지?"

우둔한 사람이 머리 좋은 사람에게 소리쳤다.

"아니 내가 어떻게 그럴 수가 있어? 난 아침 일찍 일어났지. 그리고 곧장 우리 외양간으로 갔어. 그런데 보니 내 암소가 망아지를 낳았지 뭔가?"

머리 좋은 사람이 태연하게 말했다.
"그러면 너는 네 암소가 망아지를 낳았다고 우기는 건가?"
우둔한 사람이 화가 난 목소리로 말했다.
"아마 그럴 걸."
머리 좋은 사람이 대수롭지 않은 듯이 대답했다.
"어떻게 그렇게 될 수가 있어? 어떻게 말이 송아지를 낳고 소가 망아지를 낳을 수가 있단 말이야? 그건 자연의 법칙에 어긋나는 거야. 그건 말도 안되는 거라구."
우둔한 사람이 소리쳤다.
"이건 자연의 이상한 변덕이야. 자연의 법칙에도 예외는 있어. 그러니 그렇게 알고 이제 그만 돌아가지."
머리 좋은 사람이 말했다.
머리 좋은 사람은 그 우둔한 사람이 금방 싸움을 포기하고 돌아 갈 것이라고 생각하였지만, 우둔한 사람은 화가 나서 재판관에게 이 일을 처리해 달라고 부탁할 것이라고 말했다.
숲 속에 있는 동물 중에서 가장 현명한 동물은 토끼였다. 우둔한 사람과 머리 좋은 사람은 서로가 옳다고 떠들어 댔다. 토끼는 재판관으로서 우둔한 사람과 머리 좋은 사람이 말하는 것을 주의깊게 듣고 있었다.
두 사람의 말을 다 들은 토끼는 말했다.
"재판은 칠 일 후에 당신들의 마을에서 있을 것이오. 당신들은 모든 목격자들을 데리고 새벽에 마을에 있는 공터로 나오시오."
칠 일째 되는 날 새벽이 되었다. 토끼가 주재하는 재판장이 있는 마을 공터에 머리 좋은 사람과 우둔한 사람이 나왔다. 또한 모든 마을 사람들도 어떻게 되나 궁금해서 다 몰려 나왔다. 하지만 새벽이 지나고 해가 하늘에 높이 떠도 재판장인 토끼는 나타나지 않았다. 자신의 약속을 꼭 지키는 토끼가 오랜 시간이 지나도 재판장에 나타나지 않자 사람들은 걱정이 되기 시작하였다.

하지만 사람들은 아무도 흩어지지 않고 토끼가 오기를 계속 기다렸다. 해가 서쪽으로 뉘엿뉘엿 질 무렵이 되었다. 그 때 토끼가 멀리서 모습을 드러냈다.

"오, 웬일로 그렇게 늦으셨어요? 우린 당신한테 무슨 일이라도 일어났나 해서 무척 걱정을 하였답니다."

주민들이 반갑게 말하였다.

"고맙습니다."

토끼는 비록 늦었지만 준엄하게 말했습니다. 왜냐하면 일반 사람들이 재판관에게 질문하는 것은 금지되어 있었고 또 재판장은 일반 사람들에게 항상 근엄한 자세를 유지해야 했기 때문이었다.

"걱정해주셔서 고맙습니다, 여러분. 당신들이 보다시피 나는 건장하고 나한테는 아무런 일도 없습니다. 하지만 늦어서 미안합니다. 내가 늦은 이유는 이렇습니다. 오늘 새벽 집을 떠나 여기로 오고 있을 때였습니다. 강 한 가운데 있는 모래둑에서 불이 난 것을 보았습니다. 그래서 양동이를 구해다가 하루 종일 그 불을 다 끄고 오느라고 그만 이렇게 늦었습니다."

토끼는 계속해서 말했다.

이 이야기를 듣고 있던 마을 사람들은 그런가 하고 서로 얼굴만 쳐다보고 있었다. 그런데 토끼의 말을 도저히 믿지 못하겠다고 생각하는 한 사람 있었다. 그는 바로 머리 좋은 사람이었다. 그는 토끼가 자신들을 속이려고 애쓰는 것이라고 생각하였다. 그리고 머리 좋은 사람은 토끼에게 자신은 그렇게 우둔한 사람이 아니라는 것을 보여주어야 겠다고 생각하였다.

  "하지만 재판관님. 어떻게 강 한가운데 있는 강둑에서 불이 날 수 있단 말입니까? 그리고 어떻게 재판관님께서는 양동이로 물을 옮겨 가서 불을 끌 수 있었습니까? 저는 단연코 말씀드리겠는데 그것은 믿을 수가 없는 이야기입니다. 그것은 자연의 법칙에 위배되는 이야기입니다."

  머리 좋은 사람이 토끼를 향해 말하였다.

  "오 그렇습니까? 나는 지금 당신이 가지고 있는 냉철한 이성에 그저 감탄할 뿐입니다. 그것은 당신의 말대로 정말 자연의 법칙에 위배되는 이야기입니다. 맞습니다. 그리고 확실히 암소는 망아지를 낳을 수 없습니다. 그리고 또 어떻게 말이 송아지를 낳을 수 있단 말입니까? 그것도 정말 자연의 법칙에 위배되는 말입니다."

  토끼는 말했다.

  머리 좋은 사람은 당황해서 어쩔줄을 몰랐다.

  이 때 토끼가 말했다.

  "머리 좋은 사람이시여! 내 지금 당신에게 명령합니다. 당신은 빨리 망아지를 우둔한 사람에게 주고 당신의 송아지를 돌려 받으시오. 당신이 지금까지 주장했던 것은 정말 자연의 법칙에 위배되는 이야기입니다. 당신은 지금까지 거짓말을 하였던 것입니다. 이제 아시겠어요? 그러면 이것으로 재판을 마칩니다."
　머리 좋은 사람은 할 수 없이 망아지를 우둔한 사람에게 돌려주고 송아지를 돌려 받았다. 그리고 많은 사람들은 토끼의 판결과 토끼가 판결을 만드는 방법을 보고는 토끼에게 박수를 보냈다.

＊＊＊＊

　중생은 탐욕에 휩싸여 그릇된 행위를 하곤 합니다. 그리고 자신이 한 행동이 옳다고만 생각합니다. 그것이 모든 시비의 시작입니다. 하지만 선지식은 탐욕도 끊으려고 노력하고 시비도 하지 않으려고 노력합니다. 그리고 만일 시비가 시작되면 진리에 의지하여 해결하려 합니다. 생명에 관한 문제도 그렇습니다.
　인류 역사상 이런 방법을 처음 발견하고 중생들에게 일러주신 분이 바로 석가모니 부처님이십니다.

세 친구들

　옛날에 까마귀, 거북이, 사슴이 숲 근처 호숫가에서 아주 사이좋게 살고 있었다. 그들은 아주 절친한 세 친구들이었다.
　어느 날 사냥꾼이 그 주위를 지나가다가 사슴의 발자국을 발견하고는 사슴을 잡아야겠다고 마음 먹었다. 그는 사슴의 발자국이 있는 자리 주위에 몰래 그물을 쳐 놓았다. 다음 날 아침, 밤 사이에 사슴이 붙잡혔는지 보려고 사냥꾼은 다시 그 자리로 왔다.
　해가 서산으로 뉘엿뉘엿 질 무렵, 사슴은 여느 때처럼 친구들을 만나러 호숫가로 껑충껑충 달려오고 있었다. 사냥꾼이 그물을 쳐놓은 것을 모르고 달려오던 사슴은 그만 그물에 걸리고 말았다. 사슴은 그물을 뚫고 나오려고 하였지만 도저히 빠져 나올 수가 없었다.
　항상 먼저 와서 기다리던 까마귀는 그 날도 역시 먼저 나와 기다리고 있었다. 거북이는 가끔 늦게 나오긴 했지만 사슴은 항상 제 시간에 나왔는데 시간이 넘어도 오질 않자 까마귀는 걱정스러워졌다. 궁금하여 하늘 높이 날아서 사방을 살펴보던 까마귀는 사냥꾼이 쳐놓은 그물에 사슴이 걸려 있는 것을 금방 발견하였다.

까마귀는 사슴에게 가까이 날아가 말했다.

"사슴아! 걱정마. 거북이가 오면 우리가 너를 금방 구해줄게. 힘들지만 잠깐만 참고 있어."

까마귀는 거북이를 찾으러 다시 날아갔다. 여기저기 날아다니다 까마귀는 호숫가로 기어오고 있는 거북이를 발견하였다.

까마귀는 거북이에게 날아가서 다급하게 소리쳤다.

"이봐 거북아! 사슴이 사냥꾼이 쳐놓은 그물에 걸려 잡혀가게 생겼어. 우리 빨리 가서 사슴을 구해주자."

거북이와 까마귀는 사슴이 그물에 걸려 있는 곳으로 서둘러 달려갔다. 사슴이 걸려 있는 그물을 끊어 내려고 까마귀는 호수에서 입으로 물을 날라다 그물에 부었고 그물이 물에 퉁퉁 불려져서 부드럽게 되면 거북이는 그물을 하나하나 입으로 쏠아서 끊어 나갔다. 어느덧 해가 졌다. 그들은 밤이 새도록 고생을 하였다. 하지만 사슴을 구해낼 만큼 밧줄을 끊어내지는 못했다.

새벽이 되자 멀리 동이 터오기 시작했다. 사냥꾼이 올 것이 걱정된 까마귀는 거북이에게 그물을 계속 끊어내라고 시키고 사냥꾼이 오는지를 살피기 위해 공중으로 높이 날아갔다. 까마귀가 나무 끝에 올라 사방을 살피니 멀리서 사냥꾼 한 사람이 어깨에 창을 매고 호숫가로 오고 있는 모습이 보였다. 까마귀는 그 사냥꾼이 사슴을 데리러 오는 것이라고 생각하였다.

"빨리해, 빨리! 저기서 사냥꾼이 오고 있단 말이야."

까마귀가 거북이에게 소리쳤다.
"아이 어쩌지 아직 반도 못했는 걸. 이제 어떻게 하나."
거북이가 아주 다급하게 말하였다.
거북이와 까마귀는 힘이 들었지만 열심히 노력하였다. 덕분에 그들은 그물을 거의 끊을 수 있었다. 까마귀는 계속해서 호수에 있는 물을 날라다가 그물을 불렸다. 한참 후 툭툭거리는 소리를 내며 그물이 완전히 끊어졌다. 사슴은 그물로부터 풀려나 자유로워져서 호숫가로부터 멀리 달아나 숲 속으로 도망을 갔다. 까마귀도 아무 일 없었다는 듯이 하늘 높이 날아갔다.

그러나 그 거북이는 어찌 되었을까요? 거북이는 너무나 오랫동안 힘든 일을 하였기 때문에 지칠대로 지쳐 있었다. 거북이는 사슴처럼 빨리 달아날 수가 없었다.

그 때 사냥꾼이 자기가 쳐놓은 그물을 살펴보기 위해 그 곳에 왔다. 그러나 사냥꾼은 사슴이 그물을 끊고 도망가 버린 것을 알고는 사슴의 발자국을 따라 숲 쪽으로 찾아갔다. 그는 사슴을 찾을 수 없었다. 하지만 그 근처에서 거북이가 지쳐서 어슬렁거리며 기어가고 있는 것을 보았다. 사냥꾼은 허리를 굽혀 거북이를 잡아 자신의 사냥 가방에 집어 넣었다. 그리고 사슴을 찾기 위해 계속 숲을 헤쳐나갔다. 공중을 날고 있던 까마귀가 이 모습을 보았다.

까마귀는 중얼거렸다.
"아 가련한 거북이, 아 가련한 거북이! 우리가 거북이를 구해야 돼."

까마귀는 이리저리 날아서 사슴을 찾았다. 이윽고 사슴을 발견하고 까마귀는 말하였다.

"사슴아! 사슴아! 지금은 네가 거북이의 도움으로 자유롭게 되었지만 거북이는 지금 사냥꾼에게 잡혀서 가방에 갇혀 있어."

"그래. 그렇다면 거북이가 나를 도와 주려다가 힘이 다 빠져서 제대로 걷지 못해 잡혔나 보구나. 아이 불쌍한 것. 우리가 도와서 거북이를 구해야 하는데 어떻게 하지?"

사슴이 애처로운 목소리로 말하였다.

"나한테 좋은 생각이 있어. 우선 네가 사냥꾼이 가고 있는 길로 가. 그리고 사냥꾼을 발견하면 네가 마치 사냥꾼을 비웃는 듯이 하고 잠깐 서 있어. 그 다음은 내가 알아서 할테니."

까마귀가 말했다.

사슴은 까마귀가 시키는대로 사냥꾼이 오는 길목으로 가서 서 있었다. 그 때 길을 따라 오던 사냥꾼이 사슴을 발견하였다. 그리고 말하였다.

"아하 그래, 너는 그물에서 도망쳐 나올 때 다리를 다쳤구나. 그래서 멀리 도망가지 못하고 여기 서 있는 거구나. 이제 너는 도망을 쳐봐야 얼마 못가서 나에게 꼼짝없이 잡힐 걸! 다시는 너를 놓치지 않을 거야."

그는 어깨에 맸던 사냥 가방을 땅에 내려 놓고는 사슴을 잡기 위해 의기양양하게 걸어갔다.

까마귀는 사슴 보다도 낮게 날아서 사슴에게 속삭였다.

"사슴아, 지금 빨리 사냥꾼을 정글 속으로 유인해. 그리고 나서 정글 속으로 어느 정도 들어갔다가 다시 여기로 돌아와."

사슴은 사냥꾼이 보는 데서 절름거리면서 숲 속으로 천천히 뛰어 들어갔다. 사슴은 숲 속으로 들어가서 사냥꾼이 보이지 않을 때까지 이리저리 돌아다녔다. 잠시 후 사슴은 까마귀가 시킨 대로 다시 사냥꾼이 가방을 내려놓은 곳으로 돌아오자, 기다리고 있던 까마귀가 소리쳤다.

"빨리 빨리! 빨리 그 가방을 열고 거북이를 꺼내줘."

사슴은 허리를 구부려 사냥꾼의 가방 속으로 뿔을 집어 넣었다. 그리고 가방을 재빨리 열어 거북이를 무사히 구출했다. 그들은 사냥꾼이 돌아 오기 전에 그 곳을 떠나 정글 속의 안전한 곳으로 갔다.

그들은 그 이후에도 서로 도우며 행복하게 잘 살았다고 한다.

****

지붕이 잘 덮인 집에 비가 새지 않듯이 수양을 쌓은 마음에는 탐욕이 스며 들지 않습니다. 항상 수행하는 마음으로 지낸다면 어떠한 장애도 우리를 침범하지 못할 것입니다.

자비로 행복을 지킨 뱀왕자

옛날 딸 셋을 가진 과부가 살고 있었다. 그녀는 매일 아침 강가에 있는 무화과 나무로 가서 밤새 땅에 떨어진 무화과 열매를 주워 오는 습관이 있었다. 하루는 과부가 무화과 열매를 따러 갔더니 무화과 열매가 모두 사라져 하나도 없는 것이었다. 이것을 본 과부는 마치 자기 재산을 도둑 맞기라도 한 듯이 소리를 질렀다.

"누가 나같이 불쌍한 여인의 무화과를 갖고 갔어. 누가 이런 몹쓸 짓을 했지?"

그녀의 목소리는 아주 처량하게 들렸다. 그녀는 혹시 떨어진 것이 없나 하고 주위를 돌아보기 시작했다. 한참 열매들을 찾고 있는데 무화과 나무 주위를 칭칭 감고 있는 아주 커다란 뱀이 눈에 띄였다. 겁에 질려 무서운 듯이 뱀을 바라보던 여인은 부들부들 떨면서 말했다.

"아, 미안합니다. 나는 오직 무화과 열매만을 찾았을 뿐입니다. 어느 누구도 욕을 하지 않았습니다. 용서해 주세요."

그녀는 무서워서 말하였다.

"나를 잡아 먹지 말아주세요. 만일 나를 당신이 그냥 보내주면 내 당신께 나의 큰 딸을 드리겠습니다."

사실 이 말은 그녀가 아무런 생각없이 한 말이었다. 과부에게는 단지 무화과 열매만 구하고 그 자리를 모면하려는 생각만 가득했던 것이다. 그녀의 말이 끝나기가 무섭게 나무 위에서 무화과 열매가 그녀의 얼굴 위로 우수수 떨어지기 시작했다.

그녀가 무화과 열매를 주워 담으면서 말했다.

"고맙습니다. 고맙습니다. 혹시 당신은 나의 둘째 딸까지 원하는 건 아니신지요?"

이 말을 마치자 또다시 엄청나게 많은 무화과들이 땅 위로 다시 우수수 떨어졌다.

"그러면 저의 마지막 딸은 어떠신지요?"

그녀가 묻자마자 다시 뱀은 나무를 칭칭 감고는 흔들어대기 시작했다.

과부는 떨어지는 무화과 열매들을 재빨리 집어 모았다. 그리고 걸음아 날 살려라 하면서 서둘러 도망을 쳤다.

그녀는 강둑으로 올라가 물이 얕게 흐르는 곳을 따라 강 속으로 들어갔다. 그녀가 그렇게 서두르니 강물이 말했다.

"오늘은 무화과 열매를 무척 많이 모았네요. 물에 빠지지 않도록 조심해서 걸어요."

과부는 물 속으로 무화과 열매 하나를 던지며 말했다.

"여기 무화과 열매가 하나 있으니 가지세요. 그리고 만일 큰 뱀이 이리로 와서 물어봐도 날 봤단 말을 하지 말아줘요."

과부는 서둘러서 물을 가로질러 나와 들판 저쪽으로 재빨리 사라졌다. 거기서 그녀는 풀을 뜯고 있는 암소를 만났다.

"야! 오늘은 무화과 열매를 무척 많이 가지고 있네요. 어떻게 하나 먹을 수 없을까요?"

암소가 말했다.

"여기 있어요. 하나 드시구려. 그 대신 만일 큰 뱀이 이리로 와서 물어봐도 날 봤단 말을 하지 말아줘요."

이렇게 말하며 그녀는 자신의 집으로 가는 큰 길로 서둘러서 뛰어 갔다. 거기서 과부는 다시 길가는 소년을 만났다.

"무화과 열매들이 아주 근사한데요. 오늘은!"

소년이 소리쳤다.

"그러니 꼬마야? 그럼 하나 가지렴. 하지만 만일 큰 뱀이 이리로 와서 날 봤냐고 물어보면 어쨌든 날 봤단 말을 하지 말아줘. 알겠지?"

과부가 말했다.

과부는 서둘러서 자신의 오두막으로 달려갔다. 집에 안전하게 도착한 그녀는 뱀도 속이고 무화과 열매를 많이 따왔다는 생각에 만족한 듯 빙긋이 웃었다. 그녀는 자기가 온 흔적을 잘 없앴기 때문에 뱀이 따라오지 못할 것이라고 생각했다.

그 과부의 세 딸들도 자신들의 어머니가 따온 무화과 열매를 보며 무척 즐거워했다.

한편 나무에 있던 뱀은 그녀가 떠나자마자 무화과 나무에서 내려와 그녀를 뒤쫓아가기 시작했다. 뱀이 냇물을 지나다가 무화과 열매 하나가 떠 있는 것을 보았다.

"이봐 냇물! 너 혹시 바구니에 무화과 열매를 가득 담아가지고 가는 아주머니를 보지 못했니? 절대 거짓말 하지마. 여기 무화과 열매가 다 보이는 걸!"

뱀이 쉬익쉬익 뱀소리를 내며 물었다.

"그래 아까 봤어. 그녀는 물에서 나와 저쪽 들판으로 갔어."

물이 겁에 질려서 말했다.

뱀은 계속해서 들판을 지나갔다. 들판 한가운데서 입 안에 무화과 쥬스를 가득 물고 있는 암소를 봤다.

"안녕하세요? 암소씨. 혹시 바구니에 무화과 열매를 가득 담아가지고 가는 아주머니를 못보셨나요? 거짓말은 하지 마세요. 여기 무화과 열매 쥬스가 다 보이는 걸요."

뱀이 쉬익쉬익 소리를 내며 협박 하듯이 물었다.

"그래 그래 난 봤지. 그녀는 큰 길을 따라 저쪽으로 갔어."

암소가 말했다.

뱀은 큰 길에 이르렀다. 큰 길을 한참 가다보니 손에 무화과 열매를 들고있는 어린 소년을 보았다.

"이봐 꼬마야! 너 바른대로 말해. 혹시 바구니에 무화과 열매를 가득 담아가지고 가는 아주머니를 보지 못했니? 절대 거짓말 하지마. 네 손에 있는 무화과 열매를 보면 난 다 알 수 있지."

뱀이 쉬익 뱀소리를 내며 물었다.

"봤어요!"

그 꼬마가 겁에 질린 듯이 조그만 소리로 말했다. 꼬마는 자신의 손을 쳐들어 그 과부가 사는 집을 가리키며 말했다.
"저기가 그 아주머니가 사는 집이예요."
이렇게 과부의 집을 알게 된 뱀은 과부의 집 문을 통하여 살며시 기어들어가 부엌으로 숨어 들어갔다. 부엌 한 구석에는 아주 큰 질그릇이 하나 있었다. 뱀은 그 속으로 들어가 몸을 숨겼다. 그 질그릇은 과부가 평소에 쌀을 담아두는 곳이었다.
과부는 뱀에 관한 일은 까마득하게 잊어 먹고 있었다. 저녁이 되어 부엌으로 밥을 하기 위해 들어갔다. 과부는 쌀을 꺼내기 위해 손을 질그릇 안으로 집어 넣었다. 갑자기 손에 뭔가 와닿는 느낌을 받았다. 손을 넣자마자 뱀이 과부의 손을 감은 것이었다. 뱀은 손목을 감고 또 팔도 칭칭 감았다. 과부는 겁이 버럭났다.
"뱀님! 이것 좀 풀어 주시오. 이제 당신은 나의 큰 딸과 둘째 딸과 막내 딸을 차지할 수 있잖소."
과부가 애원하듯이 말했다. 그때서야 비로소 그녀는 뱀이 감은 것이 풀어지는 것을 느꼈다.
과부가 막내딸까지 주겠다고 이야기 하자 뱀은 어디론가 사라졌다. 과부는 다시 자유로워졌다. 과부는 두려워서 한참을 그 곳에 서 있었다.
이제 과부는 더 이상 도망갈 곳도, 방법도 없다는 것을 알게 되었다.
과부는 할 수 없다는 듯이 첫째 딸을 불렀다. 첫째 딸에게 그 동안에 있었던 일을 다 이야기 하고 넌지시 물었다.
"너 그 뱀에게 시집갈 용의가 있니?"

"뭐라구요? 아니 나한테 그 징그러운 뱀을 남편으로 삼으란 말이예요? 엄마 미친 게 아니예요?"

첫째 딸은 신경질을 냈다.

하는 수 없이 과부는 둘째 딸을 불렀다.

"사랑하는 나의 둘째 딸아! 지금 엄마는 죽을 위기에 처해 있단다. 네가 만일 뱀과 결혼하여 뱀의 아내가 되어준다면 나의 목숨을 구할 수 있을텐데. 도와주지 않겠니?"

과부는 물었다.

이 말을 들은 둘째 딸이 도저히 자신의 귀를 믿을 수 없다는 듯이 머리를 흔들며 말했다.

"뱀과 결혼을 해요? 나한테 뱀과 결혼을 하라구요? 엄마는 어떻게 그런 말을 할 수가 있어요?"

이제 과부는 하는 수 없어 막내 딸을 불렀다.

"막내야 나를 위해서 뭔가를 해주지 않으련?"

과부가 막내 딸에게 조심스럽게 물었다.

"예 어머니, 제가 어머니를 위해서 할 수 있는 것은 뭐든지 하지요."

막내는 당연한 듯이 대답을 하였다. 과부는 그 동안에 있었던 일을 모두 이야기하였다. 그리고 막내에게 뱀과 결혼해 줄 것을 부탁했다.

"아 그래요. 어머니! 어머니 뜻이 그러하시다면 제가 그 뱀과 결혼을 해야지요."

막내가 어머니의 청을 흔쾌히 받아들이자 뱀이 어떻게 알았는지 쌀통 속에서 스르르 나타났다. 과부는 마음이 내키지는 않았지만 뱀과 자기의 셋째 딸을 결혼시켰다. 이제 막내 딸은 아주 덕성스럽고 착한 성품을 지닌 것이 확인된 것이다. 착한 마음을 지닌 막내 딸은 결혼을 한 그날 밤부터 그녀의 남편인 뱀을 지극히 보살펴 주기 시작했다. 뱀에게 따로 밥과 우유를 먹였다. 저녁에 잠잘 때가 되면 그녀는 자기의 침대 옆에 아주 편안한 바구니를 준비해서 안락한 잠자리를 마련해 주었다.

삼일이 지났다. 그런데도 막내 딸은 그 이상한 결혼을 후회하거나 실망한 듯한 표정을 전혀 짓지 않았다. 오히려 행복해 보이기까지 했다. 그녀의 두 언니들은 무척 이상하다는 생각을 했다. 그들이 생각했던 뱀과의 두렵고 징그러운 결혼이었지만 이상하게도 그들의 동생은 유쾌해 보이기까지 했던 것이다. 과부 역시 막내 딸이 자신을 위해 결혼을 하긴 했지만 아무렇지도 않다는 듯이 지내고 있는 것에 놀라지 않을 수 없었다.

하루는 과부가 막내를 불렀다.

과부가 물었다.

"막내야! 나한테 말 좀 해보렴. 너 결혼 생활에 만족하고 있니?"

"그럼요 어머니. 결혼을 한 뒤로 매일 밤 아주 잘 생긴 왕자가 나의 꿈 속에 찾아와 나를 즐겁게 해주고 있어요."

막내딸이 웃으면서 말했다.

"아니, 아주 잘생긴 왕자라니? 그게 무슨 말이냐?"

과부가 묻자 막내 딸은 생글생글 웃고만 있었다.

과부는 막내 딸과 뱀 사위가 잠이 들고나면 무슨 일이 일어나는가를 보려고 마음을 먹었다. 그리고 그날 밤 막내 딸과 사위가 사는 방으로 몰래 숨어들어가 기다렸다. 얼마쯤 지났을까. 밤이 한창 무르익었을 때였다. 방 한쪽 구석에서 바스락거리는 소리가 들려왔다. 그 소리는 뱀이 들어있는 바구니에서 나는 소리였다. 과부가 어둠 속에서 희미하게 나타나는 것을 찬찬히 보니 건장하고 잘 생긴 한 젊은이가 마루에 서 있는 것이었다. 그 젊은이는 막내 딸이 자고 있는 침대로 갔다. 침대로 간 젊은이는 두 팔을 벌려 막내 딸을 껴안았다. 이 젊은이가 바로 막내 딸에게 찾아오는 잘 생긴 왕자였던 것이다.

과부는 살금살금 숨어 있던 구석에서 기어나왔다. 그리고 뱀이 들어있던 바구니를 들고 부엌으로 들어 갔다. 바구니 속에는 뱀의 허물이 들어 있었다. 과부는 그 허물들을 집어서 불 속에 던져 넣었다.

그러자 갑자기 어디선가 커다란 비명소리가 들려왔다.

"물! 물! 내 가죽이 타고 있어요. 빨리 불을 꺼줘요."

왕자가 부엌으로 달려왔다. 재빨리 과부가 물을 한 바가지 떠서 그에게 줬다. 뱀의 고함소리는 없어지고 물은 왕자의 몸에 뿌려졌지만 이미 뱀가죽은 불에 타 모두 사라졌다. 그는 다시 뱀이 될 수 없게 되었다. 이제부터 그는 막내 딸의 남편으로 살아가게 되었다. 사람들은 그를 뱀 왕자라고 부르기 시작하였다. 뱀 왕자와 막내 딸은 어머니의 집에서 나와 자신들의 집을 짓고 아들을 낳고 행복하게 잘 살아갔다.

그러나 두 언니들은 막내 동생이 행복하게 사는 것을 보고 그만 질투가 나기 시작하였다. 그들은 동생 때문에 자신들이 좋은 곳으로 시집갈 기회를 놓쳤다고 생각하여 동생에게 비방을 하고 악담을 늘어놓기 시작하였다.

아들이 태어난 후 뱀 왕자는 아기를 키우기에는 재산이 충분하지 않음을 알았다. 배를 타고 외국으로 가서 장사를 하여 돈을 벌어 오려고 마음을 먹었지만 뱀 왕자는 자기가 없는 동안 자기 부인의 두 언니들이 자기의 식구들에게 해를 끼치려고 하고 있다는 것을 잘 알고 있었다. 그는 출발하기 전에 충분한 쌀과 생선과 땔감을 마련해 두었고 또 자기 부인에게는 무슨 일이 있어도 절대 집을 떠나서는 안 된다고 단단히 일러두었다.

그는 먼나라로 가서 열심히 장사를 하였다.

"막내의 남편이 장사를 하러 멀리 떠났으니 지금이 좋은 기회야!"

두 언니들은 이렇게 말하고 음모를 꾸미기 시작하였다. 그들은 자기 동생의 신랑이 없는 동안 그녀와 아기를 죽이려고 마음을 먹었다. 그러면 뱀 왕자가 돌아와서 아내와 아이가 없는 것을 알고 자신들 둘 중의 하나와 결혼해 줄 것이라고 생각하였기 때문이다.

뱀 왕자가 집을 떠난지 얼마되지 않아 두 언니가 막내의 집을 찾아왔다.

"애야 너 혼자 있구나. 안 됐구나. 네가 필요한 것이 있으면 갖고 우리집으로 가자. 여기는 너무 적적하지 않니?"

언니들이 말했다.

"언니들, 무척 고마워요. 하지만 난 혼자가 아니예요. 여기 내 아들이 있잖아요. 난 따라갈 수가 없어요."

막내가 말했다.

그러자 언니들은 동생에게 화를 내면서 할 수 없이 그냥 집으로 돌아갔다. 다음 날, 언니들은 다시 막내를 찾아왔다.

"애야, 너 혹시 땔감이 필요하지는 않니? 그런 것 같아서 우리가 왔으니 산으로 땔감하러 가지 않을래?"

언니들이 말했다.

"언니들 무척 고마워요. 하지만 우리 신랑이 떠나기 전에 땔감을 충분히 준비를 해두고 갔어요. 그이가 돌아올 때까지는 충분할거예요."

막내는 말했다.

언니들은 더 화가 났다. 그들은 얼굴을 붉히며 집으로 돌아갔다. 다음 날, 언니들은 다시 찾아 왔다. 그들은 동생에게 먹을 것이 없을지 모르니 가게에 가서 쌀과 마른 생선을 사오자고 하였다.

막내가 쌀과 마른 생선도 충분하게 준비되어 있어 가게에 갈 필요가 없다고 말하자 언니들은 정말로 부럽기도 하고 질투가 나기도해서 돌아가서 다른 계략을 꾸며가지고 와야겠다고 생각하며 집으로 돌아갔다.

다음 날 그들은 막내의 오두막을 다시 찾아오지 않았다. 한낮이 되자 그들은 어머니와 함께 막내의 오두막집 옆을 손에 손을 잡고는 소리치며 뛰어갔다. 창문을 열고 그들이 뛰어가고 있는 것을 본 막내는 물어봤다.

"안녕하세요. 어머니 그리고 언니들 어디들 가세요?"

하지만 언니들은 아무말 없이 그냥 가기만 했다. 막내는 갑자기 무언가 이상하다고 생각하여 물었다.

"언니들 오늘은 왜 아무런 이야기들을 안해요? 어디들 가세요?"

언니들이 계속해서 뛰어가자 막내도 아기를 업고 밖으로 나왔다.

"우린 지금 그네뛰기 놀이를 하러 바다로 가는 길이란다. 하지만 우린 네가 올 것 같지 않아서 너를 부르지 않았지. 뭐니? 네가 올 줄은 정말 몰랐는데."

언니들이 이렇게 말하자 동생은 자기도 데려가 달라고 부탁을 하였다. 그들은 바닷가 둑 위에 자라고 있는 커다란 맹고나무 쪽으로 갔다. 그들은 어렸을 때 많이 하였던 그네뛰기를 하고 놀았다. 큰 언니가 먼저 타고 둘째가 밀어줬다. 그 동안 막내는 아기를 안고 옆에 서서 바라보았다. 이제 첫 째가 밀 차례가 되었다. 그 때 막내도 그네를 타고 싶어서 태워달라고 하였다. 막내는 애기를 안고 그네를 탔다.

"누가 날 밀어주지?"

막내가 물었다.

"우리 둘이서 밀어주지."

언니들이 말했다. 언니들이 그들을 밀어줬다. 언니들은 밀어

주는 척 하다가 갑자기 세게 밀었다. 이 바람에 그만 막내와 아기는 멀리 날아가 바다에 빠지고 말았다. 바다에 떨어지면서도 막내는 아기를 꼭 안고 있었다. 물 속으로 한참 빠져들어 가다가 그들은 다시 물 위로 떠오르는 것을 느꼈다. 누군가하고 보았더니 고기잡이를 하러 왔던 황새가 커다란 부리 속에 그들을 넣어서는 둥지가 있는 가까운 작은 섬으로 데리고 가는 것이었다.

그 곳에서 황새는 막내와 아들을 잘 보살펴 주었다. 아침 저녁으로 고기도 잡아다 주고 잠자리도 돌봐주었다. 한편 막내는 매일매일 아기에게 아버지가 멀리 돈 벌러 나갔다와서 자신들을 집으로 데리고 갈 것이라며 아름다운 노래를 들려주었다.

그런데 정말로 이상한 일이 벌어졌다 뱀 왕자가 많은 돈을 벌어 가지고 집으로 돌아오고 있을 때였다. 어느 섬 옆을 지나가고 있는데 어디에선가 노래 소리가 들려오고 있었다. 그는 귀를 기울여 보았다. 그 노래는 참 아름다운 노래였다. 한참 노래를 듣던 뱀 왕자는 그 노래가 자신의 아내가 부르는 노래라는 것을 알게 되었다. '집에 무슨 일이 일어 났을까? 어떻게 내 아내의 목소리가 여기서 들리지?' 하고 그는 생각 했다.

뱀 왕자는 즉시 배를 노랫소리가 나는 쪽으로 저어가라고 명령하였다. 배가 섬의 해안에 닿자 뱀 왕자는 배에서 내려 해변을 걸어갔다. 노래를 부르고 있던 부인은 멀리서 누군가 오고 있는 것을 보았다. 점점 가까와지는 그를 보니 장사를 하기 위해 먼길을 떠났던 남편이었다. 하늘을 빙빙 돌고 있던 황새도 그 광경을 바라 보았다.

황새는 그 여인과 아기에게 무언가 위험한 일이 벌어지고 있다는 생각을 하고 여인을 향해 다가오는 사람을 향해 공격을 했다. 갑자기 큰 황새가 공격을 하자 뱀 왕자는 당황해서 칼을 뽑아 들고 황새를 내리치려 하였다. 그 때 여인이 재빨리 달려가 남편의 손을 잡았다. 그리고 황새 덕분에 자신과 아기가 살아 남을 수 있었다고 말했다. 뱀 왕자는 아내와 아들의 생명을 구해준 황새에게 고맙다고 말을 하였다. 그리고 배가 그 섬을 떠나기 전에 선원들에게 그물을 내려 고기를 많이 잡게 하여 선원들이 잡은 고기를 전부 그 황새에게 주었다. 이제 황새도 자신의 섬에 충분한 양의 고기를 가질 수 있게 되었다. 황새는 먹을 것이 많이 생겨 아주 기분이 좋았지만 자신과 친해진 사람들이 떠나가는 것이 서운하기도 했다.

뱀 왕자는 그의 식구들과 함께 다시 고향을 향해 항해를 계속 했다. 뱀 왕자는 어떻게 자기 부인과 아기가 그 작은 섬에 와서 황새의 보호를 받게 되었는지를 알고 싶었다. 한참 동안 아내는 대답을 하지 않았다. 하지만 뱀 왕자가 계속 다그치자 아내는 모든 것을 이야기 해 주었다. 그의 식구들이 아내의 언니들 때문에 그 곳까지 오게 된 것을 알게 된 뱀 왕자는 화가 나서 두 주먹을 불끈 쥐었다.

"이 일 때문에 그들은 고통받을 거야. 두고 보라지."

뱀 왕자는 혼자서 중얼거렸다. 하지만 막내는 자신의 언니들 때문에 행복이 더 이상 깨지지 않게 하자고 남편에게 간절히 부탁을 했다.

이제 배가 거의 육지에 다다랐다. 뱀 왕자의 배가 돈을 많이 벌어서 돌아왔다는 소문을 들은 큰 언니와 작은 언니는 아주 좋은 옷을 차려 입고 뱀 왕자를 만나기 위해 바닷가로 내려오고 있었다. 뱀 왕자는 배가 항구에 막 정박하려 하자 부인에게 아기와 함께 큰 상자 속에 숨으라고 이야기 했다. 아내와 아기가 큰 상자 속으로 들어가자 뱀 왕자는 밖에서 뚜껑을 닫았다. 선원들이 항구에서 닻을 내리는 작업은 금방 끝이 났다.

두 언니들은 호화스럽게 차려 입고 아주 즐거운 듯이 웃음띤 얼굴로 뱀 왕자를 반갑게 맞이 했다. 뱀 왕자가 왜 아내와 아기가 보이지 않느냐고 물어 보았다. 언니들은 '동생이 남편이 멀리 떠나간 사이 바닷가에 나가서 목욕을 하다가 그만 비닷 속으로 아기와 함께 빠져들어 가서 시체도 못 건졌다'고 이야기 했다. 언니들은 뱀 왕자에게 지나간 일은 잊어 버리고 자신들이 주는 선물과 위로의 이야기로 평안을 되찾으라고 말했다.

뱀 왕자는 이 소식에 마치 충격을 받아서 한 발자국도 옮겨 놓을 수 없는 것처럼 행동했다. 그동안 선원들은 배에 있던 상자들을 하나하나 육지로 옮겼다. 이제 모든 상자들을 다 내렸다. 한편 언니들은 뱀 왕자가 아주 많은 비단과 보석들을 사가지고 온 것을 보고 더욱 탐을 냈다. 마지막으로 선원들이 다른 것보다 훨씬 커 보이는 상자를 내리고 있었다.

뱀 왕자는 자신의 팔을 쳐들고는 말했다.

"이봐요 선원들! 그 상자는 조심해서 다루어요. 거기엔 나에게 최고로 값이 나가는 보석들이 들어 있으니까."

두 언니들은 최고로 값나가는 보석이라는 말에 그만 눈이 휘둥그레졌다.
"걱정 마세요, 왕자님. 저희들이 이 상자는 아주 조심해서 다루고 있으니까요."
선원들이 말했다.
그 상자는 뱀 왕자의 집으로 옮겼다. 이 상자를 뒤쫓아 가면서 언니들은 이제 자신들은 부자가 될 수 있다는 생각에 무척 행복하였다.
상자들을 집으로 다 옮기고 선원들은 배로 되돌아갔다. 언니들은 마지막에 가지고 온 상자 속에 과연 무엇이 들어 있는지 알고 싶어 조바심이 났다. 그들은 뱀 왕자에게 아무 말도 하지 않고 그 상자를 얼른 열어 봤다. 그러자 상자 안에서 뱀 왕자의 가장 귀중한 보석인 부인과 아들이 나타났다. 언니들은 깜짝 놀라 그 동안 잘못했다고 용서를 빌었다. 뱀 왕자는 아내가 부탁한대로 아내의 사악한 언니들에게는 아무런 불평도 하지 않고 그냥 그들을 집으로 돌려 보냈지만 마을 사람들이 이 소문을 듣고 과부의 첫째와 둘째 딸이 마을로 들어오자 그들을 꾸짖기 시작 하였다. 어떤 이는 그들의 뺨을 때리기도 하였다.
그 이후 뱀 왕자와 그의 가족들은 아주 오랫동안 행복하게 살았다.

****

하나: 사람은 약속을 지켜야 합니다. 사람과 사람 사이의 약속도 중요하지만 자신과의 약속을 지키는 것이 가장 중요합니다. 남과의 약속을 어기면 남이 다들 알아서 자기를 벌해 줍니다. 하지만 자신과의 약속을 어기면 벌해 주거나 꾸짖어 주는 이는 없습니다. 하지만 그 결과는 여러 생의 윤회를 더하는 것일 겁니다. 자기와의 약속. 그것이 바로 불교에서 말하는 서원인 것입니다.

아마도 모든 이들이 스스로 할 수 있는 약속 중에 가장 중요한 약속은 성불을 하고자 하는 약속일 겁니다. 어느 누구도 윤회의 굴레를 좋아하지는 않을 것이기 때문입니다. 성불을 하고자 약속한 이는 남을 해치거나 속이거나 하지 못합니다. 성불을 하고자 약속한 이는 자기 자신의 것만이 옳다는 이야기를 하지 못합니다.

또 하니: 옛말에 맞은 사람은 다리를 뻗고 자고 때린 사람은 웅크리고 잔다는 말이 있습니다. 옳은 말입니다. 하지만 맞은 사람이 다리를 쭉 뻗고 잘 수 있다는 말은 때린 사람을 용서해 줬을 때 비로소 가능한 것입니다. 원망을 원망으로 갚으면 그 원망은 새로운 원망을 낳습니다.

꾀 많은 토끼

아주 옛날 숲 속에서 사자가 왕이었던 시절의 이야기이다. 사자는 매일매일 먹을 것을 구하러 여기저기 사냥을 나가는 것이 싫증이 났다. 그래서 사자는 한 가지 꾀를 생각해 냈다. 먹이를 찾으러 여기저기 다니는 것보다 동물들에게 명령을 하여 각각의 동물들 중에서 한 마리씩 자진해서 스스로 먹이가 되러 오게 하는 것이었다.

사자는 숲 속에 있는 모든 동물들을 불러 모아 놓고는 이야기 했다.

"오늘 내가 하고 싶은 이야기는 이렇다. 내가 매일매일 먹이를 구하러 여기저기 다니다 보니 모든 동물들이 두려워 도망들을 간다. 그런데 사실 내 식사로 하루 한 마리의 동물이면 충분하단 말이야. 그러니 너희들이 스스로 순서를 정해서 하루에 한 마리씩 나에게 오는 게 어떨까? 매일 아침 먼동이 터 올 때 한 마리씩 스스로 와서 나에게 먹히는 거야. 순서는 너희들이 각자 정하게. 이렇게 하면 나는 너희들을 잡아 먹으러 다닐 필요가 없으니 좋고 너희들은 내가 으르렁거리는 것을 듣지 않아서 좋지 않을까?"

숲 속의 동물들은 모여서 회의를 하였다. 그리고 사자가 한 말이 현명한 방법이라고 생각하고 잡혀 먹힐 순서를 정하는 방법을 의논했다. 그것은 매일 저녁 한 군데에 모여서 제비를 뽑아 당첨된 동물이 다음 날 아침 사자의 밥으로 나가는 것이었다. 그 새로운 계획은 순조롭게 잘 이행되어 갔다. 저녁 때 당첨된 동물은 비록 싫기는 했지만 다음 날 아침 사자의 아침 식사가 되어 스스로 희생자가 되어 가는 것이었다. 사실상 그것은 제비에 뽑힌 동물들에게는 불행한 것이긴 했으나 한편으로 당첨이 되지 않은 동물들이 생각하기에는 숲 속에서 사자의 울음 소리를 듣지 않아 편안하게 지낼 수 있게 되는 것이기도 했다. 그 계획은 착착 잘 진행되어 갔다.

어느 날 저녁, 그 날도 모든 동물들이 모여서 추첨을 하였다. 그 결과 토끼가 다음 날 아침 사자의 먹이로 뽑혔다.

그러자 토끼가 소리쳤다.

"나는 절대로 사자의 먹이가 되지 않을 거야. 사자는 결코 나를 먹을 수 없을 걸? 두고 봐!"

"이봐 토끼! 사자는 지금 자기가 한 약속을 지키고 있잖아. 그래서 우리는 여기저기 아무런 두려움 없이 숲 속을 다닐 수 있잖아."

여우가 말했다.

"만일 내일 아침에 네가 사자에게 가지 않으면 너는 우리 모두를 위험에 빠뜨리는 거야. 알았어?"

원숭이가 화가 난 듯이 말했다.

"흥! 난 내일 아침 그렇게 독재적인 사자를 처치하고 말거야. 그 때 너희들 모두는 나한테 고마워해야 할 걸!"

토끼는 아무런 두려움 없이 사자를 처치할 수 있다는 듯이 의기양양해 하며 말했다.

"하지만 네가 가지 않으면 사자가 다시 여기저기 으르렁거리면서 헤매게 되는데 어떻게 우리가 너한테 고마워할 수가 있어?"

야생닭이 말하였다.

"자네들은 아무 걱정들 말고 나한테 맡겨!"

토끼는 그렇게 말하고 자기 집으로 돌아갔다.

비록 동물들 앞에서 큰 소리를 치기는 했지만 사실 토끼는 어떻게 하면 숲 속의 폭군인 사자의 밥이 되는 것을 면하고 자신을 구할 수 있을까 하는 궁리 때문에 잠을 한숨도 못자고 온 밤을 꼬박 새웠다. 이윽고 토끼에게 한 가지 좋은 생각이 떠올랐다. 멀리서 먼동이 터 오기 시작하자 토끼는 사자를 골려줄 만반의 준비를 갖추기 시작했다. 그리고 나서 피로를 풀기 위해 잠시 눈을 붙였다.

그날 아침 토끼가 사자의 굴에 도착한 시간은 다른 날 먹이가 되기 위해 찾아오는 동물들 보다 훨씬 늦어 있었다. 사자는 배고픔을 달래며 그의 먹이를 기다리고 있었다. 사자는 토끼가 늦게 왔기 때문에 배가 고파서 무척 화가 나 있었다.

"네가 오늘 아침이냐?"

사자가 토끼에게 다가가며 기분 나쁜 듯이 물었다.

"예 그래요. 내가 당신의 아침 밥입니다."

토끼는 용기있게 대답하였다.

"그런데 왜 이렇게 늦었냐? 네가 늦게 오니까 무척 배가 고프잖어?"

사자가 물었다.

"네, 왜 제가 늦었는지 설명을 해드리지요. 사자님."

토끼가 말했다.

"저는 아침에 먼동이 틀 때 사자님의 먹이가 되기 위해서 여길 오고 있었어요. 그런데 글쎄 한참 오고 있는데 다른 사자가 나를 막아서고 있잖아요. 그 사자는 나한테 더 이상 사자님한테 갈 필요 없으니 자기의 먹이가 돼 달라고 하더라구요. 그래서 제가 그 사자한테 그랬죠. '나는 당신의 먹이가 아니고 숲 속의 왕이신 사자의 먹이가 되어야 하기 때문에 빨리 가야 한다고' 그러니까 그는 성을 마구 내며 자기가 숲 속의 왕이라고 하잖아요. 그 사자는 화가 나서 지금 앞에 계신 사자님께 빨리 가서 숲 속의 왕은 여기 있는데 누가 숲 속의 왕이냐고 하면서 모든 동물들도 다니면서 다 잡아 먹을거라고 하는 거에요. 그러면서 사자님을 잡아 먹으러 여기도 올 거라고 이야기를 하던데요. 그러니 사자님! 당신이 나를 잡아 먹기 전에 그 사자한테 가서 먼저 야단을 치시죠."

토끼가 말했다.

"이런 사기꾼! 숲 속의 왕은 난데 누가 감히 왕이라고 하는 거야?"

사자는 무척 흥분하여 어쩔 줄을 모르고 소리쳤다.

"그는 사기꾼이야. 숲 속의 왕은 나 밖에 없어. 그러니 너는 빨리 그 사자가 있는 곳으로 안내를 하여라. 내 당장 가서 그에게 내가 숲 속의 왕임을 보여주리라."

사자가 소리를 질렀다.

토끼는 사자와 함께 그 곳을 떠났다.

"지금부터 조심하세요. 우리는 그 사자의 굴에 거의 다 와 가고 있어요."

토끼가 무서운 표정을 지으며 속삭였다.

그러면서 토끼는 깊은 우물로 향하고 있었다. 우물에 도착했을 때 토끼는 마치 다른 사자가 있기나 한 것처럼 사자에게 더 이상 오지 말고 그 곳에서 기다리라고 하였다. 그리고 토끼는 우물가에 가서 우물 속을 들여다 봤다. 그 속에는 토끼의 얼굴이 아주 선명하게 반사되어 보였다. 토끼는 속으로 미소를 짓고 있었다. 토끼는 사자를 불렀다. 사자가 우물가로 다가왔다.

"저 아래를 보세요. 사자님! 거기에 자신이 숲 속의 왕이라고 하는 사자가 있어요."

토끼가 우물 밑을 가리키며 말했다.

사자는 화가 나서 씩씩거리며 더 가까이 다가왔다. 그리고 토끼가 시키는대로 우물 속을 들여다 보았다. 거기엔 정말로 아주 험하게 생긴 사자가 자기를 바라보며 얼굴을 찌푸리고 있었다. 사자는 그 적을 보고 마구 으르렁거렸다. 우물 속의 사자도 같이 으르렁거렸다. 사자는 우물 속의 사자를 잡기 위해 우물로 첨벙 뛰어들어 갔다.

토끼는 서둘러서 동물들이 있는 곳으로 돌아왔다. 거기 모인 동물들에게 사자가 우물에 빠져 죽었다고 알렸다. 사자가 죽은 것을 본 숲 속의 모든 동물들은 토끼에게 박수와 갈채를 보냈다. 이제 숲 속의 동물들이 사자의 먹이가 되기 위해 죽으러 가야 하는 일은 끝이 났다.

그 날부터 숲 속의 동물들은 어려운 일이 있으면 꼭 토끼와 상의하였고 그 동물들은 토끼를 '꾀많은 토끼'라고 불렀다.

✼✼✼✼

우리의 인생은 우물 속의 자신을 들여다 보며 으르렁거리는 것과 같습니다. 자신의 마음 속에 자리 잡고 있는 욕심 내는 마음(貪心), 성 내는 마음(瞋心), 어리석은 마음(痴心)과 자신을 구별 못하고 항상 욕심 내고 성 내고 어리석게 행동하는 마음으로 뛰어 들어가 사는 것이 우리의 인생인지도 모릅니다. 범부 중생의 어리석음을 꼬집은 이 이야기는 불경의 여기저기서 볼 수 있는 이야기입니다.

어부와 문지기

옛날 한 왕이 있었다. 왕은 자신의 환갑 날이 가까와 오자 자신의 성에서 성대한 잔치를 하고 싶다고 신하들에게 말하였다. 신하들은 왕이 시킨대로 잔치 준비를 하였다. 이웃 나라의 왕과 그 가족들도 초청되었고 그들과 함께 즐기고 놀기 위한 모든 준비를 공들여서 했다. 왕은 특별히 그 잔치를 위하여 그 땅에서 나오는 음식 중에 가장 값진 음식을 준비하라 하였고 또 바로 전날 밤 잡은 싱싱한 생선으로 특별히 요리하라고 하였다.

하지만 바로 그날 밤, 손님으로 온 왕들과 귀족들이 궁에서 즐기고 있을 때 바다에 바람이 많이 불어 어떤 배도 띄울 수가 없었다. 그 때문에 싱싱한 생선을 잡아올 수 없었다. 할 수 없이 궁중의 요리사는 왕에게 그 날 저녁 메뉴에는 생선 요리를 올릴 수가 없다고 알렸다. 그리고 그 대신 다양하고 맛있는 다른 요리들을 제공하면 어떻겠냐고 물었다.

"뭐라고? 식단에 생선이 없다고?"

왕이 소리쳤다.

"이 잔치에 생선이 없다는 것은 말도 안돼. 지금 시장에 사람을 보내서 얼마를 주더라도 싱싱한 생선을 사오도록 해!"

요리사는 왕이 시킨대로 시장으로 사람들을 내보냈다. 하지만 시장에서도 싱싱한 생선을 구할 수는 없었다. 전날 바람이 세차게 불어 어떤 고깃배도 바다로 나가지 못했기 때문이었다. 비록 왕이 요리를 위해 얼마를 주고라도 고기를 산다 하더라도 고기를 구할 수 없는 것은 마찬가지였다.

서둘러서 궁중의 요리사는 시장에서도 생선을 살 수 없다고 왕에게 다시 말했다. 왕은 화가 무척 많이 났을 뿐 아니라 매우 불쾌했다. 왕은 '나의 예순 살 생일 잔치를 다른 왕들과 귀족들 앞에서 굴욕적으로 끝내야 하나? 아마도 그들은 내기 즐길 줄을 모르는 사람이라고 생각들 하겠지.' 하고 생선 요리 없이 저녁을 제공한다는 것은 도저히 있을 수 없다고 생각하였다. 그것은 왕이 비록 육십 세이긴 하나 그로서는 도저히 참기 어려운 일이었다. 왕은 자리에서 두 손으로 얼굴을 감싸고 앉아서 화가 나 그저 눈물만 흘리고 있었다. 요리사가 저녁 잔치용으로 어떤 맛있는 음식을 제공하겠다고 이야기를 하여도 왕에게는 위안이 되지 못했다. 그러자 궁에서 일하는 모든 시종들과 하인들은 모두 머리를 맞대고 모여 의논하였다.

왕은 정신이 없어 거의 풀이 죽은 채로 자리에 앉아 자기 방에서 음식 때문에 많은 사람들이 상의하고 있는 데도 아무런 소리도 들을 수가 없었다. 이렇게 모두들 곤경에 빠져 있을 때였다. 저녁 잔치에 쓰고도 남을 정도로 크고 싱싱한 고기를 건장한 어부가 땀을 뻘뻘 흘리며 질질 끌고 오는 것이었다. 그것을 본 왕의 눈이 휘둥그레졌다. 그 어부가 끌고 온 고기는 저녁 잔칫상을 차리기에 충분하였다.

"대왕이시여! 여기 당신의 육십 살 잔치를 위한 생선을 가지고 왔습니다."

어부는 자랑스럽게 이야기하였다.

언제 그랬느냐는 듯이 왕은 만면에 미소를 지으며 물었다.

"오 너는 아주 훌륭한 어부로구나. 그래 어떻게 이 좋은 고기를 잡을 수 있었는가?"

"나는 왕께서 예순 살 생일 잔치를 한다는 소문을 들었습니다. 그리고 그 잔치에 특별히 이웃 나라에서 오실 손님들께 생선 요리를 제공하려 하는데 생선을 도저히 구하지 못한다는 말도 들었습니다. 당신은 우리를 잘 보살펴 주었습니다. 그래서 당신을 실망시키지 말아야 겠다고 생각하고는 아주 높은 폭풍에 도전하여 이 고기를 잡아 왔습니다."

어부가 말했다.

"그래 어부! 내 그대에게 멋진 상을 내리리라. 네가 무엇을 원하는지 말하라. 네가 원하는 것을 무엇이든지 너에게 주리라."

왕이 기분이 좋아서 말하였다.

그러자 어부는 아무런 머뭇거림도 없이 말하였다.

"저는 채찍 오십 개만 있었으면 합니다."

"아니 채찍 오십 개라니? 저 어부가 뭐라고 말하고 있는 거지?"

왕은 놀라서 잘못 듣지나 않았나 하고 옆에 있던 신하에게 물었다. 신하는 말했다.

"왕이시여, 우선 물고기를 부엌으로 옮겨서 요리를 하게 하세요. 그리고 무엇을 원하는지 물어 보세요."

큰 고기는 부엌으로 옮겨졌다. 왕은 다시 어부에게 무엇을 원하느냐고 물었다.

"대왕이시여, 나는 오직 가죽으로 만든 채찍 오십 개만을 원할 뿐입니다."

어부는 단호하게 말했습니다. 그의 대답을 들은 왕은 친절하게 말했다.

"여보게 어부, 잘 들어봐. 너는 나에게 오늘 대단히 큰 선물을 주었어. 네가 용감하게도 아무도 들어가지 않는 아주 위험스러운 폭풍우와 파도 속에서 고기를 잡아왔기 때문에 나는 외국에서 온 손님들 앞에서 창피 당할뻔한 것을 모면할 수 있었어. 그래서 나는 자네의 은혜에 대해 진심으로 보답하고 싶네. 그래 넌 많은 금은 보화를 원하느냐? 아니면 충분히 입을 옷을 원하느냐? 아니면 명예로운 지위를 원하느냐? 그렇지 않으면 많은 식량을 줄까?"

"존경하는 대왕이시여! 제가 가장 받고 싶은 것은 오직 오십 개의 채찍 뿐입니다."

어부는 다시 단호하게 말했다.

"진실로 그러하냐?"

왕이 다시 한번 도저히 이해할 수 없다는 표정을 지으며 물어 보았다.

"예. 정말입니다."

그 어부가 정중하게 대답하였다.

더 이상 도리가 없다고 생각한 왕은 할 수 없이 그의 하인을 불러 앞에 있는 방으로 어부를 데리고 가서 오십 개의 채찍을 만들어 주라고 이야기하였다.

그러면서 왕은 이야기 하였다.

"특별히 아주 훌륭하게 만들어야 한다."

어부가 왕과 나누는 대화를 들은 그 하인은 어부가 필경 미쳤다고 생각하였다.

성문 앞의 방에서는 하인들이 모여 앉아서 그 어부가 왕에게 요구한 보상이 고작 오십 개의 채찍 뿐이라고 비웃으며 이야기를 나누고 있었다. 그들은 그렇게 우스운 광경은 처음 본 것이다.

하인은 채찍을 준비 하였다. 그리고 보통 벌을 주기 위해서 쓰이는 그 채찍들을 들고 어부의 뒤로 정중하게 다가가 어부에게 주기 위해 채찍을 세어나가기 시작했다.

"하나! 둘! 셋!…"

그 하인이 스물 다섯까지 세었을 때 어부는 일어나 소리쳤다.

"잠깐! 잠깐만요! 사실 내가 이번에 고기를 왕에게 바칠 수 있었던 것은 나 혼자만의 힘이 아닙니다. 나를 도와준 사람이 있었습니다. 그러니 이것은 그 사람과 반반씩 나누어 가져야 합니다."

하인은 즉시 왕에게 달려가 이 사실을 알렸다. 그러자 왕은 어부를 불렀다.

"아니 너를 도와준 사람이 있었다니? 과연 그가 누구인가?"

왕은 그 내용을 자세히 설명하라고 하였다.

"대왕이시여, 왕께서 오늘 밤 연회에 쓰실 고기를 간절하게 구하신다는 말을 들었습니다. 그리고 무엇보다도 왕을 기쁘게 해드리기 위해 저는 폭풍이 치고 파도가 높은 데도 불구하고 바다에 나갔습니다. 그리고 왕께서 필요로 하시는 고기를 잡는데 성공 하였습니다. 저는 즐거운 마음으로 그 고기를 잡아 올렸습니다. 물고기를 왕께 드리려고 성으로 왔었습니다. 그러나 성문을 지키는 문지기와 문제가 발생 하였습니다. 그 문지기는 제가 왕으로부터 받는 답례 중의 절반을 주다고 약속하기 전에는 저를 성 안으로 들여 보낼 수 없다고 하였습니다. 저는 잠깐 동안 그 문지기와 그럴 수는 없다고 다투었습니다. 그러나 문지기는 막무가내였습니다. 더 이상 기다릴 수가 없어 저는 그만 문지기의 요구에 동의하고 말았습니다. 그렇기 때문에 그에게 제가 받은 상의 절반을 문지기에게 나눠줘야만 합니다. 그러니 지금 회초리 절반을 그 문지기에게 주십시오."

어부가 말하였다.

어부의 이야기를 다 들은 왕은 큰 소리로 웃었다.

"너는 매우 용감하고 부지런한 사람이다. 게다가 너는 우스게 소리를 하면서 아주 현명하게 행동하는구나. 너를 이제부터 우리의 법정에 고용하여 쓰겠다."

왕은 그 겸손한 어부를 법정에서 아주 중요한 일을 하는 사람으로 임명하였다.

　한편 왕은 문지기를 법정으로 불러와 문초를 하라고 하였다. 그는 모든 사실을 고백하고야 말았다. 그 문지기는 해고를 당했다. 그리고 궁으로 추방 당할 명령을 받았다. 그가 궁으로부터 쫓겨나기 전에 왕은 용감한 어부가 왕으로부터 답례로 받은 채찍 스물 다섯개를 나누어 주었다. 그 때 왕은 말하였다.

　"그 놈을 엄벌에 처하라. 그 놈을 그 채찍들이 끊어질 때까지 매우 쳐라."

　문지기는 채찍이 끊어질 때까지 맞았다.

　그날 밤, 왕의 잔치는 성대하고 호화스럽게 치뤄졌다. 왕은 손님들에게 자신이 원하는 음식을 제공할 수 있어서 무척 기뻤다. 무엇보다도 왕은 생선 요리가 나올 때 가장 기뻤다. 이웃 나라에서 온 손님들도 음식을 맛있게 먹고 즐겼다.

❋❋❋❋

　남이 주지 않는 것을 갖는 것은 도적의 행동입니다. 자신의 정진없이 남의 것을 취하려고 하는 것도 도적의 행동입니다. 도적의 행동으로 세속의 재물을 모을 수 있을 지는 모르나 그것은 한낱 하루 아침의 먼지일 뿐입니다. 하지만 수행의 과보는 영원히 자신을 위호하여 줄 것입니다.

세탁업자와 옹기장이

옛날 미얀마의 한 도시에 무척 부지런히 일하는 세탁업자가 살고 있었다. 그는 일만 열심히 할 뿐 아니라 매우 착하고 영리하였다. 그리고 그는 놀라움게도 세탁 기술도 아주 뛰어났다. 그의 소문은 사방으로 퍼져 나갔고 사업이 날로 번창하자 그는 여러 명의 다른 세탁인을 고용해야 했다.

한편 그 도시에는 일도 제대로 하지 않고 영리하지도 않은 옹기장이가 한 사람 있었다. 그의 마음은 항상 남에 대한 시기와 질투로 가득차 있었다. 그는 자신은 옹기장이이면서도 항상 세탁업자가 어떻게 해서 사업을 잘 하는지 염탐하려고 노력하였다.

또한 그는 어리석고 악한 마음을 갖고 있었다. 그렇기 때문에 자신의 사업을 어떻게 하면 잘 번창시킬까를 생각하지는 않고 어떻게 하면 그 세탁업자를 골탕 먹여 망하게 할까를 생각했다.

어느 날 그는 세탁업자를 망하게 할 수 있는 계획을 수립하였다.

그 나라의 왕이 어두운 회색의 코끼리를 한 마리 가지고 있었는데 왕은 아주 오래 전부터 어두운 회색의 코끼리보다 흰색의 코끼리를 무척이나 갖고 싶어 했다.

사실상 하얀 코끼리를 갖고자 하는 희망은 국민들에게도 널리 알려진 왕실의 오래된 야망이었다. 만일 왕실의 코끼리가 흰색이라면 그것은 대단한 영광과 명예가 국가 전체에 생기는 것이라고 모두들 믿었다. 이것을 알고 있는 옹기장이는 그 점을 이용하려고 마음을 먹었다.

옹기장이는 궁으로 갔다. 그리고 왕이 갈망하고 있는 하얀 코끼리에 관해 왕과 급히 상의할 일이 있어서 왔다고 문지기에게 말하였다. 문지기의 말을 전해 들은 왕은 옹기장이를 안으로 불러 들여 무슨 일이냐고 물었다.

옹기장이가 왕에게 물었다.

"대왕이시여, 저는 당신께서 하얀색을 가진 코끼리를 무척 바라고 있다고 알고 있습니다. 사실인지요?"

왕이 대답하였다.

"그렇지. 그것은 나 뿐만 아니라 우리 왕실의 바람이야. 만약 하얀 피부를 가진 코끼리를 가질 수만 있다면 그것은 우리 나라에도 대단한 영광과 명예가 생기는 것인데."

"좋습니다. 대왕이시여, 저도 그것을 알고 좋은 생각이 떠올라 찾아 왔습니다."

왕은 궁금하다는 듯이 재촉하며 빨리 말하라고 하였다.

"저희 도시에는 자랑스럽게도 모든 것을 하얗게 할 수 있다고 말하는 세탁업자가 있습니다. 그래서 제가 대왕께 제안하오니 그 세탁업자를 불러다가 대왕께서 갖고 계신 어두운 회색 코끼리를 하얀 코끼리로 만들어 놓으라고 명령하시면 됩니다."

그 옹기장이는 말했다.

"그래 그것 아주 좋은 생각이야! 우리 그 세탁업자가 자신이 말한대로 할 수 있는지 없는지 한번 살펴보자."

왕이 말했다.

왕은 세탁업자를 당장 불러오라고 명령 하였다. 왕의 부름을 받은 세탁업자가 왕에게로 왔다.

"이봐, 세탁업자!"

왕은 자신의 앞에 엎드려 있는 세탁업자를 불렀습니다.

"너는 모든 것을 하얗게 만들 수 있다고 항상 자랑하며 다니고 있다고 들었는데 그게 사실인가? 그것이 사실이라면 우리 궁 안에 있는 코끼리를 데려가서 너의 솜씨를 한번 보여 주게나. 우리는 오랫동안 하얀 코끼리를 바라고 있었지만 구할 수 없었네."

계속해서 왕은 말했다.

세탁업자는 왕의 갑작스럽고 이상한 요구에 깜짝 놀랐다. 아무리 자기가 세탁을 잘한다 해도 코끼리의 피부색을 바꿔 놓을 수는 없었기 때문이었다. 세탁업자는 대답을 하기 전에 곰곰이 생각을 하였다. 그러자 그는 궁전에 오는 길에 옹기장이를 본 적이 있는 것이 생각났다. 그는 옹기장이가 항상 자신의 사업이 잘 되는 것을 시기하고 있다는 것을 잘 알고 있었다. 그는 금방 왕이 내리는 이 엉뚱한 명령이 그 옹기장이의 의견일 것이라는 것을 알아 차렸다. 그리고 한 가지 꾀를 생각해 냈다.

"대왕이시여, 좋습니다. 얼마든지 코끼리의 색을 바꿀 수 있습니다. 대왕께서 그렇게 원하신다면 다른 옷감을 하얗게 하기 위해 쓰던 방식과 똑같은 방식으로 당신의 어두운 회색 코끼리를 씻어 드리면 됩니다. 하지만 문제가 하나 있습니다. 그것은 그렇게 어려운 문제는 아닙니다. 세탁을 하기 위해 제가 사용하고 있는 항아리는 작습니다. 어두운 회색의 코끼리를 넣고 씻을 수가 없습니다. 그러니 대왕께서 코끼리를 넣고 씻을 수 있을 정도로 큰 항아리를 구해 주시기 바랍니다. 그러면 제가 코끼리의 색깔을 바꿔 놓겠습니다."

세탁업자는 자신있다는 표정을 지으며 말했다.

왕은 세탁업자에게 고맙다고 하였다. 그리고 신하를 옹기장이에게 보내서 어두운 회색의 코끼리를 넣고 씻을 수 있을 정도로 충분히 큰 항아리를 만들라고 명령하였다.

왕의 명령을 들은 옹기장이는 자기가 만들어야 할 항아리의 크기에 어안이 벙벙하였다. 하지만 왕의 명령을 거스릴 수도 없었다. 그는 하는 수 없이 자신의 모든 친척을 불러 항아리를 만드는 데 도와 달라고 요청하였다. 그의 모든 가족들은 코끼리를 넣고 씻을 수 있을 정도로 충분히 큰 거대한 용기를 철로 만들었다. 그리고 충분한 양의 진흙을 써서 큰 항아리를 하나 만들었다. 그들은 그 거대한 항아리를 여러 대의 마차를 이용하여 왕에게 배달하였다.

왕은 항아리를 받았다. 그리고 신하를 시켜 세탁업자에게 보냈다.

"이제 어두운 회색의 코끼리를 씻을 수 있는 모든 준비가 끝났으니 즉시 와서 씻으라."

왕은 명령하였다.

세탁업자는 코끼리를 씻을 준비를 하고 서둘러 궁으로 갔다. 그리고 그 코끼리를 항아리의 안으로 집어 넣고 비누와 물로 씻으려 하였다. 코끼리에게 발을 들여 놓으라 하고 코끼리가 한쪽 발을 항아리로 집어 넣자 항아리는 그만 산산조각이 났다. 옹기장이가 만든 항아리는 코끼리가 들어가도 충분할 만큼 튼튼하게 만들어지지 않았던 것이다. 이걸 보고 있던 왕은 화가 났다.

"어두운 회색의 코끼리를 넣고 씻으려면 이것보다 더 튼튼한 항아리가 필요한 걸요."

세탁업자가 투덜거리며 왕에게 말했다.

왕은 화가 나서 신하를 당장 옹기장이에게 보냈다. 옹기장이에게 먼저 만든 항아리는 어두운 회색의 코끼리를 넣고 씻으려다 산산조각이 났으니 이제 다시 코끼리를 넣고 씻을 수 있을 정도로 충분히 크고 튼튼한 항아리를 만들어 오라고 명령하였다. 만일 만들어 오지 않으면 큰 벌을 내릴 것이라고 하였다. 옹기장이는 후회가 되었지만 하는 수 없이 더 튼튼하고 두꺼운 항아리를 만들어야만 했다.

원래 열심히 일하지도 않고 별로 영리하지도 않은 옹기장이는 전에 했던 것처럼 항아리를 만들 수도 없었다. 게다가 왕의 명령을 거역할 수도 없었다. 그는 한번 더 친척들을 불러 모아서 사정을 했다. 그리고 그들과 함께 회색의 코끼리를 넣고 씻을 수 있을 정도로 충분히 크고 튼튼한 항아리를 만들기로 하였다. 그와 친척들은 엄청나게 많은 돈을 들여서 항아리를 전에 만든 것보다 더 크고 두껍게 만들어 다시 왕궁으로 옮겨 갔다.

왕이 세탁업자에게 회색의 코끼리를 넣고 씻을 것을 명령하였다. 세탁업자는 다시 코끼리를 그 항아리 속으로 들여 보냈다. 이번에는 코끼리가 들어가도 깨지지 않을 정도로 항아리는 충분히 튼튼하였다. 세탁업자는 그 항아리를 물로 가득 채우고 불을 때기 시작했다. 하지만 항아리가 너무 두꺼웠기 때문에 불을 계속해서 때도 물이 데워지지 않았다. 오랜 시간이 지났는데도 항아리 속의 물이 데워지지 않자 이 모습을 본 왕은 몹시 화가 났다.

"이 항아리도 소용이 없는데요. 우리는 코끼리가 들어가도 깨어지지 않을 정도로 충분히 튼튼하면서도 그 속의 모든 물이 골고루 데워질 정도로 얇은 항아리가 필요한데 이건 너무 두껍기만 해요."

세탁업자가 왕에게 말했다.

왕은 다시 한 번 더 신하를 옹기장이에게 보냈다. 신하는 이번의 항아리는 너무 두껍기 때문에 물이 데워지지 않아서 왕이 무척 불만스러워 한다고 알렸다. 그리고 다시 항아리를 만들고 만일 만족스럽지 않을 때는 큰 벌을 받을 것이라는 왕의 명령을 전했다. 옹기장이는 난감해졌다.

하지만 그는 왕의 명령대로 코끼리가 들어가도 깨어지지 않을 정도로 충분히 튼튼하면서 그 속의 물이 데워질 수 있도록 얇은 항아리를 만들기 위해 노력해야만 했다. 그래서 그는 여러 종류의 항아리를 만들기로 했다. 가벼운 항아리도 만들고 무거운 항아리도 만들었다. 얇은 항아리도 만들고 두꺼운 항아리도 만들고 중간 크기의 항아리도 여러 개 만들었다. 하지만 그가 만든 어떤 항아리로도 코끼리를 씻을 수는 없었다. 옹기장이가 적당한 항아리를 만들지 못하자 왕은 매우 화가 나서 옹기장이를 불러다 야단을 쳤다. 그러자 옹기장이는 세탁업자의 사업이 잘 되는 것을 시기하여 회색 코끼리를 씻어서 하얗게 만들 수 있다는 계략을 꾸몄다고 실토하고 말았다. 내용을 모두 알게된 왕은 세탁업자에게 회색 코끼리의 색을 흰색으로 바꾸는 일을 중지시켰다. 하지만 옹기장이에게는 벌을 내렸다. 계속해서 코끼리를 충분히 씻을 수 있는 항아리를 만들라고 명령하였다. 만일 만들지 못하면 감옥에 보낸다고 하였다. 결국 그 옹기장이는 망하여 파산하고 말았다.

※※※※

어디에 있더라도 주인이 되면 그것이 진리라고 하는 말씀이 있습니다. 이것은 현실을 열심히 살아가면서 자기가 하고 있는 일에 충실하라는 이야기입니다. 현실을 열심히 살아가면서 자기가 하고 있는 일에 충실하는 것이 탐욕으로부터 벗어나는 길입니다.

달콤한 말에 속아 넘어가 다른 수행자를 비방하는데 앞장서는 이가 있다면 아무리 오랫동안 수행을 하였다 하더라도 그에게도 남는 것은 악업 뿐일 것입니다.

용감한 곰 사냥꾼

　옛날에 정글 속에서 한 농부가 오두막집을 짓고 그의 부인과 함께 오손도손 살고 있었다. 그들은 정글의 한쪽을 가꾸어서 논과 밭을 만들어 살아가는데 필요한 양식들을 재배했다.
　어느 날 그들 부부가 논에서 일을 하고 있는데 숲 속에서 커다란 곰이 어슬렁거리며 다가왔다. 그 모습을 본 농부는 기겁을 하고 놀랐다. 가만히 보니 그 곰의 걸음이 갑자기 빨라지더니 곧장 그들 부부가 농사를 짓고 있는 곳으로 다가오는 것이었다.
　이제 농부는 완전히 넋을 잃고 말았다. 그는 놀라서 일할 때 쓰던 칼도 던져버리고 자신의 집으로 한달음에 도망쳐 가서는 집안의 문을 안팎으로 꼭꼭 걸어 잠갔다. 그리고 그는 문 뒤에서 문을 힘껏 밀고 있었다.
　한편 농부의 아내도 아주 재빠르게 행동을 했지만 그녀의 행동은 자신의 남편과는 아주 달랐다. 그녀는 남편이 놀라서 떨어뜨린 칼을 두 손에 단단히 움켜쥐고 두 눈을 꼭 감은 채 자신에게로 다가오고 있는 큰 곰의 가슴을 향해 깊숙이 꽂았다. 곰은 꼼짝 못하고 쿵 소리를 내며 땅바닥에 쓰러졌고 농부의 아내는 쓰러진 곰을 바라보면서 서 있었다. 그녀는 곰이 완전히 죽은 것을 확인하자 기분이 좋아서 매우 만족한 표정을 지으며 집으로 돌아왔다.

그 때까지도 남편은 단단히 닫힌 문 뒤에 서서 겁에 질려 사시나무 떨듯이 벌벌 떨고 있었다. 그런데 갑자기 아내가 문을 두드리며 열어달라고 말하는 소리가 들려 왔다. 그 농부는 아내가 문을 열어달라는 소리를 들었을 때 무서워서 더욱 겁에 질렸다. 왜냐하면 그 농부는 자신의 아내가 곰에게 잡아 먹혀서 아내의 영혼이 와서 문을 두드리는 것이라고 생각하였기 때문이다.

"저리 가! 난 내 아내가 곰에게 물려 죽은 것을 알고 있단 말이야. 그러니 여기 와서 나를 귀찮게 하지마. 무서워 죽겠어."

농부는 떨리는 목소리로 소리쳤다.

문을 두드리던 아내는 무척 속이 상했다. 그래서 문에 더욱 가까이 가서 말했다.

"여보! 난 죽지 않았어요. 나 여기 있어요. 죽은 건 내가 아니고 곰이란 말이에요. 내가 곰을 죽였어요. 내가 곰을 죽였다고요."

아내가 큰소리로 말을 했다.

"이 귀신아 저리 꺼져. 그리고 제발 날 좀 편하게 내버려둬."

농부는 애원하듯이 말했다.

"정말 난 귀신이 아니에요. 난 살아있는 여자예요. 그리고 당신 아내란 말이에요. 그러니 제발 문 좀 열어 줘요."

아내는 계속 말했다.

그녀의 말을 계속해서 듣던 남편은 뭔가 이상하다는 생각이 들어 아주 조심스럽게 문을 조금 열고 밖을 내다보았다. 정말 그 곳에는 아내의 귀신이 아니고 아내가 아무 일 없었던 표정으로 서 있었다. 그는 아내의 말에 따라 밖으로 나왔다. 곰이 피를 흘리며 죽어 넘어져 있는 것이 보였다.

농부는 아내가 죽인 큰 곰을 바라보면서 자신은 두려운 나머지 꽁꽁 잠긴 문 뒤에 숨어서 부들부들 떨고 있었던 것이 너무너무 부끄러워 어쩔 줄을 몰라 했다.

잠시 후 정신이 들은 농부는 말했다.

"여보, 당신 딴사람들한테 당신이 곰을 죽였다고 말할거요?"

"그럼요, 그럴거예요. 나는 이 곰을 가지고 가서 내가 어떻게 곰을 죽였는지를 왕에게 자세히 말할려고 해요. 그러면 아마 왕께서는 나에게 용감하다고 하며 큰 상을 주실거예요."

아내는 단호하게 말했다.

"하지만 그건 내가 생각하기엔 별로 현명한것 같아 보이질 않는데!"

남편이 말했다. 그러자 아내가 마치 화가 난듯이 말했다.

"아니 왜요? 내가 직접 곰을 죽였어요. 그리고 그것을 왕한테 보여 주려고만 하는 건데요 뭐."

"잘들어봐! 여보. 만일 왕에게 가서 아주 굶주린 곰의 배를 칼로 찍어 당신 스스로 죽였다고 말해봐. 그러면 왕과 궁에 있는 모든 사람들이 '아니 어찌된 여자가 그래 굶주린 곰을 칼로 찍어 죽일 수 있담' 하고 비웃는 듯이 말할거요."

남편이 말했다.

"그리고 또 잘 생각해봐. 당신이 그랬다고 해서 그 사람들이 당신을 우러러 볼 것 같애? 아니야. 아마 당신은 왕으로부터 상을 받거나 칭찬을 듣게 되는 것이 아니고 오히려 당신을 두려워하게 될 걸. 그러니 그 곰은 남자인 내가 잡은 걸로 하는 것이 더 현명할거야."

남편은 계속해서 말했다.

결국 아내는 남편의 말에 동의할 수밖에 없었다. 그리고 그들은 '그의 아내가 했던 일들'을 '그 농부 자신이 했던 일'로 모든 말을 바꾸었다.

농부는 곰의 시체를 수레에 싣고 왕궁으로 찾아가 왕에게 그 곰을 잡은 이야기를 하였다. 이 말을 들은 왕은 매우 기분이 좋아서 농부의 용감성을 큰 소리로 칭찬해 주었다. 그런데 그 나라에는 그런 말을 왕이 들었을 때는 관리를 직접 보내어 확인하게 하는 풍습이 있었다. 왕은 관리에게 그 농부의 집에 가서 농부의 말이 사실인지를 확인하고 오라고 명령을 하였다.

관리가 농부의 집에 도착해 보니 실제로 큰 곰이 칼에 찔려서 마당에 죽어서 누워 있었던 자리도 있고 농부의 아내는 논에서 일을 하고 있었다. 관리가 왕에게 돌아와서 본 것을 그대로 이야기하자 왕은 비로소 농부가 용감한 사람인 것을 믿고 농부에게 용감한 곰을 죽인 사람이라는 뜻의 칭호로 '한미'라는 이름과 아주 귀한 선물들을 많이 주었다. 그리고 한미와 그 부인은 궁으로 초대를 받아 왕을 호위하는 용감한 전사들 중의 한 사람이 되었다. 왕궁에 있던 많은 사람들은 한미의 소문만 듣고도 그를 존경하였다.

한미 부부가 궁에서 즐거운 나날을 보내고 있을 때였다. 하루는 아주 커다란 코브라의 왕이 왕궁의 우물에 나타났다. 사람들은 모두 무서워 어쩔 줄을 몰랐다. 이 커다란 코브라의 왕을 궁 안에 있는 사람들이 너무 두려워했기 때문에 코브라를 처치하는 일이 중요한 일로 떠올랐다.

왕의 여러 신하들이 나서서 코브라를 잡으려 했으나 모두 실패하고 말았다. 이 소문을 들은 한미도 덜컥 겁이 났다. 하지만 그의 명성이 너무 자자하기 때문에 그도 이 커다란 코브라의 왕을 없앨 수 있는 사람 중의 하나로 뽑혔다. 왕의 명령은 거역할 수 없었다. 그는 무서웠지만 할 수 없이 커다란 코브라의 왕을 잡기 위해 손에 아주 긴 밧줄을 말아 쥐고는 우물가로 갔다.

사실 한미는 어떻게 그 커다란 코브라의 왕을 잡아야 할지 몰랐지만 막연하게 올가미로 커다란 코브라의 왕을 잡을 수 있을 것이라는 생각이 떠올랐다. 그는 우물 속으로 들어갔다. 한미는 우물 밑에서부터 밧줄을 동그랗게 말았다. 그리고 겁을 내면서 밧줄 밑으로 살며시 손을 집어 넣었다. 그리고 가장 가까이에서 잡히는 것을 무조건 덥석 움켜 잡았다. 뭔가가 손아귀에 움켜졌다. 다행히 그것은 바로 코브라의 왕이었다. 물컹하는 느낌에 두려움을 느끼면서도 한미가 그것을 힘껏 움켜쥐자 코브라는 죽었다.

갑자기 한미는 자신이 무엇을 했는지를 알게 되었다. 다급하게 하인에게 사다리를 내리라고 소리쳤다. 한미는 아주 의기양양하게 손에 죽은 그 커다란 코브라를 움켜쥐고는 우물 밖으로 다시 모습을 드러냈다. 한미는 왕에게 가서 자신이 커다란 코브라의 왕을 잡은 것을 보고했다. 그는 이제 왕으로부터 아주 용감한 곰 사냥꾼은 물론 코브라 사냥꾼으로도 불리우게 되었다. 한미는 점점 유명해졌다.

얼마가 지났다. 늪지대 근처에서 사는 사람들이 왕에게 도와달라는 부탁을 하였다. 그들은 아주 큰 악어가 나타나 자꾸 아이들을 잡아 먹고 있기 때문에 늪지대 근처는 어디나 안전한 곳이 없다는 것이었다. 그래서 그들은 이 악어를 없애고 다시 전처럼 평화스럽고 행복하게 살기 위해 왕에게 도움을 청했던 것이다. 왕은 악어를 잡아주겠다고 그들에게 약속을 하였다

왕은 그 일을 해결해 줄 사람으로는 용감한 곰 사냥꾼과 코브라 사냥꾼인 한미밖에 없다고 생각하였다. 그래서 한미에게 그 마을로 가서 악어를 잡아오라고 명령하였다. 한미는 여섯 명의 무장한 병사를 데리고 악어를 잡으면 끌고 올 배를 타고 그 늪지대로 갔다.

한미와 그 병사들은 큰 악어를 발견할 때까지 이리저리 다녔다. 이윽고 늪 한쪽에서 쉬고 있던 악어를 발견하였다. 악어를 보자 한미는 겁이 나서 자신의 몸을 배 한쪽으로 감추고 머리 끝부터 발끝까지 두려움에 떨면서 악어를 향해 갔다.

그때 여섯 명의 무장한 병사들이 일제히 그 거대한 악어를 향

해 총을 발사했다. 악어가 죽어 넘어졌다. 악어가 죽어서 움직이지 못하자 한미는 그 악어를 향해 다시 한 발을 더 쏘았다.
 그러자 병사들이 비웃듯이 말했다.
 "악어는 이미 죽었는데요. 마지막 총은 더 이상 쏠 필요가 없었어요."
 "아니 누가 왕으로부터 악어를 쏘라는 명령을 받았나? 너희들이었나? 나였나?"
 한미는 화가 난 듯이 되물었다.
 그러자 병사들은 한미가 직접 왕으로부터 그 명령을 받았기 때문에 아무 말도 못하였다.
 "그러니 왕에게는 너희들이 먼저 총을 쏴서 왕의 명령을 거역했다는 말을 하지 말라. 그리고 잠자코들 있어."
 같이 갔던 병사들은 왕이 내린 명령을 어긴 벌을 받을까 두려워 한미의 말을 따랐다.
 그 죽은 악어는 물 속에서 건져져 왕의 용감한 영웅인 한미가 가지고 가서 왕에게 보여 주었다. 한미는 왕으로부터 더 많은 칭찬을 듣고 상도 푸짐히 받았다. 이제는 용감한 곰 사냥꾼과 코브라 사냥꾼에다가 악어 사냥꾼이라는 명성까지 얻게 되었다.
 이제 그의 명성은 나라 안은 물론 멀리 다른 나라에까지 퍼지게 되었다. 싸움을 좋아하던 이웃 나라의 왕자도 그의 용감성에 관한 여러 가지 이야기를 듣고는 한미의 불가사의하고 용감한 힘이 정말인지 확인해 보고 싶었다.
 그래서 그 왕자는 선물이 들어 있는 네 개의 상자를 갖고 한미가 있는 나라를 방문하기로 마음 먹었다. 그는 명성이 자자한 한미에게 그 상자 속에 무엇이 들어있는가를 물어보려고 했던 것이었다.

한미는 그들이 방문한다는 이야기를 듣고 왕자의 배가 강가로 왔을 때 왕자가 타고 온 배 쪽으로 몰래 헤엄쳐갔다. 왕자의 명령을 듣고 뱃사공들은 왕자의 물건들을 옮기고 있었다. 한미는 이 때 그들이 하는 대화를 들었다. 그리고 그 속에 무엇이 들어 있는지 알 수가 있었다. 첫 번째 상자 속에는 은이 들어 있었다. 두 번째 상자 속에는 금이 들어 있었다. 세 번째 상자 속에는 보석이, 그리고 네 번째 상자 속에는 개똥벌레가 들어 있었다.

왕궁에서는 이웃 나라 왕자의 방문을 축하하는 큰 잔치가 벌어지고 있었다. 한미도 역시 그 잔치에 초대를 받았다. 이제 선물을 증정하는 시간이 되었다.

왕자는 선물을 주기 전에 한미가 그렇게 명성이 자자하다니 자신이 가지고 온 상자 속의 물건들이 무엇인지를 알아맞혀 줄 것을 요청했다. 한미는 차분하게 그렇게 하겠노라고 대답했다. 그리고 말했다.

"첫 번째 상자에는 은이 들어 있고, 두 번째 상자에는 금이 들어 있고, 세 번째 상자에는 보석이 들어 있습니다."

"그럼 네 번째 상자에는 뭐가 들어 있을까요?"

한미는 갑자기 무엇이 들어 있는지를 잊어 먹고 말았다. 한미는 걱정이 되었으나 태연하게 행동하였다. 그는 정말 네 번째 상자에는 무엇이 들어 있는지를 기억할 수 없었다. 하지만 그는 마치 모든 것을 다 알고 있다는 듯한 표정을 지으며 그의 머리를 짜내며 앞으로 조금씩 걸어 나아갔다.

그 때 그는 궁전의 벽에서 무언가 가는 빛이 흘러 나오는 것을 보았다. '저것이 무엇이지?' 하고 생각했다. 그것은 벽에 붙어 있는 조그만 개똥벌레에서 흘러나오는 빛이었다. 순간적으로 한미는 '그래 맞았어. 개똥벌레야.' 하고 기억을 해냈다. 네 번째 상자에는 개똥벌레가 있다고 그는 대수롭지 않은 듯이 말했다. 문제를 냈던 왕자는 물론 그 곳에 모여있던 모든 사람들도 깜짝 놀랐다.

이제 한미는 그가 용감하기도 할 뿐더러 매우 영리하다고 알려졌다. 그는 왕궁에서 매우 중요한 벼슬에 올라 나라를 위하여 많은 일을 하게 되었다. 어느 날 이웃 나라에서 그 나라를 침입할지도 모른다는 소문이 나돌기 시작했다. 그 나라는 매우 힘이 세고 부자 나라였다. 왕과 모든 백성들은 걱정이 되어 어쩔 줄 몰랐다. 왕은 한미를 그 나라와의 전쟁에서 장수로 보내기로 결정하였다.

"여보게 한미! 자네는 우리 나라의 영웅이야! 지금 적이 쳐들어 오려고 하고 있네. 그래서 이 나라가 위기에 처해 있잖아. 우리는 자네만 믿네. 자네만이 우리 나라를 구해줄 유일한 사람이네. 만일 자네가 잘 해서 이웃 나라의 침입을 막아만 준다면 우리 모두 행복하게 살 수 있을 걸세. 그러나 만일 그렇지 않으면 우리 모두는 그 나라의 종이 되어 괴롭고 고통스러운 나날을 보내야만 할 것이네. 제발 이 나라를 구해 주게. 그러면 자네에게 보답으로 이 나라의 절반을 주겠네."
 왕은 한미를 보내며 애원하듯이 말했다.
 한미는 왕과 나라를 위해서 무슨 일이든 할 각오를 가지고 있었다. 그는 밤에 잠도 자지 않고 나라를 구할 생각에 잠겨 있었다. 어느 날 밤 그는 적의 진영에 혼자 숨어 들어가서 적들의 동태를 염탐하기로 하였다.
 한밤중이 되자 그는 적군의 진지로 몰래 숨어 들어갔다. 몰래 들어간 한미는 나뭇가지 위에 올라가 적들이 불을 켜놓고 둘러 앉아서 하는 말을 다 들을 수 있었다. 그들은 바로 한미의 이야기를 하고 있었다.
 적군의 장수가 말했다.
 "우리는 오로지 한 가지만 생각하면 돼. 오직 하나만. 그건 한미야. 한미만 잡아서 데리고 오면 돼. 그러면 적군은 용기를 잃고 도망을 갈 거야. 그러면 우리가 전쟁에서 이기게 되는 거야."
 그 때였다. 한미가 잡고 있던 나뭇가지가 삐그덕 거리면서 부러지기 시작했다. 그러자 한미는 땅으로 뛰어 내렸다.
 사람들이 놀라서 물었다.
 "누구냐?"
 "내가 바로 너희들이 죽이고 싶어하는 한미다."
 어둠 속에서 우렁찬 목소리가 들려 왔다.
 적군들은 한미가 마치 하늘을 날아 나무를 타고 온 것으로 생각하였다. 그들은 한미가 확실히 어떤 신비스러운 힘을 가지고 있다고 생각하였다. 그들은 깜짝 놀라 모든 것들을 그대로 놔둔 채 걸음아 날 살려라 하고 멀리 도망을 쳐버렸다.

한미는 도망가는 그들을 보고 무기들을 모두 노획해서 수레에 싣고 되돌아 왔다. 그리고 왕에게 자신이 나타나니 적군이 다 도망을 갔다고 보고하였다. 한미 덕분에 그 나라는 전쟁에서 이길 수 있었고 나라에는 다시 평화가 찾아왔다. 모든 백성들은 한미를 전보다 더 따르게 되었다.

왕은 한미와 약속한대로 자신의 영토 절반을 주었다. 그리고 나중에 자신이 죽으면 나머지 땅도 다스려 달라고 부탁을 하였다.

나중에 왕이 죽자 한미는 온 나라의 왕이 되어 나라를 잘 다스렸다. 그리고 맨처음 곰을 죽인 자신의 아내와 함께 오랫동안 행복하게 잘 살았다.

✻✻✻✻

닦아지지 않은 성품이 있는 사람들도 우연하게 자신의 능력을 살릴 수 있는 기회가 온다면 그 능력을 아주 크게 발휘할 수 있을 겁니다. 바로 이것이 부처님께서 말씀하신 근기와 인연의 가르침입니다. 누구나 자신의 근기와 잘 맞는 일을 찾아서 삶에 적용시키면 그 결과는 커질 것입니다. 현세적으로는 자신에게 바르고 적합한 인연이 맺어져야 할 것이고 수행의 입장에서 자신의 근기에 맞는 수행법을 찾는 노력이 필요할 것입니다.

다이아몬드와 유리 조각

옛날 방콕에 프라 참난이라고 하는 보석상이 있었다. 그는 정직하기도 하고 아주 훌륭한 기술과 지식을 가지고 있는 사람이었기 때문에 그에게 왕은 물론이고 많은 귀족들과 부자들이 고객이 되어 보석을 사거나 보석에 관해 조언을 들으려고 찾아와서 상담을 할 정도로 유명한 보석상이었다.

하루는 크로 디라고 하는 젊은이가 사업상 상의할 일이 있다며 프라 참난을 만나기 위해서 찾아왔다. 크로 디는 오래 전부터 자신의 집안에 대대로 이어져 오던 귀중한 보석을 상속 받았다고 하였다.

그는 말하였다.

"그건 매우 오랫동안 전해져 오던 아주 크고 값어치 있는 다이아몬드예요. 하지만 난 지금 무척 가난하답니다. 그렇게 값진 보석은 나같이 가난한 사람에게는 별로 쓸모가 없어요. 그리고 난 지금 돈이 무척 필요하기도 하구요. 그래서 내가 지금 그 보석을 팔았으면 하는데요"

크로 디는 아주 교활한 사람이었다. 그는 아무 일도 하지 않고 빈둥빈둥 놀면서 남에게 사기를 쳐서 생활하던 사람이었다. 그가 프라 참난에게 한 말은 모두 새빨간 거짓말이었다. 사실 그는 길거리에서 우연히 유리마개를 가지고 아주 잘 갈아서 반투명의 크리스탈로 만드는 것을 보았다. 그리고 자신도 유리마개로 뭔가 만들 수 있겠다고 생각하게 되었다. 크로 디는 그 유리마개를 갈아서 다이아몬드 모양으로 만들었다. 그것은 모르는 사람들이 보면 꼭 커다란 다이아몬드 같이 보였다. 하지만 프라 참난은 매우 오랜 경험을 가진 보석 취급자였다.

"그래 그 보석을 좀 볼 수 있을까요?"

프라 참난이 크로 디에게 이야기 했다. 크로 디는 속주머니에서 보석을 꺼내서는 그것을 보석상의 탁자 위에 조심스럽게 올려 놓았다. 그리고 그는 보석 앞에서 그 다이아몬드를 위한 의식을 거창하고 유난스럽게 거행했다.

프라 참난이 그것을 집어서 가까이 가져가 살펴 보았다. 그것은 확실히 다이아몬드가 아니었다. 그래서 프라 참난이 말했다

"이것 참 미안하게 되었습니다. 내가 보기엔 이것은 다이아몬드가 아닌데요. 이건 그냥 수정 조각이예요. 그러니 나는 이것을 살 수가 없어요. 그냥 가지고 가시오."

"이게 뭐라구요? 당신 지금 우리집에서 대대로 이어져 오던 가보인 이 아름다운 다이아몬드를 수정 조각일 뿐이라구 말했어요? 난 말이요 당신이 이 방콕에서는 최고가는 다이아몬드 상인인 줄 알고 왔는데, 당신 아주 형편없는 사람이군요. 그리고 당

신은 이 보석의 가치를 알 줄 알았는데. 이것도 모르다니!"

크로 디가 아주 분개한듯이 말했다.

프라 참난은 더 이상 그를 상대해서는 안 되겠다고 생각하였다. 그리고 프라 참난은 그에게 더이상 할 이야기가 없으니 이제 그만 가 주었으면 좋겠다고 다시 말했다.

크로 디는 프라 참난에게 화가 잔뜩 난 얼굴을 하고 신경질적으로 말하기 시작했다.

"그래 당신이 내 다이아몬드를 사지 않아도 좋아요. 하지만 난 이것을 당신에게 맡겨 둘테니 이걸 당신이 날 대신하여 다른 사람에게 팔아줬으면 좋겠소. 어떻게 생각하오?"

프라 참난은 결코 그 다이아몬드를 맡아 두기를 원하지 않았다. 하지만 크로 디는 막무가내로 그 보석을 맡아 달라고 부탁하였다.

"정 그러시다면 좋아요. 이걸 여기에 두고 가시오. 하지만 난 이걸 도저히 팔아줄 수는 없을 것 같소."

프라 참난은 대수롭지 않게 말했다.

크로 디가 프라 참난에게 감사하다고 말하였다. 그러자 프라 참난이 만일 팔리게 되면 얼마를 받기를 원하냐고 물었다.

"난 한 팔백 은화 정도 받으면 적당하다고 생각하오. 더이상 원하지도 않고."

말을 남기고 크로 디는 떠나갔다. 프라 참난은 그 유리 조각을 자신의 탁자 위에 올려 놓고 다시 한번 이리 저리 자세히 살펴 보았다. 아무리 살펴 보아도 그것은 분명히 가짜였기 때문에 자신은 그것을 팔아줄 수 없다고 생각했다. 그래서 프라 참난은 그 주인이 되돌아 와서 보석을 돌려달라 할 때까지 그냥 잘 보관해 두기로 마음 먹었다.

그렇게 가짜 다이아몬드를 맡아서 보관한지 어느덧 석 달이 지나갔다.

어느 날 북부 지방에 있는 한 궁전의 관리라고 하는 사람이 프라 참난을 찾아왔다. 그는 자기가 모시고 있는 왕자의 명령으로 왕자의 부인에게 선물을 주기에 적당한 크기의 고급 다이아몬드를 사러 왔노라고 말하였다. 그 사람은 왕자비가 가져야 할 정도로 크고 좋은 질의 다이아몬드를 원한다고 했다.

방콕에서 가장 뛰어나고 정직한 보석상인 프라 참난은 그에게 자기가 가지고 있는 다이아몬드 중 아주 귀한 다이아몬드들을 하나씩 보여주기 시작하였다. 하지만 그 사람은 어쩐 일인지 프라 참난이 보여 주는 어느 다이아몬드도 마음에 들지 않는다고 하였다. 그는 프라 참난이 진짜 다이아몬드를 보여주면 이런 저런 이유를 대며 싫다고 말하였다. 그러자 프라 참난은 그에게 더 이상 보여 줄 것이 없으니 딴 곳으로 가서 알아보라고 말하였다. 그런데 갑자기 그 사람은 크로 디가 맡긴 다이아몬드와 모양과 크기가 비슷한 다이아몬드를 찾는 것이었다. 그래서 프라 참난는 크로 디가 맡긴 것을 보여주며 말하였다.

"여기 당신이 원하는 것과 비슷한 모양을 한 것으로 보여 줄 것이 하나 있긴 있는데 이건 단순히 팔아 달라고 맡긴 것입니다. 그래서 난 당신이 이것을 얼마에 산다고 해도 보증을 서 줄 수는 없습니다."

북부 지방에서 온 그 사람은 크로 디의 다이아몬드를 유심히 들여다 보며 요모조모 살펴보았다.

"아! 이것이 바로 내가 찾던 건데요. 크기도 적당하고 아주 훌륭한 빛이 나는군요. 지금 당장 이 다이아몬드를 사지요. 얼마나 받으시겠소?."

그 광경을 보고 있던 프라 참난의 기분은 별로 좋지 않았다. 그가 권했던 아주 좋은 다이아몬드들은 그냥 봐 넘기고 그런 단순한 유리 조각을 원하다니 기가 막힐 노릇이었다. 하지만 그 손님은 프라 참난에게 빨리 가격을 말하라고 독촉을 하고 있었다.

프라 참난은 크로 디가 팔백 은화를 받아주면 된다고 한 말이 기억났다. 하지만 만일 이 깨진 유리 조각이 진짜 다이아몬드라면 값은 그것의 두 배는 된다고도 생각했다. 그리고 내가 만일, 이 사람한테 팔백 은화를 달라고 하면 이 사람은 뭔가 잘못 되었다는 것을 금방 알아차릴 것이라고 생각했다. 그러니 이 사람에게 비싸게 불러 천육백 은화라고 이야기 해야겠다고 생각했다. 그러면서 '아, 이 불쌍하고 어리석은 사람' 하고 마음 속으로 측은하게 여겼다.

"그 주인이 맡기면서 받아 달라고 한 값이 천 육백 은화인데요. 당신도 알다시피 이것은 제 것이 아니거든요."

프라 참난은 말했다. 그러면서 그는 '난 크로 디에게 팔백 은화를 주면 되지. 그러면 나는 팔백 은화를 이익을 보는 거야 나한테 팔백 은화만 받아 달라고 하였으니까' 하고 속으로 생각하였다.

"좋아요. 그럼 지금 난 당신한테 사백 은화를 보증금으로 지불하고 가지요. 그리고 난 우리 왕자님한테 가서 좋은 다이아몬드를 찾았다고 말씀드리고 나서 칠 일 안에 이 곳으로 다시 돌아와 나머지를 지불하고 이 물건을 가져 가지요. 그러니 난 당신이 이 다이아몬드를 다른 사람에게 절대 팔지 않는다는 약속을 문서로 받아 놓고 싶은데요."

그 사람이 말했다.

"그래요. 난 이걸 당신 이 외의 다른 사람에게는 절대 팔지 않을거요. 그러니 당신은 안심하셔도 될겁니다."

프라 참난이 말했다.

"아니 날 오해하지 마세요. 난 당신을 확실히 믿고 있습니다. 당신은 방콕에서 최고의 보석상이시잖아요? 하지만 누군가가 와서 팔라고 아주 애걸한다면 어쩌시겠어요. 그리고 내가 돌아가서 우리 왕자님에게 보여 드릴 증거도 필요하구요. 그러니 서류 하나만 간단히 써주세요."

북부 지방에서 온 사람이 말했다.

"정 그러시다면 좋을대로 하시지요."

프라 참난이 말했다.

"내가 부르는대로 써 주시겠어요?"

북부 지방에서 온 사람이 말했다.

"'만일 내가 일주일 이내로 나머지 잔금을 지불하고 이 다이아몬드를 가지러 돌아오지 않으면 지금 드린 사백 은화의 보증금은 당신의 것이 되는 것입니다. 하지만 만일 내가 일주일 이내로 돌아 와서 나머지 잔금을 지불하고 이 다이아몬드를 가지고 가려는데 이 다이아몬드가 없으면 당신은 사백 은화의 보증금을 두 배로 나에게 주셔야 합니다' 라고 써주세요."

북부 지방에서 온 사람이 말했다.

프라 참난은 아주 즐거운 마음으로 북부 지방에서 온 사람이 부르는대로 계약서를 만들었습니다. 계약서를 받은 그 사람은 사백 은화의 보증금을 지불하고는 돌아갔다.

이틀이 지난 날 오후였다. 오랫만에 크로 디가 프라 참난을 찾아왔다.

"당신이 내가 맡긴 다이아몬드를 아지도 잘 보관하고 있는지를 확인하러 왔소."

크로 디가 말했다. 프라 참난은 '아니 하필이면 왜 이때 이 사람이 나타났을까? 도대체 무슨 일이지?' 하고 생각했다.

"내가 소문을 들었습니다. 북쪽에서 어떤 사람이 아주 좋은 다이아몬드를 사기 위해 방콕에 왔었다고 사람들이 그러던데요. 난 당신이 그 다이아몬드를 이미 팔았으리라고는 생각치 않고 있습니다. 그래서 그 다이아몬드를 내가 직접 그 사람한테 팔려고 가지러 왔습니다."

크로 디는 다그치듯이 말했다.

프라 참난은 갑자기 난처해졌다. 만일 그것을 벌써 두 배의 가격으로 팔았다고 하면 크로 디는 그 돈을 다 요구할 것은 물론이고 전에 그 다이아몬드가 쓸모없는 것이라고 한 말도 거짓말이 되는 것이었다. 또한 프라 참난은 만일 그 다이아몬드를 그냥 크로 디에게 내어 주면 북부 지방에서 온 사람에게 사백 은화의 보증금의 두 배인 팔백 은화를 벌금으로 물어줘야 하게 되었다.

프라 참난은 이러지도 저러지도 못하고 고민에 빠졌다. 프라 참난은 크로 디로부터 그것을 사들이는 수밖에 없다고 생각하였다.

"내가 당신의 다이아몬드를 처음 봤을 때 그건 별로 가치가 없는 듯이 보였습니다. 그런데 나중에 잘 살펴 보니 그렇지 않습디다. 그래서 그걸 내가 직접 샀으면 하오."

프라 참난이 말했다.

"그럼 이제 당신은 그게 더 이상 유리 조각이라고 생각치 않는단 말이요?"

크로 디가 물었다.

"그렇소. 난 이제는 그렇게 생각하지 않고 있소. 그러니 내가 그걸 사리다."

프라 참난은 말했다.

"좋소! 그렇다면 그걸 팔지요."

크로 디가 아쉬운 표정을 지으면서 말했다.

프라 참난은 그 자리에서 팔백 은화를 세어서 크로 디에게 건네 주었다. 돈을 받은 크로 디는 프라 참난의 보석 가게를 나서며 비웃는 목소리로 말하였다.

"어디 가서 유리 조각 하나에 팔백 은화씩이나 주고 샀다는 말은 하지 마시오."

"알았소. 걱정마시오. 난 만족하고 있어요."

프라 참난은 말하였다.

크로 디가 갔다. 그리고 프라 참난은 여러 날 동안 북쪽에서 온 사람을 눈이 빠지게 기다렸다. 그러나 칠 일째 되는 날이 오고 또 지나가도 그 사람은 나타나지 않았다. 팔 일이 되고 구 일이 되어도 그 사람은 나타나지 않았다. 그리고 다시 여러 날이 지났다. 프라 참난은 그제야 크로 디에게 속은 걸 알았다. 프라 참난은 그것을 법정에 호소하려 하였으나 그럴 수도 없음을 알았다. 나중에 프라 참난은 자신의 순간적인 욕심 때문에 그 보잘 것 없는 유리 조각을 팔백 은화를 주고 샀다는 것을 깨달았다.

****

수행을 오래하였다 하더라도 욕심이 남아 있으면 지옥고를 벗어 날 수가 없다고 합니다. 정견을 벗어나면 이익이 무엇인지도 모른 채 욕심만을 생각하게 될 것입니다. IMF 경제위기는 물론 지금 사회에서 진행되고 있는 많은 눈살 찌푸릴 일들이 모두 우리 스스로 정견, 즉 바르게 보는 것을 못했기 때문입니다.

일식, 월식

아주 오래전 먼 옛날, 해가 낮을 비추고 달이 밤을 비추기 훨씬 전의 일이다.

어느 마을에 아틴과 챤이라고 하는 자매가 살고 있었는데 아틴과 챤은 나이 어린 하녀와 같이 지내고 있었다.

하루는 모든 마을 사람들의 축제일이었다. 그 날은 모든 사람이 마을에 있는 큰 절에 가서 자기가 바라는 바를 기원을 하는 날이었다. 아틴과 챤 자매와 하녀도 새옷으로 곱게 차려 입고는 마을 어구에 있는 큰 절로 갔다. 그런데 절에 도착해서야 자기들이 사용할 밥그릇과 밥을 푸기 위해 사용할 큰 숟가락을 가지고 오지 않은 것을 알게 되었다. 그래서 아틴과 챤은 나이 어린 하인에게 빨리 집에 가서 밥그릇과 큰 숟가락을 가져오라고 말하였다. 그런데 그 나이 어린 하녀도 그만 너무 서두르다가 밥그릇만 가지고 오고 밥을 푸기 위해 사용할 큰 숟가락을 가지고 오지 않았다.

아틴은 그 하녀가 가지고 온 밥그릇을 받아 들고는 밥을 푸기 위해 사용할 큰 숟가락을 가지고 오지 않았기 때문에 몹시 못마땅해져서 많은 사람들이 보고 있는 데도 아주 심하게 야단을 쳤다.
"아! 주인님 제가 너무 서둘렀기 때문에 그만 숟가락을 가지고 오는 것을 잊어버리고 말았습니다. 용서해 주세요."
하녀는 무릎을 꿇고는 애원하듯 말하였다.
"이런 한심한 아이 같으니. 빨리 집으로 가서 숟가락을 가져 와. 빨리!"
아틴이 다시 화가 나서 소리쳤다.
그 어린 하녀가 있는 힘을 다해 너무 빨리 달렸기 때문에 그녀의 심장은 매우 급히 뛰었다. 하녀는 큰 숟가락을 들고 그녀의 주인 아틴과 챤이 있는 절로 쉬지 않고 달려갔다.
모든 사람들이 절에서 기원을 하고 있는 동안 아틴과 챤은 몹시 화가 나서 그 하녀가 돌아오기를 기다렸다.
하녀는 급히 달려와서 아틴에게 숟가락을 넘겨 주고 그녀 앞에 겸손하게 사죄라도 하듯이 서 있었다. 하녀가 그 곳에 서 있는 것을 본 아틴은 그 큰 숟가락을 가지고 하녀의 얼굴을 내려쳤다. 또한 챤도 역시 화가 나서 그녀의 얼굴 여기저기를 마구 때렸다.
하녀의 심장은 힘도 들고 화도 나서 마구 뛰었다. 또한 마을의 많은 사람들이 보는 앞에서 모욕을 당했기 때문에 무척 부끄럽고 창피하기도 하였다.
모든 사람들이 법당의 바닥에 앉아 소원을 이야기 하고 있는 동안 그 어린 하녀도 역시 마음 속으로 소원을 말하였다. 그 어린 하녀는 아틴과 챤이 다음에 다시 태어나면 그녀가 아틴과 챤으로부터 부끄러움을 받은 만큼 세상의 모든 것 앞에서 부끄럽게 살게 해 달라고 빌었다.

세월은 물과 같이 흘러 아틴과 챤 그리고 그 하녀는 모두 죽었다. 그리고 자신들이 지은 업에 따라 다시 태어났다.

첫째 언니였던 아틴은 너무 부끄러워 사람들이 자신을 쳐다보지 못하도록 죽어서 해로 태어났고, 둘째 챤은 달로 다시 태어났다. 그래서 아틴과 챤은 영원히 규칙적인 시간의 간격을 두고 여행을 해야만 했다. 그들은 서로 만날 수 없게 되었다.

한편 그 해와 달을 라후라고 하는 보이지 않는 것이 끊임없이 뒤쫓고 있었는데 이 라후는 어린 하녀가 죽어서 된 것이었다. 라후는 어떤 규칙적인 시간에 의해 움직이는 것이 아니었다. 라후는 해나 달을 잡으면 이 세상의 모든 것들이 보는 앞에서 그들의 얼굴을 내리쳐 하녀 스스로가 아틴과 챤으로부터 당했던 것처럼 그들을 부끄럽게 하려고 하였다.

만일 라후가 아틴과 챤의 얼굴을 전부 때리면 완전 일식이 되어 세상이 깜깜해지고 힐끗 바람을 불면 부분 일식이 되었다.

과거에 많은 사람들 앞에서 창피를 당했던 그 불쌍한 하녀는 라후가 많은 사람들 앞에서 당한 창피를 보상받기 위해 지금도 사람들의 마음을 때리고 있는 것이다.

세월이 지나자 이제 사람들은 지금 해와 달의 빛에 아주 익숙해졌다. 그리고 해와 달을 좋아하게 되었다. 그래서 라후가 해와 달을 쳐서 햇빛이나 달빛이 없어지려고 하면 사람들은 공포에 휩싸여 북과 징과 모든 종류의 악기들을 가지고 와서 큰소리로 악기를 연주하고 소리치며 그들이 내는 소리 때문에 해와 달이 라후에게 느끼는 공포를 떨쳐버려 주기를 바라고 있다. 그러면 해와 달은 그들의 빛을 다시 되찾아서 라후가 그들의 얼굴을 한 번 더 때릴 때까지 끊임없이 여행을 계속할 수 있는 것이라고 믿었다.

****

자신이 지은 업에서 스스로 벗어나야만 해탈에 이를 수 있다고 합니다. 이것은 무척 공평한 생각이기도 한 것입니다. 하지만 불교에서 우주관으로 창조설을 믿지 않는다고 해서 많은 이교도들이 불교를 비하하거나 음해하는데 그것은 좋은 자세는 아닐 것입니다. 자신이 지은 일을 자기가 책임지지 못하고 누군가에 의지해 버린다면 그 누군가에 의해서 용서받거나 사면된 업은 누가 책임지는지 궁금해집니다. 불교에서 가르치는 업의 내용과 과학적인 소재를 잘 결합시킨 이야기입니다. 그리고 대부분의 자연 과학적인 용어들이 마치 서양에서만 시작되었으리라는 선입관을 갖고 있는 사람들께는 그들의 생각이 꼭 옳은 것만은 아님을 알려줄 수 있는 이야기이기도 합니다. 부처님의 말씀과 자연 과학과의 관련성은 다른 어느 종교 보다도 깊을 수 있습니다.

제4부

아시아인의 자존심

타일랜드

꿀 한방울로 빚어진 다툼

 옛날 어떤 마을에 모든 사람들이 서로 도우며 이웃과 아주 화목하게 살고 있었다.
 그 마을 사람들에게는 옛부터 모든 생명체를 아끼는 마음이 있어 사람들 뿐만 아니라 그들이 기르는 동물들도 아주 평화롭게 지내고 있었다.
 그런데 어느 날 아침 먼길을 걸어온 듯이 아주 피곤하게 보이는 나그네 한 사람이 커다란 꿀통을 들고 그 마을에 들어왔다. 그 나그네가 가지고 가는 꿀통에서는 꿀이 한 방울 두 방울씩 똑똑 떨어졌다.
 그런데 길가 한 집의 벽에 붙어 쉬고 있던 조그만 도마뱀이 꿀이 떨어져 튀기는 것을 보았다. 도마뱀은 떨어지는 꿀을 핥아 먹으며 살금살금 기어서 그 나그네의 뒤를 쫓아갔다. 그 때 마침 양지쪽에서 햇볕을 쬐며 쉬고 있던 고양이가 살며시 눈을 떴다. 잠을 막 깬 고양이가 기지개를 켜며 사방을 둘러 보았을 때, 저쪽 길에서 나그네가 꿀을 흘리며 가고 있는데 조그만 도마뱀이 꿀이 떨어진 것을 신이 나서 따라가면서 핥아 먹는 것이 보였다. 갑자기 무슨 생각이 났는지 고양이도 그 도마뱀에게 겁을 주며 쫓아가기 시작했다. 한편 따뜻한 햇빛 아래서 여기 저기를 돌아다니며 즐겁게 놀던 개는 고양이가 매우 짓궂게 도마뱀을 따라가는 것을 보았다. 그리고 개는 고양이를 향해 짖어대기 시작했다. 개가 짖어대자 고양이는 그만 깜짝 놀랐다.

그런데 고양이의 주인이 이 모습을 보았다. 고양이 주인은 개에게 가까이 가서 짖지 말고 조용히 하라고 말하였다. 그런데 이번에는 또 개의 주인이 그 모습을 보았다. 개의 주인이 고양이 주인에게 와서 왜 그러느냐고 묻자 고양이의 주인이 개가 소리를 높여 짖으면 자기의 고양이가 무서워하기 때문에 그랬던 것이라고 대답했다. 이 말을 듣고 있던 개 주인은 고양이 주인에게 목청 높여 야단을 치기 시작했다고 두 사람의 목청은 계속해서 높아져 갔다. 사실 이런 일은 이 마을에선 처음 있는 일이기도 했다.

그 두 사람이 싸우는 소리를 듣고 고양이 주인의 가족들과 친척 그리고 개의 주인 가족들과 친척 모두가 우르르 몰려 나왔다. 고양이 주인의 가족들과 친척 그리고 개 주인의 가족들은 하나로 엉켜 언성을 높여 서로 싸웠다. 그렇게 큰 소리로 두 집안이 싸움을 하자 마을 사람들도 다 나와서 무슨 일이 일어났는가 하고 싸움하는 것을 바라보게 되었다. 나중에 그 마을 사람들도 고양이의 주인 편과 개 주인의 편이 싸우는 이유를 알고서 두 편으로 나뉘게 되었다. 그리고 온 마을이 떠나갈 듯이 마을 사람들도 둘로 나뉘어 싸움을 하였다. 이런 일은 마을이 생긴 이래로 처음 있는 일이었다.

그들의 싸움은 여러 날 계속되었다. 그들은 온갖 욕설을 다 해 가며 싸웠고 심지어는 돌을 들어서 상대방에게 던지기도 하였다. 그러나 양쪽 편의 사람들은 이웃 마을 사람들의 도움을 청하기로 하였다. 양쪽 편을 도와 주는 이웃 마을들의 숫자가 점점 늘어나 싸움은 점점 커져 나중에는 온 나라의 싸움으로 번져 나갔다. 이렇게 싸움이 나라 전체에 퍼지자 이 소문은 왕의 귀에도 들어 갔다. 왕은 즉시 군대를 보내어 싸움을 마치고 평화로운 마을을 다시 만들라고 지시하였지만 싸우는 사람들은 왕의 명령도 무시하고 계속 싸웠다.

할 수 없이 왕은 군대를 보내 싸움을 중지시키라고 하였다. 왕의 군인들이 그들이 싸우는 곳에 도착하였지만 싸움이 너무나도 격렬하였기 때문에 왕의 군인들도 금방 싸움을 중지시키지는 못했다. 심지어는 많은 사람들이 싸움 때문에 죽음을 당하기도 하였다.

그래서 장수는 싸우는 양편의 대표들을 오라고 하였다.

"도대체 뭣 때문에 그렇게들 싸움을 하느냐?"

장수는 대표들에게 싸우는 이유를 물어 보았다.

양쪽편 사람들이 말했다.

"옛날 우리 동네는 무척 평화로운 동네였습니다. 그런데 하루는 꿀봉지를 들고 가던 어떤 나그네가 땅바닥에 꿀을 똑똑 흘리며 우리 동네를 지나갔습니다. 그 꿀방울을 도마뱀이 핥아 먹으면서 뒤쫓아 갔는데 그걸 고양이가 또 뒤따라 갔습니다. 그걸 보곤 고양이를 향해 개가 짖었습니다. 개가 짖는 걸 보고 고양이의 주인이 개에게 조용히 하라고 하였습니다. 고양이 주인이 개를 야단치는 것을 보고 개의 주인이 왜 우리 개한테 소리치냐고 따졌습니다. 이 때부터 싸움이 시작되었습니다. 이것이 우리가 싸우게 된 이야기의 전부입니다."

그들은 말했다.

그 이야기를 다 들은 장수는 기가 막혀서 무슨 말을 해야할지 몰랐다. 장수는 개 주인과 고양이 주인의 어리석음을 호되게 나무랐다.

"그래 너희들은 그 꿀 한방울 때문에 싸움을 하는 게냐?"

장수는 말하였다.

"그 작은 꿀방울 하나 때문에 너희들은 큰 소리를 지르게 되었고 그 큰 소리는 집안의 싸움과 마을 전체의 싸움으로 번지고 그래서 온 나라가 시끄럽지 않았느냐. 이 어리석은 사람들아! 당장 싸움을 그쳐라. 만약 그렇지 않으면 내 너희들을 모두 감옥으로 끌고 가겠다."

이 명령을 들은 마을 사람들은 할 수 없이 싸움을 마쳤다.

"그리고 너희들은 서로 용서를 빌고 화해를 하고 그 전처럼 친하게 지내야 한다. 알았느냐?"

장수의 이 말을 듣고 마을 사람들은 자신들의 어리석음을 깨우치게 되었다. 그리고 서로 화해하고는 전과 같이 평화스러운 마을로 만들어 잘 살았다.

✽✽✽✽

이 이야기는 비록 짧기는 하지만 담겨진 내용은 깊이 생각해 볼만합니다. 세속적으로는 누구나 생활 속에서 느낄 수 있는 여러 형태의 분쟁에 관한 이야기가 될 것이고 수행자에게는 자신의 것에 대한 집착이 자신을 충분히 지옥으로 인도할 수 있다는 것을 말해줍니다. 마음의 갈등도 포함하여서… 등나무 넝쿨이 있는 우물(井藤) 이야기가 떠오릅니다.

수수께끼에 담긴 진리

　옛날에 여인들을 무척 사랑하고 잘 믿는 잘 생기고 총명한 왕이 있었다. 그는 보통 젊은이들이 생각 하듯이 여인들이 단지 아름답거나 화려하기 때문에 사랑하는 것이 아니었다. 그는 여인들은 모두 자신의 어머니처럼 착하다고 믿기 때문에 사랑하였던 것이다. 그는 항상 모든 여인들은 다 우아하고 품위가 있다고 생각했기 때문에 여성들에게는 말 한 마디라도 함부로 하지 않고 조심하였다.
　하루는 왕이 신하들과 함께 말을 타고 숲 속을 거닐 때였다. 멀리서 나뭇꾼이 일을 하고 있는 것이 보였다. 왕이 가까이 다가가서 보니 그 나뭇꾼은 그의 아내인 듯한 젊은 여인과 함께 일을 하고 있었다. 왕은 갑자기 이들처럼 단순하게 사는 사람들과 함께 이야기를 나누고 싶은 충동을 느꼈다. 그래서 왕이 나무 그늘에 도착했을 때 왕은 그들도 잠시 쉬는 것을 즐거워할 것이라고 생각하고 신하를 보내서 나뭇꾼과 그의 부인을 불러 오라고 하였다.

그들은 가까이 와서 왕에게 정중하고 존경스럽게 인사를 하고 왕 앞에 쪼그리고 앉았다.

왕은 그 젊은 나뭇꾼에게 이 숲 속에서 어떻게 먹고 지내는지를 물었다.

"대왕께서 보시듯이 저는 나뭇꾼입니다. 아내와 저는 서로 도와서 나무를 해 시장에 내다 팔지요. 그것으로 먹을 것과 입을 것을 사지요. 저희들은 이렇게 하루하루 살아갑니다."

나뭇꾼이 말했다.

"그러면 그 수입으로 너희들이 살아가기에 충분하느냐?"

왕은 다시 물었다.

"실제로 저희들은 간단한 것들만 필요로 하기 때문에 수입도 적당합니다."

나뭇꾼이 말했다.

"그러면 저축도 조금씩 하느냐?"

왕은 다시 물었다.

그러자 그 나뭇꾼은 왕에게 수수께끼같은 대답을 하였다.

"물론 저축도 하지요. 저는 그 저축을 넷으로 나눕니다. 첫 번째 것은 나를 위해 투자합니다. 그리고 두 번째 것은 나의 채권자에게 모두 주고, 세 번째 것은 낭비해 버리고 네 번째 것은 나의 적에게 줍니다."

태국 사람들은 옛부터 수수께끼를 가지고 이야기하거나 설명하기를 좋아했기 때문에 나뭇꾼이 이런 방법으로 이야기 하여도 왕은 전혀 기분 나쁘지 않았다. 사실상 그 왕은 수수께끼를 푸는 것을 더 즐겼다. 왕은 그것은 아주 훌륭하고 재미있는 수수께끼라고 생각하여 그늘에 앉아 그 수수께끼를 풀려고 골똘히 생각하고 있었다.

"이봐 그거 아주 훌륭한 수수께끼군. 그런데 난 도무지 그 문제를 풀 수가 없으니 어쩌지? 나도 그 수수께끼의 답을 알게되면 무척 유용하게 쓸 수 있을 것 같은데. 이리 가까이 와서 나에게 답을 알려 주지 않겠나?"

왕은 나뭇꾼에게 말했다.

그러자 젊은 나뭇꾼은 마치 비밀스러운 이야기를 하는 것처럼 왕에게 바짝 가서 그의 부인과 왕의 시종들과는 떨어져 앉았다. 그리고 아주 낮은 목소리로 말했다.

"첫 번째 것을 나는 거지에게 적선을 합니다. 그러면 저는 높은 명예와 공덕을 얻을 수 있습니다. 이것이 제가 말하는 투자입니다. 두 번째 것은 내가 모든 것에서 은혜를 입은 나의 부모님께 드립니다. 내가 모든 것에서 은혜를 입었기 때문에 나는 부모님들을 채권자라고 부릅니다. 세 번째 것은 우리 식구가 살아가는 데 필요한 것들을 삽니다. 저는 그것들을 도박을 하거나, 마시거나 아니면 환락에 빠지는 것처럼 생각합니다. 왜냐하면 그것들은 남는 것이 보이지 않게 되기 때문에 나는 이것을 낭비라고 생각합니다. 그리고 네 번째 것은 나의 아내에게 주는 것입니다. 왜냐하면 그녀는 나의 적이기 때문입니다. 대왕."

세 번째 이야기를 들을 때까지 왕은 재미있다는 듯이 가볍게 미소를 짓고 있었다. 그러나 네 번째 이야기를 들을 때에 왕은 얼굴을 찌푸리고 한동안 조용히 있었다.

그리고 그는 나뭇꾼에게 조용히 말했다.

"아니? 아내가 너의 적이라고? 어찌 그럴 수가 있는가? 어떻게 너는 그런 생각을 즐길 수 있나? 이봐 자네는 잘못됐어. 자네의 아내는 결코 자네의 적이 아니야. 그걸 설명해 줄 수 있겠나?"

그러나 나뭇꾼은 왕의 질문을 듣고도 아무런 대답없이 절을 하고는 뒤로 물러 나왔다.

"잠깐만! 너의 다른 대답들은 나를 무척 기쁘게 해주었네. 내가 자네에서 배운 수수께끼를 다른 사람들에게 사용하는 것도 즐거울 것이네. 나는 이것을 신하와 온 백성들에게 수수께끼로 내주어서 답을 정확히 맞추는 사람에게는 상을 줄 걸세. 그런데 네가 만일 딴 사람에게 이 수수께끼에 관해 한 마디라도 한다면 나는 자네를 평생 감옥에서 지내게 할 걸세."

왕은 이렇게 말하며 즐거운 마음으로 산을 내려와 궁으로 돌아 왔다.

궁으로 돌아온 왕은 여러 장의 양피지에 그 수수께끼를 썼다. 이것을 신하를 시켜 궁의 여기저기에 붙이고 이 네 문제의 답을 다 맞추는 사람에게는 메론 만한 금덩어리를 상으로 주겠노라고 하였다.

시간은 흘러갔다. 많은 사람들이 그 답을 맞추려고 노력하였지만 아무도 그 네 문제의 답을 정확하게 맞출 수 없었다. 왕은 이렇게 많은 경쟁자들이 문제를 맞추려는 것을 보고는 무척 기분이 좋았다.

하루는 신하 한 사람이 그 문제지를 가지고 나뭇꾼이 사는 곳 근처를 지나가게 되었다. 그 나뭇꾼의 아내도 신하가 말하는 문제를 들었고 그 수수께끼가 전에 자기 남편이 왕에게 했던 말인 것을 알아차렸다. 또한 맞추는 사람한테는 메론만한 금덩어리를 상품으로 준다는 이야기를 들었을 때 자기가 답을 말해야겠다고 마음 먹었다. 그리고 남편이 자기에게 답을 말해 줄 것이라고 생각을 하였다. 저녁 때 나뭇꾼이 집으로 돌아왔다. 아내가 말했다.

"왕의 신하가 오늘 이 근처를 지나갔어요. 그런데 메론만한 금덩어리를 준다지 뭐예요!"

"왜? 무엇과 바꾼데?"

나뭇꾼은 다시 대수롭지 않게 물었다.

"상으로요."

아내가 유쾌하게 대답했다.

"상이라니 무슨 상?"

나뭇꾼은 이렇게 말하면서 퍼뜩 몇 달 전에 왕이 나뭇꾼의 수수께끼를 통해서 백성들의 재치를 시험해 볼 것이라고 한 말이 생각났다.

"여보. 그 문제는 당신이 지난 번에 왕한테 이야기한 것이지요? 제발 나한테 그 네 가지의 답을 말해 주구려. 그러면 내가 왕에게 가서 그 답을 말해 메론만한 금덩어리를 상으로 타오면 우리는 부자가 되어 평생토록 편하게 살 수 있을 거예요. 이렇게 힘들여 나무를 해서 내다 팔지 않아도 되잖아요?"

아내는 좋아서 어린 아이처럼 껑충껑충 뛰며 말했다.

"하지만 내가 만일 당신한테 그 네 문제의 답을 말하면 나는 남은 인생을 감옥에서 보내야만 돼. 이것은 지난 번에 왕과 했던 약속이야. 그러니 일러줄 수가 없어."

나뭇꾼이 단호하게 말했다.

이 말을 들은 아내는 아무런 말도 하지 않고 침울한 표정이 되어 조용히 앉아 있었다. 저녁이 오고 잠자리에 들자 아내는 훌쩍훌쩍 울기 시작했다. 나뭇꾼은 아내가 아주 걱정이 되었다.

"아니 왜 그래? 여보!"

나뭇꾼이 물었다. 하지만 그 아내는 아무런 대답없이 훌쩍훌쩍 울고만 있었다.

"나에게 말해봐. 왜 그러는지? 당신이 울면 나도 슬퍼진단 말이야."

나뭇꾼이 달래듯이 말했다.

그의 아내는 아무런 말도 없었다. 하지만 그녀의 눈물은 계속 흘러 나와서 그녀의 몸과 이불을 눈물로 흥건히 적셨다.

나뭇꾼은 그녀를 꼭 껴안았다. 그리고 말했다.

"당신은 잘 알거야. 내가 당신을 무척 사랑하고 있다는 걸. 이리와, 여보. 그리고 말해봐. 어떻게 하면 내가 당신의 눈에서 눈물이 그치고 당신의 입에서 웃음이 다시 나올 수 있게 할 수 있는지?"

그녀는 나뭇꾼의 가슴에 묻었던 머리를 들었다. 그리고 조용히 말했다.

"왜 당신은 나에게 그 수수께끼의 답을 말해 주지 않는 것이죠?"

"당신도 알잖아. 왕이 나한테 만일 그 수수께끼의 답을 어느 누구에게라도 말을 하면 내 평생을 감옥에서 지내게 할 것이라고 한 것을."

나뭇꾼은 한숨을 내쉬며 말했다.

"이것 봐요. 당신은 나를 믿지 못하고 있잖아요. 한번 생각해 봐요. 나를 믿지 않는 사람하고 살고 있는 나는 이 세상에서 가장 불행한 여자야!"

그녀는 울부짖으면서 말했다.

"아니야 나는 물론 당신을 믿어. 하지만 당신이 그 정답을 가지고 왕에게 가면 왕은 금방 내가 그 답을 일러준 것을 알게 될 거야."

"아니예요. 왕은 나를 절대 기억하지 못할 거예요. 왕이 여기에 오던 날 그는 말 위에 있으면서 내가 있는 쪽은 거의 쳐다보지도 않았어요. 아마 나를 보지도 않았을 거예요."

아내는 자신있다는 듯이 말했다.

그녀는 계속해서 울기만 했다. 그러다가 그녀는 팔을 뻗쳐 나뭇꾼의 목을 부드럽게 껴안고는 나뭇꾼의 목에 대고 부드럽게 이야기 하였다.

"당신 정말로 나한테 그 답을 말하지 않을 거예요? 당신은 나를 더 이상 사랑하지 않나 보죠? 당신은 아마도 내가 왕에게 일러 바칠 것이라고 생각하나 보죠? 정말이예요?"

이렇게 말하면서 아내는 계속해서 눈물을 흘렸다.

나뭇꾼은 그녀가 계속해서 울자 할 수 없이 그 답을 말해주고 말았다.

다음 날 이른 아침, 나뭇꾼이 숲으로 일을 하러 가자 그 아내는 서둘러서 궁으로 갔다. 궁에 도착한 그녀가 병사에게 수수께끼의 해답을 가지고 왔다고 이야기 하자 병사는 그녀를 왕의 앞으로 인도했다. 왕이 그녀에게 문제를 하나하나씩 물어 보았다. 그녀는 남편이 일러준대로 차근차근 대답을 하였다. 왕은 똑똑한 그녀가 찾아온 것을 기뻐하고 당장 메론만한 금덩어리를 상으로 주라고 명령하였다.

그녀가 궁을 막 떠나려고 할 때였다. 왕은 갑자기 그녀에게 잠깐 있으라고 명령하였다.

"아니야 그런데 당신을 어디선가 본 기억이 있어. 그것이 어디서 였지?"

왕이 말했다.

"그것은 숲 속에서였어요. 대왕, 저는 전에 당신이 물어봤던 나뭇꾼의 아내입니다."

아내는 사실을 실토하고 말았다.

왕의 얼굴이 화가 난 듯이 갑자기 흐려졌다.

"그렇다면 네가 이 수수께끼의 답을 아는 것은 전혀 이상한 것이 아니야. 너의 남편이 너에게 이야기해 주었지?"

왕은 큰소리로 말했다.

"예, 대왕님. 제 남편이 저에게 모든 것을 일러 주었어요."

아내는 솔직하게 말하였다.

왕은 그녀를 집으로 돌아가게 하였다. 그리고 숲으로 가서 나뭇꾼을 당장 잡아 오라고 명령하였다. 궁정의 병사들은 숲으로 가서 열심히 일을 하고 있는 나뭇꾼을 잡았다. 나뭇꾼은 손과 발이 묶인 채 병사들에 의해 궁정으로 끌려가 왕 앞으로 갔다.

"너는 나의 명령을 어겼기 때문에 지금부터 약속한대로 너의 남은 인생을 감옥에서 보내야 한다. 왜 너는 네가 그 답을 말하면 큰 벌을 받을 것을 알면서 너의 부인에게 답을 일러주는 어리석은 짓을 했지?"

왕은 준엄하게 말했다.

"대왕이시여, 저의 아내는 울면서 저에게 답을 가르쳐 달라고 애원하였습니다. 나는 당신과의 이야기를 다 기억하고 있었지만 그녀의 간절한 애원을 거절할 수 없었소."

나뭇꾼이 조용히 말했다.

"이런 어리석고 바보같은 사람 같으니. 그래도 말을 하지 말았어야지. 그를 당장 감옥으로 끌고 가라."

왕이 화가 나서 소리쳤다.

"왕이시여! 제가 마지막으로 하나만 더 이야기해도 될까요?"

나뭇꾼이 감옥으로 끌려가며 이야기 했다.

"그래 네가 말하고 싶은 것이 있으면 얼마든지 이야기 해봐. 나는 너에게 충분히 경고를 하였어. 그러니 어쨌든 너는 감옥으로 가야 돼."

왕이 말했다.

"대왕이시여, 나는 나의 아내를 믿었습니다. 그리고 당신은 그것이 어떤 결과를 나에게 가져다 주었는지를 직접 보고 있습니다. 왕께서 제가 일하고 있는 곳으로 오셨을 때 네 번째 수수께끼에 대한 답, '나의 아내는 바로 나의 적'이라는 말 때문에 당신은 불쾌하게 생각했었습니다. 하지만 지금도 당신은 제가 말씀드린 것이 사실이란 것에 대해 동의하지 않으십니까?'

 나뭇꾼의 이 말을 왕은 아주 감명깊게 들었던 기억이 났다. 왕은 왜 나뭇꾼이 아내를 적이라고 했는지 그제서야 깨달았다. 왕은 나뭇꾼을 자랑스럽게 생각하고 나뭇꾼을 감옥으로 보내지 않았다. 그리고 나뭇꾼을 그가 하고 싶어하는대로 내버려 두겠다고 이야기 했다.

 그 때부터 왕은 누구에게나 그 답을 말할 수 있도록 하였다. 그리고 나뭇꾼의 부인에게도 메론만한 금덩어리를 상으로 주었다. 그리고 왕은 나뭇꾼에게 왕의 옆에 있으면서 좋은 생각이 있으면 말해 달라고 부탁을 하였다. 하지만 나뭇꾼은 숲이 더 좋노라고 말하며 왕의 제안을 정중히 사양했다.

 이 때 왕은 아주 중요한 것을 배웠다. 그리고 다시는 모든 여인에게 믿음을 주지 않을 것이라는 결심도 했다.

✱✱✱✱

불교 경제관의 수입 4분의 원리는 불교 경제학의 포트폴리오 이론과 유사합니다.

하지만 불교의 경제 원리에서는 수입에 관해 항상 정당한 직업 활동을 해서 얻은 수입을 이야기하고 있다는 것을 잊어서는 안 됩니다. 기업을 하는 이는 기업가답게, 회사원이나 공무원 등 봉급 생활을 하는 이는 자신들에게 수입을 안겨주는 사람들을 위하여 항상 열심히 일하여야 한다는 뜻도 담겨져 있습니다.

그리고 가난하고 단순하게 사는 사람들 속에서 오히려 더 많은 진리를 찾아 볼 수 있다는 것을 알 수 있게 해주므로 수행자들이 재물을 추구하는 것을 경고하기도 합니다.

게으름뱅이 이야기

옛날에 아주아주 게으른 소년이 있었다.
그는 부모와 함께 행복하게 살고 있었는데 부모들을 도와드리기는 커녕 항상 먹기만 많이 먹고 자신이 필요한 것은 무엇이든지 가지려고 하였다.
결국 그 아이의 부모는 그에게 더 이상 따뜻하게 대해 주지 않고 그 아이를 마을의 촌장과 함께 생활을 하라고 보냈다. 엄격한 촌장은 그의 소를 돌봐야 아이에게 먹을 것과 잘 곳을 마련해 주기로 하고 이 방법으로 그 아이의 게으른 버릇을 고칠 수 있다고 생각하였다.
하지만 그것이 아니었다. 게으른 아이는 그 전부터 아주 잘 먹고 잘 지냈었기 때문에 촌장의 집에 와서도 촌장의 소들을 돌보려 하지 않고 오히려 먹을 것만 찾고 짜증만 부렸다.
그러자 촌장도 얼마 가지 않아 그 아이가 너무 게을러서 화가 났기 때문에 그 아이를 숲 속의 조그만 오두막집으로 보내 그 곳에 살면서 혼자 자립하라고 내보냈다.

"이제부터 너는 네 스스로 일을 해야만 한다. 그 전처럼 게으르게 행동한다면 너는 먹을 것을 구하지 못해서 필시 굶어 죽을 거다. 너의 모든 문제는 이제 네 손에 달려 있어."

촌장은 말했다.

게으른 아이는 숲 속으로 들어가서 자신이 무엇을 해서 먹고 살 것인가를 찾아 보았다. 그리고 아이는 숲 속에 널려 있는 미앙나무의 잎을 모아서 가게로 가져 갔다. 그 나뭇잎을 판 돈으로 먹을 것을 살 수 있었다. 이렇게 그 게으른 아이는 하루하루 살아갔다.

어느 날, 게으른 소년이 나뭇잎을 모으러 가다가 들판에 죽어서 누워 있는 코끼리의 어금니 위를 지나가게 되었다. 코끼리의 어금니를 본 소년은 그 어금니를 뽑아서 집으로 가져다 놓고 숲으로 갔다. 게으른 소년이 시장에서 나뭇잎을 팔고 집으로 돌아와보니 집에 밥과 카레가 먹음직스럽게 준비되어 있었다. 이것을 본 소년은 깜짝 놀랐다. 그리고 소년은 무척 게을렀기 때문에 이러한 일이 생기는 것을 좋아했다. 그는 그런 일이 매일 일어났으면 좋겠다고 생각했다. 그가 시장에 가서 물건을 파는 동안 어떤 사람이 집안으로 들어와서 맛있는 음식을 준비해 놓고 그가 돌아오기 직전에 집을 빠져나가는 것이라고 게으른 소년은 생각했다.

누가 이렇게 했을까? 게으른 소년은 그것이 궁금해졌다. 그리고 그 내용을 한번 알아보기로 하였다. 그래서 하루는 여느 때와 마찬가지로 시장에 물건을 팔러 가는 척하면서 집을 나와서 집

부근에 숨어서 틈새로 집 안을 조심스럽게 들여다 보았다.
 얼마나 지났을까? 놀라웁게도 코끼리 어금니로부터 아주 어린 예쁜 소녀가 깡총깡총 뛰어 나왔다. 그 코끼리의 어금니는 게으른 소년이 전에 숲 속에서 옮겨다 놓은 그것이었다. 그 소녀는 게으른 소년을 위해 음식을 준비하기 시작하였다. 한참 동안 그 소녀를 물끄러미 바라보던 게으른 소년은 그만 소녀의 아름다움에 넋을 잃고 말았다. 한참 후 정신을 차린 게으른 소년은 오두막 안으로 뛰어들어가 소녀를 와락 껴안았다.
 "어금니에서 나온 보배 소녀여! 이제 더 이상 가지 말고 여기서 나와 같이 지냅시다. 나랑 같이 부부가 되어 함께 삽시다."
 게으른 소년은 감격한 듯이 소리쳤다.
 "그러죠, 나는 가지 않을 거예요. 나는 여기서 당신의 아내가 되어 지내지요."
 그 소녀는 아주 차분하게 말했다. 게으른 소년은 자신의 아내가 된 소녀를 '어금니에서 나온 보배' 라고 불렀다.
 그 후에도 계속하여 게으른 소년은 나뭇잎을 모아서 시장에 내다 팔아서 집의 생활비를 벌어 왔고 어금니에서 나온 보배 소녀는 그 남편을 위해 집에 있으면서 맛있는 음식은 물론 모든 것을 준비하였다. 그 게으른 소년은 전에 느껴보지 못했던 행복한 나날을 보냈다.
 한편 전에 게으른 소년을 보살피던 촌장이 게으른 소년이 어떻게 지내는가를 보기 위해 몰래 그 숲 속으로 와서 살펴보았다. 게으른 소년의 집을 살펴본 촌장은 게으른 소년이 아주 예쁘고 이상한 여인과 같이 살고 있는 것을 보고 그 사실을 왕에게 일러 바쳤다.

왕은 그런 게으른 사람을 확인하여 벌을 줘야하므로 신하를 시켜 가서 알아보고 오라고 하였다. 왕이 그 소년에 관해 들은 소식은 전에는 그 소년이 게을러서 숲 속에 조그만 오두막을 짓고 미양나무를 모아다가 시장에 내다 팔아서 지내왔지만 지금은 아주 아름다운 소녀와 결혼하여 사이좋게 잘 지낸다는 것이었다. 그리고 그 아름다운 소녀가 누구인지는 아무도 모른다는 것이었다. 이 소식을 들은 왕은 화가 치밀어 올랐다.

'여기 아주 게으른 소년이 있었다. 그는 너무 게을러서 그의 부모조차도 더 이상 돌봐줄 수 없어 마을의 촌장에 보내어 졌었다. 마을의 촌장에게 보내어진 그 소년은 그 곳에서도 너무 게을러 숲 속으로 쫓겨났다. 그런데 어찌된 영문인지 왕도 거느릴 수 없는 아름다운 소녀를 그 곳에서 아내로 맞아 거느리고 있다니!'

왕은 너무 기가 막히기도 하고, 또 질투도 났다.

그래서 왕은 게으른 소년이 도저히 할 수 없는 일을 시키기로 마음을 먹었다. 신하가 게으른 소년에게 왕의 명령을 전하기 위하여 그 움막을 찾아갔다. 왕은 게으른 소년에게 일곱 송이 창티나무의 꽃을 가져올 것을 명령하였다. 만일 이 명령을 지키지 않으면 벌로 죽음을 당하고 아내를 왕에게 빼앗길 것이라고 신하는 말하였다.

게으른 소년은 무척 당황하지 않을 수 없었다. 그는 그 때까지 창티꽃을 본 적도 들은 적도 없었고 그 꽃이 어디에 있는지조차 몰랐기 때문이다. 사실 창띠꽃은 땅에서는 나지 않고 천상의 신들이 사는 곳에서만 나는 신비의 꽃이었다.

왕의 신하가 돌아간 뒤에 게으른 소년은 어금니에서 나온 보배 소녀가 평소처럼 해주는 음식에 손도 대지 않은 채 우울하고 조용히 앉아만 있었다.

"무슨 일이 있으세요? 서방님. 오늘따라 왜 당신이 그렇게 슬퍼 보이시지요? 왜 아무 것도 먹지 않아요? 무엇을 걱정하고 계시죠?"

어금니에서 나온 보배 소녀는 물었다.

그러자 게으른 소년은 왕이 자신이 본 적도 없는 창티꽃 일곱 송이를 가져오지 않으면 죽음을 당할 것이라고 한 말을 어금니에서 나온 보배 소녀에게 말하였다.

"서방님. 침착하게 하세요. 저기 산 꼭대기에 있는 절에 가서 한 번 상의를 해보시죠? 그러면 좋은 수가 생길지도 모르잖아요?"

어금니에서 나온 보배 소녀가 말했다.

"하지만 그 꼭대기의 절에 갔다오는 것은 열 하루나 걸리는 긴 여행인 걸. 어떻게 내가 당신 혼자만을 두고 먼 길을 다녀올 수 있어?"

게으른 소년은 걱정스러운 표정을 지으며 말하였다.

"제 걱정은 마세요. 서방님. 저는 어금니 속으로 들어가 당신이 올 때까지 그 곳에 꼭꼭 숨어 있을께요. 그러면 아무도 저를 찾을 수 없어요."

어금니에서 나온 보배 소녀는 이렇게 말하고 게으른 소년에게 정답게 입을 맞추어 주고는 훌쩍 어금니 속으로 사라졌다.

게으른 소년은 절을 찾아 산으로 오르기 시작했다. 열 하루 동안 게으른 소년은 잠시도 쉬지 않고 잠도 자지 않으며 걸어 올라갔다. 그 소년은 산꼭대기에 있는 절에 도착할 때까지 계속해서 산으로 산으로 올라만 갔다.

소년이 절에 도착하자 절을 지키는 이가 물었다.

"왜 여길 왔지? 무엇을 찾고 있니?"

"나는 일곱 송이의 창티꽃을 구하러 왔습니다. 그 꽃들을 왕에게 가져가야만 합니다. 그렇지 못하면 저는 목숨을 잃어 버리고 제 아내는 왕에게 빼앗겨 버리고 맙니다."

"창티꽃! 내 나이가 지금 백 살이 넘었는데 난 아직까지 그 꽃을 본 적이 없는 걸."

절을 지키는 이가 말했다.

"그러면 저는 어떻게 하지요? 왕에게 창티꽃 일곱 송이를 바쳐야만 하는데."

게으른 소년은 슬픈 표정을 하고는 다시 애원하듯이 물었다.

"여기서 북쪽으로 계속 여행을 해. 그러면 다시 절에 도착하게 될거야. 그 절을 지키는 이는 이백 살이거든. 아마도 그는 너를 도와줄 수 있을거야."

절을 지키는 이가 말했다.

게으른 소년은 다시 이틀 밤낮을 터덜터덜 걸어서 북쪽에 있는 절에 도착했다.

"왜 여길 왔지? 무엇을 찾느냐?"

절을 지키는 이가 반갑게 물었다.

"나는 일곱 송이의 창티꽃을 구하러 왔습니다. 그 꽃들을 왕에게 가져가야만 합니다. 그렇지 못하면 저는 목숨을 잃어 버리고 제 아내는 왕에게 빼앗겨 버리고 맙니다."

"창티꽃! 내 나이가 지금 이백 살이 넘었는데도 지금까지 난 그 꽃을 본 적이 없는 걸."

절을 지키는 이가 말했다.

"그러면 저는 어떻게 하지요? 어떻게 해야 왕의 명령을 수행할 수 있죠? 방법을 좀 일러 주세요."

게으른 소년은 다시 물었다.

"여기서 다시 북쪽에 있는 절에 도착할 때까지 여행을 계속해. 그 절을 지키는 이는 삼백 살이야. 아마 그는 나보다 백 년이나 오래 살았으니까 너를 도와줄 수 있을거야."

절을 지키는 이가 말했다.

게으른 소년은 다시 이틀 밤낮을 터덜터덜 걸어서 북쪽에 있는 세번째 절에 도착을 했다.

그 곳에서 절을 지키는 이도 그 전의 절을 지키는 이들과 마찬가지로 왜 왔냐고 묻고는 자신도 비록 삼백 년 이상을 살았으나 그 꽃을 본적이 없다고 말하며 북쪽으로 더 가면 절이 있는데 그 절은 사백 살 먹은 사람이 절을 지키니 그 사람은 알 것이라고 게으른 소년에게 말하였다.

게으른 소년은 이제 어쩔 줄을 몰랐다. 그는 그만 희망도 잃어 버리고 말았다. 하지만 만약 실패를 하면 목이 잘리우는 벌을 받아야 한다는 생각에 게으른 소년은 포기하지 않고 용기를 냈다. 천신만고 끝에 네 번째 절에 도착했을 때 그는 그만 무척 낙담스러운 말을 들었다. 그 절을 지키는 사백 살이 넘은 사람이 자신은 이 세상에 있는 모든 꽃들은 정원에서 다 키우고 있는데 창터라고 하는 꽃은 없다는 것이었다. 게다가 그는 그런 꽃의 이름조차 들은 적이 없다고 말하였다. 게으른 소년은 그 자리에서 죽어버리고 싶었다.

게으른 소년은 힘없이 그 절을 나왔다. 그리고 절 밖에 있는 연못가로 가자 맥이 빠져 그만 쓰러지고 말았다. 그는 집을 떠나 여러 날 여기저기를 다녔지만 목적을 이루지 못했고 사실상 앞으로도 불가능하다고 생각하였다. 그는 아무런 생각없이 그 곳에 누워 있었다. 그리고 두 팔로 머리를 감싼 채 자신이 사형으로부터 벗어날 수 있는 방법이 무엇인가를 곰곰이 생각하였다. 그렇게 곰곰이 생각을 하고 있는데 난데없이 그의 앞에 신기한 광경이 벌어졌다.

천신의 아름다운 일곱 딸들이 그 연못에서 목욕을 하기 위해 하늘로부터 내려오고 있었던 것이었다. 게으른 소년은 넋을 잃고 그들이 내려오는 모습을 바라보았다. 땅에 다다른 그들은 물가로 와서 날개와 꼬리를 접어 조심스럽게 땅에 놓았다. 게으른 소년은 이 광경을 지켜보다가 갑자기 좋은 생각이 떠올랐다.

천신의 딸들은 물 속에서 정신없이 목욕을 하느라 게으른 소년이 있는 쪽은 쳐다보지도 않고 있었다. 게으름뱅이는 살며시 물가로 다가가 천신의 아름다운 일곱 딸들이 벗어 놓은 날개들과 꼬리들을 몰래 가져다가 나무 뒤로 감춰 놓았다.

목욕이 끝나고 일곱 딸들은 하늘로 돌아갈 날개와 꼬리를 입기 위해 먼저 벗어 놓은 곳으로 다시 왔다. 그러나 그들의 날개와 꼬리는 보이지 않고 만면에 이상한 웃음을 띤 사람만이 보였다. 그들은 그 웃고 있는 사람이 무슨 짓을 했는지를 알고는 사정을 했다.

"제발, 하늘로 돌아갈 우리들의 날개와 꼬리를 돌려 주시오."

천신의 아름다운 일곱 딸들이 말했다.

"나는 당신들의 날개와 꼬리를 돌려줄거요. 하지만 그것들을 그냥 돌려줄 수는 없소. 나는 지금 일곱 송이의 창티꽃이 필요하오. 그러니 그 꽃과 당신들의 옷과 바꿉시다. 나에게 일곱 송이의 창티꽃을 가지고 오시오. 그러면 내 당신들의 날개와 꼬리를 돌려 주겠소."

그 게으름뱅이는 말하였다.

"하지만 창티꽃이 자라는 곳은 여기서부터 무척 멀어요. 우리의 날개와 꼬리가 있어야 가서 가져올 수 있어요."

천신의 딸들이 말했다.

이것은 그 게으름뱅이가 집을 떠난 후 처음으로 들어보는 아주 좋은 소식이었다. 천신의 아름다운 일곱 딸들이 창티꽃이 어디에 있는지를 안다는 것이었다.

"하지만 만일 내가 당신들에게 날개와 꼬리를 돌려주면 당신들은 하늘로 그냥 날아가 버리고 말 것 아니요? 그러면 나는 창티꽃을 구할 수 없게 되는 것 아니요?"

게으름뱅이는 조심스럽게 말하였다.

"만일 당신이 우리를 믿지 못한다면 이 활과 화살들을 가져 가세요. 우리들은 이 활과 화살의 명령을 따라야 해요. 만일 당신이 이 화살 하나를 하늘로 쏘면 우리 모두는 다시 땅으로 내려와야 합니다."

천신의 딸들이 말했다.

게으름뱅이는 활과 화살을 받고는 천신의 아름다운 일곱 딸들에게 날개와 꼬리를 돌려 주었다. 그러자 천신의 아름다운 일곱 딸들은 하늘 높이 날아가 버렸다. 게으름뱅이는 그 곳에 앉아서 그들이 돌아올 때까지 기다렸다.

한참을 지났는데도 천신의 딸들이 돌아오지 않자 '그들은 마술을 잘 부려서 창티꽃 정원이 아무리 멀어도 그들은 벌써 갔다 올 수 있었을 것이야. 그런데 왜 아직까지 돌아오지 않는 거지? 그리고 어떻게 이 활과 화살로 그들을 부를 수 있담? 한번 시험을 해봐야지' 하고 소년은 생각하였다.

게으름뱅이는 그 활을 쏴서 화살을 하늘 높이 날려 보냈다. 그러자 천신의 아름다운 일곱 딸들이 그의 옆에 홀연히 나타났다.

"내 창티 꽃은 어디에 있습니까?"

게으름뱅이가 물었다.

"기다리세요. 아직 우리는 창티꽃이 있는 정원에 가지도 못했단 말이에요."

그들은 하늘 높이 다시 사라졌고 게으름뱅이는 그 곳에 앉아 또 기다렸다.

게으름뱅이는 시간이 많이 지났다고 생각하고 또 다시 활을 쏴서 화살을 하늘 높이 날려 보냈다. 그러자 천신의 아름다운 일곱 딸들이 그의 옆에 홀연히 나타나서는 물었다.

"이번엔 무슨 일이예요?"

"내 창티꽃 어디 있어요?"

게으름뱅이는 다시 울부짖듯이 말했다.

"당신은 기다리는 것을 먼저 배워야 하겠군요. 우리가 창티꽃을 구해가지고 오려면 적어도 세 시간 이상이 걸려요."

천신의 아름다운 일곱 딸들은 다시 구름 넘어 하늘로 사라졌다.

게으름뱅이는 참지 못하면 손해가 날 것이라고 스스로 생각하면서 다시 기다리기 시작했다. 한 시간이 지났다. 두 시간이 지났다. 그리고 세 시간이 다 지나려고 할 때였다. 천신의 아름다운 일곱 딸들이 각각 손에 아름답고 신비스러운 붉은 꽃을 들고 게으름뱅이 앞에 서 있는 것이었다.

"자 여기 당신이 원하는 창티꽃 일곱 송이가 있어요. 이제 우리에게 그 활과 화살을 돌려줘요."

그들은 말하였다.

게으름뱅이는 기뻐서 어쩔 줄을 몰랐다. 이제 그는 자신의 손에 들려진 일곱 송이의 창티꽃을 왕에게 전하기만 하면 되는 것이었다.

그는 천신의 아름다운 일곱 딸들에게 진심으로 감사하였다.

게으름뱅이는 천신의 일곱 딸들에게 자기가 왕에게 일곱 송이의 창띠꽃들을 안전하게 전할 때까지만 활과 화살을 보관할 수 없냐고 부탁을 했다. 그러자 천신의 아름다운 일곱 딸들은 쾌히 승낙하였다.

그리고 천신의 아름다운 일곱 딸들은 다시 하늘로 돌아갔다. 게으름뱅이는 일곱 송이의 창티꽃을 가지고 의기양양하게 아내가 기다리고 있는 집으로 돌아갔다.

게으름뱅이가 이십 일이 넘게 걸려서 자신의 조그만 움막으로 돌아오니 그의 부인은 그 때까지도 코끼리의 어금니 속에서 남편을 기다리고 있다가 그가 돌아오자 어금니에서 뛰어 나와 남편을 반갑게 맞았다.

이제 궁으로 가서 왕에게 창티꽃을 전하는 일만 남았다. 그런데 왕궁으로 떠나기 전에 게으름뱅이는 다시 한번 활을 하늘로 쏘아 올렸다. 다시 천신의 아름다운 일곱 딸들이 나타났다. 게으름뱅이는 그들에게 왕이 자기 말을 믿지 않을 수도 있으니 자신과 같이 왕궁으로 가 줄 수 없겠느냐고 애원했다. 천신의 아름다운 일곱 딸이 좋다고 하였다. 그래서 천신의 아름다운 일곱 딸들과 게으름뱅이, 그리고 그의 부인은 일곱 송이의 창티꽃을 가지고 왕궁으로 갔다.

왕은 게으름뱅이가 그의 임무를 완전히 마친 것을 보고는 신기하게 생각하였다. 왕이 그 창티꽃을 어떻게 구했냐고 묻자 게으름뱅이는 그 간에 있었던 일을 왕에게 자세히 설명하여 주었다. 게으름뱅이 소년의 말을 들은 왕은 그의 말을 믿지 않을 수 없었다.

그리고 이제 게으름뱅이는 더 이상 전처럼 게으르지 않고 열심히 사는 사람이 되었다. 게으름뱅이는 고맙다고 인사를 하며 활과 화살을 천신의 아름다운 일곱 딸들에게 돌려 주었다.

그는 왕이 벼슬을 할 생각이 없느냐고 물었지만 사양하고 숲 속의 작은 오두막으로 어금니에서 나온 보배 소녀와 함께 돌아와 부모님을 모시고 오래도록 행복하게 살았다.

❋❋❋❋

우리 나라 초등학교 교과서의 '소가 된 게으름뱅이'를 생각해 보게 하는 이야기입니다. 소가 된 게으름뱅이에게는 꿈을 통해 게으름을 꾸짖었다면 여기서는 직접 몸을 움직이게 하는 것이 차이가 있다고 할 수 있겠습니다.

아무리 바람직하지 못한 행위만을 하는 사람들에게도 희망은 있습니다. 그리고 그들의 지능이 낮거나 해서 생긴 문제일 때는 더욱 희망이 있는 것입니다. 이런 희망이 현실로 나타나 중생들이 깨우쳐 자신 스스로 바꿔갈 수 있도록 도와주는 것이 바로 방편인 것입니다. 어금니 속의 소녀나 창티 꽃이나 천신의 딸들은 바로 이 방편을 증명하기 위해 나타난 것입니다.

자신을 포함한 주위를 살펴봅시다. 과연 자신은 게으른 소년과 같지나 않은지. 그러면서도 꿀 방울이 떨어지기만을 기다리는 사람이나 혹은 수행자는 아닌지. 주리반특의 진구제거(塵垢除去)의 일화가 생각납니다.

장모와 같이 사는 젊은이

옛날에 나이 숫 차이라고 하는 젊은이가 살고 있었다. 나이 숫 차이는 나이가 들어 낭 숩 분이라고 하는 소녀와 결혼하여 신부인 낭 숩 분의 어머니와 함께 살고 있었다. 낭 숩 분의 어머니는 과부였는데 방콕에서 멀리 떨어지지 않은 강에 떠 있는 배에서 살고 있었다.

또한 나이 숫 차이의 어머니도 역시 과부였는데 그녀는 낭 숩 분의 어머니의 집으로부터 배로 한 시간 정도 여행을 해야하는 곳에 있는 강 위의 배에서 살고 있었다.

어느 날 나이 숫 차이의 어머니가 몸이 불편하여 아들인 나이 숫 차이를 보고 싶다는 소식을 전해왔다. 나이 숫 차이는 아주 착한 사람이었으므로 금방 돌아가 어머니를 찾아뵈려고 마음을 먹었다. 나이 숫 차이는 자기의 부인과 함께 어머니가 계신 집으로 가기를 원했다. 낭 숩 분도 역시 남편을 쫓아가려고 하였다. 하지만 그 때 갑자기 낭 숩 분의 집에 일이 생겼다. 낭 숩 분의 어머니도 몸이 불편해져서 드러 눕게 되었던 것이다. 하는 수 없이 낭 숩 분은 혼자 남아 자신의 친정 어머니를 보살펴야만 했다.
 "여보 당신이 알다시피 난 시어머님도 나의 친정 어머니처럼 마음 속으로 깊이 존경하고 사랑하고 있어요. 하지만 지금은 나의 친정 어머니가 편찮으시니 내가 여기에서 친정 어머니를 보살펴 드리고 있는 것도 제 의무를 다 하는 것이라고 생각해요. 그러니 이번엔 어머니한테 당신 혼자 가 보시구려."
 낭 숩 분이 말했다.
 나이 숫 차이는 그의 부인이 하는 말을 충분히 이해하였다. 그래서 낭 숩 분을 그녀 자신의 집에 머무르게 하고는 자신은 어머니가 계신 곳으로 가서 어머니를 뵐 생각을 하였다.
 나이 숫 차이는 처가집을 떠나 자신의 어머니가 머무르는 수상 가옥에 도착했다. 어머니는 크게 걱정을 했던 것과는 달리 조금 피곤하고 기분이 좋지 않은 듯이 보였을 뿐이었다. 어머니의 상태가 그리 나쁘진 않았지만 나이 숫 차이는 그 곳에서 사흘 동안 머무르며 어머니를 즐겁게 해 드렸다. 사흘이 지나자 어머니는 몰라보게 좋아졌다. 나이 숫 차이는 어머니에게 돌아가겠노라고 말씀을 드렸다. 그러자 어머니는 나이 숫 차이에게 집으로 돌아가기 전에 그 근처 수상 가옥에 사는 이모집에 들러 이모가 몸이 안 좋으시니 돌아가시기 전에 찾아보라고 말씀하셨다.
 나이 숫 차이는 어머니의 말씀대로 나이가 많으신 이모님 댁을 찾아갔다. 그 때 이모는 병이 깊이 들어 아무도 알아볼 수 없을 정도로 불쌍하게 되어 있었다. 이모는 그녀의 딸이 돌보고 있었는데 이제 인생의 끝이 얼마 남지 않은 것을 알고 있는 듯 보였다. 이모가 나이 숫 차이에게 자기네 집에는 남자가 없으니 잠시만 같이 머물렀다 가라고 부탁했다. 나이 숫 차이도 그래야 하겠다고 생각을 하고 그 집에서 잠시 더 머무르기로 하였다.

나이 숫 차이는 그렇게 하는 것이 도리라고 생각하고 머무르면서도 한편으로는 집에 두고 온 부인과 장모의 소식이 무척 궁금해져 걱정을 많이 했다.

그런데 나이 숫 차이가 그 이모의 집에 도착한 지 이틀째 되는 날이었다. 이모가 그만 세상을 뜨고 말았다. 이모는 딸과 여동생 이외의 친척이 별로 없었기 때문에 하는 수 없이 나이 숫 차이가 이모의 장례를 치뤄야 했다. 그의 이종 사촌은 전통적으로 내려오는 풍속대로 그녀의 머리를 깎고 하얀 상복을 차려 입었다. 이모의 딸은 그렇게 상복을 입고 강 윗쪽으로 카누우를 타고 장례식에 오는 손님들을 접대할 과일과 비틀(비틀은 대부분의 열대 지방에서 모든 의식에 사용되는 아주 중요한 잎으로, 씹는 담배에 싸서 씹기도 한다) 등 장례용품들을 사기 위해 갔다. 그런데 이종 사촌이 물건들을 사는 모습을 우연히 장을 보러 나왔던 낭 숩 분이 멀리서 보았다.

낭 숩 분은 그렇지 않아도 남편이 오랫동안 집으로 돌아오지도 않고 아무런 소식도 없자 시어머니의 병환이 아주 위독한 것은 아닌가하고 걱정을 하기 시작하였다. 그러다가 그녀는 사촌이 머리를 깎고 흰 옷을 입고 있는 모습을 보았던 것이다. 그래서 낭 숩 분은 그만 시어머니가 돌아가신 것으로 생각을 하였다.

이종 사촌이 탄 배가 가까이 오자 낭 숩 분은 뱃가로 다가가서는 매우 걱정스러운 듯이 물었다.

"그래 노인네는 좀 어떠시죠?"

그 사촌은 낭 숨 분이 자신의 어머니가 어떠한가를 묻는 줄 생각했다.

"유감스럽게도 그녀는 간밤에 돌아가셨어요. 지금 집에서 나이 숫 차이가 장례식 준비를 하고 있어요. 내일 아침에 시신을 절에 모셔다가 화장을 할 거예요."

이렇게 말하고 그 사촌 소녀는 배를 저어갔다.

"미안합니다. 지금 당신과 오랫동안 이야기를 나눌 수가 없어요. 지금 난 내일 장례식에 오는 손님들에게 드릴 과일과 비를 사야 하거든요."

그렇게 소리치며 그녀는 강을 따라 자신이 갈 길로 계속 노를 저어갔다. 낭 숨 분은 이제 자신의 시어머니가 돌아가신 걸로 확신하고 '오 불쌍한 내 시어머니 그리고 남편. 나도 내일 아침에는 남편이 있는 곳으로 가서 남편을 위로해 줘야지' 하고 혼자 중얼거리며 걸어갔다.

다행스럽게도 낭 숨 분의 어머니의 병환은 그리 심하지 않았다. 그녀는 다음 날 하얀 옷을 차려 입었다. 그리고 남편을 만나기 위해 강을 따라 아래로 노를 저어 내려갔다. 도중에 그녀는 이발관에 들러 머리도 깎았다.

한편 나이 숫 차이도 흰옷을 입고 머리를 깎은 채 이모의 화장을 진행시켰다. 그리고 화장이 다 된 유골은 모아서 절에다 모셨다. 이 와중에서도 나이 숫 차이의 마음에는 항상 그의 부인 낭 숩 분 생각뿐이었다. '그래 이제 장모는 괜찮을까? 아니면 장모의 병환이 더 악화된 건 아닌지? 무슨 일은 없을까?' 하고 나이 숫 차이는 걱정을 하였다.

그러는 도중에 낭 숩 분이 나이 숫 차이가 있는 절 근처에 도착하였다. 그녀는 자신의 배를 강가에 정박시키고 강가로 올라왔다. 그리고 나이 숫 차이와 그의 친척들이 장례식을 치르고 있는 절 쪽을 향해 터덜터덜 걸어갔다.

그 때 나이 숫 차이가 그의 아내가 아주 슬픈 얼굴을 하고 흰옷을 입고 머리를 깎은 채 다가오는 것을 보았다. 그 모습을 본 나이 숫 차이는 '이건 필시 낭 숩 분의 어머니가 돌아가신 걸거야. 내가 없는 동안 장모가 돌아가시다니! 아 불쌍한 낭 숩 분!' 하며 그의 눈은 눈물로 가득차고 그의 마음은 슬퍼 어쩔 수가 없었다.

낭 숩 분이 가까이 오자 나이 숫 차이는 달려가 그녀를 꼭 껴안았다.

"어머니가 돌아가시다니!"

그는 아주 슬픈 목소리로 말하였다. 사실 이 말은 낭 숩 분의 어머니가 돌아가신 걸로 나이 숫 차이는 말한 것이었다. 그런데 이 말을 낭 숩 분은 정말로 잘못 이해하였다. 낭 숩 분은 그의 남편이 자신의 어머니가 돌아가신 걸로 이야기한다고 생각하였다. 그리고 그녀는 나이 숫 차이를 안정시켜야 한다고 생각하고 그를 더욱 힘껏 끌어 안았다.

그들은 많은 사람들이 있는 앞에서 부끄러운 줄도 모르고 슬픔을 못이기어 소리내어 흐느껴 울었다. 사실 나이 숫 차이는 그 전에 자신의 누이가 죽었을 때도 그렇게 슬프게 울지는 않았다. 하지만 거기서 그들은 마치 자신들의 가슴이 찢어지는 듯이 슬피 울었다.

이윽고 나이 숫 차이가 입을 열었다.

"난 자주 어머니와 떨어져 있었지만 항상 걱정을 했었어요. 하지만 이렇게 쉽게 돌아가시리라고는 꿈에도 생각 못했어요."

낭 숩 분이 울면서 말했다.

"나도 절대 용서받지 못할 거예요. 나도 그 때 당신을 따라 같이 왔었어야 하는 건데."

"아니야, 당신은 장모님과 함께 집에 있었어야 해. 내가 당신하고 그 곳에 같이 있었어야 하는 건데."

나이 숫 차이가 말했다.

이 말을 들은 낭 숩 분은 갑자기 뭔가 이상하다는 생각이 들었다. 그리고 그녀는 남편이 자신을 안심시키기 위해 익살을 떠는 것이라고 생각했다.

"제발 나를 용서해줘요, 여보. 그렇게 어머니가 심하게 편찮으신 줄 진작 알았다면 내가 직접 이 곳에 와서 간호를 해드렸어야 하는 건데."

낭 숩 분이 말했다.

"아니야, 당신은 당신의 어머니를 간호해 드리고 있었잖아. 그런데 그게 무슨 문제가 돼?"

나이 숫 차이가 말했다.

"아니 무슨 뜻이죠? 나는 당신의 사촌이 말해줘서 그녀가 돌아가신 줄 알았어요."

낭 숩 분이 울면서 말했다.

"아니 무슨 말을 하고 있는 거야? 당신은 그럼 지금까지 누가 돌아가신 줄 몰랐단 말이야?"

나이 숫 차이가 어이가 없는 듯한 표정을 지으며 물었다.

"그럼 시어머니가 돌아가신 게 아니예요?"

낭 숩 분이 놀란 표정으로 말했다.

"아니야 우리 어머니는 아무렇지도 않으셔. 집에 편안히 잘계신데. 오늘도 힘이 드셔서 이 곳에 오시지 못했어."

나이 숫 차이가 말했다.

"그러면 왜 당신은 내가 왔을 때 그렇게 어쩔 줄을 몰라 했죠?"

낭 숩 분이 물었다.

"내가 당신을 봤을 때 당신은 머리도 깎고 흰 옷을 입은 채 오고 있었잖아. 그래서 나는 장모님이 돌아가셨구나 하고 생각했지."

나이 숫 차이가 어이없다는 표정을 지으며 말했다.

그러자 갑자기 낭 숩 분이 소리내어 웃기 시작했다.

"우리 엄마도 역시 잘 계세요. 그런데 왜 당신은 머리를 깎고 흰옷을 입었죠? 그리고 지금 화장하고 있는 이 분은 누구예요?"

낭 숩 분이 물었다.

"이 장례식은 우리 이모님의 장례식이야. 내가 이모님을 뵈러 가서 하루 머무르는데 그만 이모님이 그날 돌아가셨어. 그런데 이모님 댁에 마땅히 장례를 치뤄드릴 사람이 없잖아. 그래서 내가 했지."

　나이 숫 차이가 말했다. 이제 낭 숩 분은 모든 것을 이해하게 되었다. 낭 숩 분은 그녀가 만났던 장례식에 쓸 과일과 비틀을 사던 그녀 남편의 이종 사촌이 한 말은 사촌 그녀 자신의 어머니의 죽음을 의미한다는 것을 깨달았다.

　나이 숫 차이와 낭 숩 분은 장례식장인데도 불구하고 그만 웃음을 터뜨리고 말았다. 그 장례식에 참석했던 다른 사람들도 그 내용을 알고서는 웃음을 참지 못하고 같이 웃었다. 한참 웃던 사람들은 돌아가신 분에 대해 미안한 마음이 들어 그만 부끄러워졌다. 어떤 사람은 오랫동안 마음이 진정되지 않는지 웃음을 참으려고 노력하였다.

　장례식을 다 마치고 나오면서 그들은 '만일 정확하게 들은 이야기가 아니면 딴사람에게 옮기지 말라. 그리고 정확한 내용을 모르고 쉽게 결론을 내리지 말라'는 옛말을 떠올렸다.

✱✱✱✱

　일상 생활에서 흔히 발생할 수 있는 오해입니다. 하지만 수행자가 진리에 의하지 않고 자신이 가지고 있는 선입관이나 지식에만 근거하여 판단하고 행동할 때 이런 오해보다 더 심한 오류를 범할 수 있습니다.

칠성의 이야기

　아주 오래전 옛날, 왕궁에서 정원을 돌보는 사람이 벌판에 집을 짓고는 부인과 단둘이 살고 있었다. 하루는 스님 한 분이 그 집의 마당으로 들어와 시주를 하여 줄 것을 청하였다. 정원사와 부인은 스님에게 항상 하듯이 쌀을 큰 그릇에 듬뿍 떠다 드렸다. 그러자 스님은 또 하룻밤 묵어갈 수 있느냐고 물어왔다. 정원사와 부인은 가끔 스님들이 오시면 머무르고 가시게 하였기 때문에 스님에게 그렇게 하시라고 흔쾌히 대답했다.
　사실 그 스님은 정식으로 수계를 받은 스님이 아니었다. 그 스님은 부처님을 수호하는 수호신이 스님으로 모습을 바꾸고는 땅으로 내려왔던 것이었다.
　정원사와 부인은 스님을 아주 즐겁고 정중하게 받아들였고 스님은 그들 부부의 융숭한 대접으로 하룻밤을 편안하게 지낼 수 있었다. 정원사와 부인은 잠들기 전에 이튿날 아침 식사로 스님에게 밥과 같이 무엇을 드릴까하고 상의했다.
　"여보, 우리가 키우고 있는 암탉을 잡아서 스님에게 카레와 함께 드립시다. 그래도 우리는 여섯 마리의 병아리가 남아 있잖아요? 그리고 그 병아리들은 아직은 작지만 잘 자라고 있잖아요?"
 부인이 이야기 했다.
 "안돼! 스님을 드리려고 살생을 할 수는 없어."
 정원사는 소리쳤다.
 "그리고 당신은 그 어미 닭을 여섯 마리의 병아리들로부터 빼내올 수도 없을거야. 또 어미닭이 없으면 그 병아리들이 어떻게 될지 알아?"
 정원사가 큰소리로 말했다.
 "아유, 그것일랑 걱정 마세요."
 부인이 버럭 소리를 쳤다.
 "나는 그렇게 못해."
 정원사는 단호히 말했다.
 "아니 왜 그렇게 못하신다는거죠? 좋아요, 만일 당신이 그렇게 하지 않으면 내가 직접 할거예요. 저 스님은 우리집의 귀한 손님이시고 나는 내일 그 스님이 길을 떠나기 전에 아주 좋은 음식을 드려야 한단 말이예요."
 부인이 지지 않으려는 듯이 말하였다.
 정원사의 부인이 말하고 있는 것을 어미 닭은 문 밖에서 모두 듣고 있었다. 어미 닭은 슬퍼서 어쩔 줄을 몰랐다. 자신은 죽어도 괜찮다고 생각했지만 아직도 어린 병아리들을 생각하니 하염없이 눈물이 났다.
 정원사와 그의 부인의 이야기가 끝났을 때 어미 닭은 병아리들을 모두 불러모았다. 그리고 슬픔에 찬 목소리로 병아리들에게 이야기하였다.

"나의 불쌍한 어린것들! 내일부터 너희들은 나와 함께 있지를 못하게 돼. 나는 내일 아침 잡혀 죽어서 요리가 되어 스님에게 드릴 공양으로 카레와 함께 바쳐질거야. 자! 나의 불쌍한 아이들아, 너희들은 내가 없더라도 서로 도우며 착하게 살아야 한다. 약속할 수 있지? 그러면 좋아."

그러자 병아리들이 아주 슬프게 흐느껴 울면서 말하였다.

"만일 엄마가 죽는다면 우리도 따라 죽을 거예요. 우리는 엄마 없이 살 수가 없어요."

다음 날 아침, 그 정원사의 부인은 다른 때 보다 훨씬 일찍 일어났다. 그녀는 일어나자 마자 닭을 요리할 물을 끓이기 시작하였다. 그리고 그녀는 닭장으로 갔다. 그 닭장은 물이 넘쳐 들어오는 것과 나쁜 동물들의 침입을 막기 위해 높은 담으로 가리워져서 집의 처마 밑에 있었다.

그 때까지 어미 닭은 병아리들을 품에 끼고 곤히 잠을 자고 있었다. 정원사의 부인은 살금살금 다가가 그 어미 닭을 살며시 움켜 쥐었다. 그리곤 아주 빠른 속도로 어미 닭을 죽이고 털을 잡아 뽑았다. 털을 다 뽑은 다음 어미 닭을 다시 끓고 있는 물에 쌀과 함께 넣고 요리를 하였다.

잠에서 깬 여섯 마리의 병아리들은 정원사의 부인이 어미 닭을 데리고 어디론가 간 것을 알고 허둥거리며 여기저기 찾아 다녔다. 그러나 병아리들은 어미 닭이 이미 죽음을 당해서 털이

뽑히고 물이 끓고 있는 그릇에서 쌀과 함께 요리가 되고 있는 것을 알았다. 그러자 여섯 마리의 병아리들은 불이 활활 타고 있는 곳으로 뛰어 올라갔다. 그리고 하나씩 하나씩 끓는 물 속으로 뛰어 들어 모두가 죽고 말았다. 여섯 마리의 병아리들은 전날 밤 어미 닭에게 말했던 것처럼 죽었던 것이다.

그래도 정원사의 부인은 계속해서 정성껏 닭 요리를 하였다. 그리고 스님에게 아침으로 드릴 아주 맛있는 카레와 밥을 준비하였다. 스님은 아주 감사하다고 이야기하며 맛있게 아침 공양을 하였다. 공양을 마친 스님은 공양을 맛있게 했다고 이야기 하더니 아주 기이하게도 갑자기 정원사와 부인이 보는 앞에서 공중으로 훌쩍 날아 하늘로 올라갔다. 스님은 부처님을 지키는 수호신이 땅을 방문하러 온 것이었기 때문이다. 그리고 그 스님은 그 정원사와 부인의 신심을 알아보려 하였던 것이었다.

이 기이한 광경을 본 정원사와 부인은 스님이 날아서 간 그 하늘을 향해 계속해서 절을 반복하였다. 그리고 그들은 남은 닭요리를 먹지 않고 그것들을 항상 다른 스님들을 위하여 보관하였다. 이 때부터 태국에서는 탁발하러 오는 스님들께 닭고기를 공양하는 것이 가장 훌륭한 공양으로 생각되어졌다.

이렇게 스님에게 마음 속 깊은 곳에서 우러난 친절을 베풀었기 때문에 그들 부부는 죽어서 천사로 다시 태어나서 하늘에서 살았다.

그리고 스님에게 드릴 아주 맛있는 요리가 되었던 어미 닭과 어미 닭을 따라서 불을 넘어 물이 펄펄 끓고 있는 솥으로 뛰어 들어갔던 여섯 마리의 병아리들은 모두 하늘에서 다시 태어나 칠성이 되었다.

✵✵✵✵

  삼보 중의 하나인 스님들을 모시는 방법은 여러 가지가 있습니다. 그것은 비단 스님을 모시는 것만을 의미하는 것이 아니고 모든 생명체를 모시는 것을 이야기하는 것입니다. 이 이야기에서 살생을 하면서까지 스님에게 공양을 올리는 것이 과연 옳은 지를 살펴보아야 할 것입니다. 남방의 상좌부 불교를 믿는 지역에서는 스님들이 하루에 한 끼나 두 끼 밖에는 공양을 하지 않기 때문에 육식도 하고 있습니다. 그러나 스님을 위해서건 재가 신도를 위해서건 무조건 살생하는 일은 결코 없습니다.
  스님에게 최대 공양을 위해 살생을 할 수 밖에 없었던 정원사의 부인의 마음은 해탈의 가장 가까운 언저리에 있는 수행자에 대한 마음을 나타낸 것이라 할 수 있습니다. 우리도 스스로 수행자적 입장에 서서 모든 생명체에 대해 공경하는 마음을 깊이 가져야 할 것입니다.

가시를 그리려면 가시를 써라

태국의 나라이 왕 시절에 방콕 근처에 나이 하 똥이라고 하는 사람이 살고 있었다.

나이 하 똥은 부모로부터 많은 유산을 상속받았다. 그리고 그의 부인도 부잣집에서 시집을 왔기 때문에 그들은 나이 하 똥만 정상적으로 돈벌이를 했다면 아주 유복하게 살 수 있는 집안이었다. 하지만 그들은 그렇게 살지 못했다. 왜냐하면 나이 하 똥의 머리 속에는 항상 신비스러운 연금술에 관한 생각으로 가득 차 있었기 때문이었다. 나이 하 똥은 모든 시간과 노력, 심지어는 부모로부터 물려받은 모든 재산까지 보통 구리를 금으로 바꿀 수 있다는 신비의 연금술을 위해 다 써버렸다.

그러나 낭 쏭 싸이라고 불리우는 그의 부인은 비록 그녀의 신랑이 허무맹랑한 생각으로 허망하게 시간과 돈을 낭비하고 있었지만 남편과는 달리 아주 착실하게 살았다. 처음 결혼할 때에 그들의 재산은 무슨 사업을 해도 괜찮을 만큼 많이 있었지만 남편이 연금술에 미쳐서 이제는 거의 다 탕진해 버렸다. 하지만 낭 쏭 싸이는 그의 남편과 식구들을 위해 가정을 지켜야 한다는 생각에 스스로 좋은 아내가 되기 위해 항상 열심히 일을 하였다. 하지만 연금술에 미친 남편이 모든 것을 낭비하자 나중에는 그만 의욕을 상실하고 말았다. 그녀는 자기 남편 나이 하 똥이 왜 다른 남편들처럼 현실적인 노력이나 직업을 찾으려 하지 않고 연금술에만 매달려 있나 하고 생각했다. 그리고 여러 차례에 걸쳐 남편을 격려하기도 하고 경고를 하기도 했으나 나이 하 똥은 아내의 말을 들은 척도 하지 않고 그들의 유산을 거의 모두 탕진해버렸다. 아내 낭 쏭 싸이만이 그들 부부와 가족의 장래를 위해 뭔가를 이루려고 노력했지만 남편은 그런 노력을 전혀 기울이지 않았던 것이었다.

마침내 가련한 낭 쏭 싸이는 더 이상 정상적인 방법으로는 그녀의 남편의 어리석음을 고칠 수 없다는 것을 알게 되었다. 그녀는 매우 현명한 여인이었기 때문에 자신이 항상 존경해 왔던 친정 아버지를 찾아가 그 간의 사정 이야기를 하고 어떻게 하면 좋겠느냐고 여쭈어 보았다. 그 아버지는 자기 딸의 이야기를 아주 주의 깊게 듣고 이야기를 다 들은 후 사위를 찾아가 가슴을 터놓고 한번 이야기해 보겠노라고 딸에게 말했다.

하루는 나이 하 똥이 그의 장인의 집에 갔다. 장인은 나이 하 똥에게 그동안 어떻게 지냈는지 궁금하니 그 간의 일들을 모두 이야기해 달라고 말했다. 그러자 나이 하 똥은 장인에게 연금술을 하며 지나온 날들의 이야기를 다 하였다.

나이 하 똥의 이야기를 다 듣고난 장인은 무척 서운했다는 표정을 지으며 이야기를 계속했다.

"난 자네가 그렇게 여러 해를 아무런 성과없이 연금술 연구로 보내면서도 나에게 상의 한 마디 하러 오지 않았다는 것을 알고는 매우 서운했네. 나도 역시 옛날에는 그런 마법적인 연금술을 탐구하였었네. 그래서 사실 나는 자네가 무엇을 상의하든 이야기해 줄 수 있었을 거야."

나이 하 똥의 얼굴은 장인도 자기와 똑같이 마법적인 연금술을 탐구하였었다는 이야기를 듣고 깜짝 놀라면서 자신도 결국은 장인처럼 성공할 수 있을 것이라는 생각에 눈이 반짝반짝 빛나는 것 같았다.

"하지만 자네는 뭔가 참고 견뎌야 하는 것을 잊었네. 자네가 목표를 이루기 위해서는 지금까지 한 노력도 부족하네. 그러니 앞으로도 몇 해는 더 쉬지 않고 수고를 해야하네. 하지만 난 이제 이 일을 내가 직접 하기에는 너무 늙었어. 그러니 자네가 내가 말한대로 잘 따라만 준다면 나의 비법을 전부 일러줄 용의가 있네."

장인은 계속해서 말하였다.

나이 하 똥도 장인의 말에 매우 깊은 관심을 보였다.

"존경하는 장인 어른! 제가 어떻게 해야 할지를 말씀해 주십시요. 그러면 제가 연금술에서 성공할 때까지 한눈 팔지 않고 장인의 말씀대로 할 것을 약속 드리겠습니다."

나이 하 똥이 말했다.

"자, 지나간 몇 년 동안 자네는 구리를 순금으로 바꾸는 일로 그 비법도 제대로 알지 못한 채 세월을 다 보냈어. 난 그 비법을 알고 있어. 사실상 그 비법을 실현시킬 수 있는 방법은 오직 한 가지 뿐이야. 그리고 그 비법을 하기 위한 재료들은 모두 이 집 안에도 있어. 이 재료들은 자네에게 아주 피땀 흘리는 인내를 요구할 것일세. 그 재료들을 얻는 것은 그리 어렵지가 않아. 어때 자네 내 말을 들어 보겠나?"

장인이 말했다.

"말씀해 주십시오. 장인 어른! 무엇이 제가 먼저 찾아야할 재료들인가요?"

나이 하 똥은 아주 애원하듯이 물었다.

"그래 자네의 뜻이 꼭 그러하다면 내 일러주지. 저 정원에 있는 바나나 나무를 보게. 그것은 바나나 잎의 새순의 솜털에서 찾을 수 있는 가루들이야. 자네가 원하는대로 구리를 금으로 바꾸려면 적어도 두 자루 이상의 솜털 가루가 필요해. 그것도 바나나의 새순에서 나오는 것들로 말이야. 그리고 또 하나 중요한 것은 자네가 구하고자 하는 솜털 가루는 자네 스스로 심어서 자네 스스로 가꾼 바나나 나무여야 하는 것이네. 모든 것을 자네 스스로 해야지 만일 딴 사람을 시키면 안 되네. 그러니 자네는 내가 자네에게 다른 방법을 또 일러줄 때까지는 바나나 나무를 심고 가꾸는 것만 하여야 하네."

장인이 말했다.

"그리고 내 경험으로 비추어 봐서는 자네가 새순의 솜털 가루를 두 자루 얻으려면 아마도 바나나를 많이 심어야 할 걸세. 그러기 위해선….”

장인은 이렇게 덧붙이고는 나이 하 똥의 눈치를 살폈다.

"예! 장인 어른의 말씀이 옳습니다. 지금 저는 가진 것이라곤 아무 것도 없습니다. 그 동안 연금술 실험을 하느라고 모든 돈을 다 날려 버렸습니다. 그러니 장인 어른 제발 좀 도와 주십시오.”

나이 하 똥이 애원하듯이 말하였다.

"그래 얼마나 많은 돈이 필요한가? 가능하다면 나도 도와줄 수 있을 걸세.”

장인이 말하였다.

나이 하 똥은 장인에게 아주 고맙다고 인사를 하고 기쁨과 희망에 부풀어 낭 쏭 싸이에게 그 말을 전해주기 위해서 집으로 서둘러 돌아왔다.

낭 쏭 싸이 역시 자기 친정 아버지가 나이 하 똥에게 유익한 말씀도 해주고 경제적으로도 도와줄 용의가 있다고 했다는 말을 전해 듣고는 무척 즐거워했다. 그녀도 이제는 성공을 하기 위하여 모든 힘을 기울여야겠다고 생각하였다. 그리고 남편과 함께 아버지가 말해 준 그 충고에 모든 노력을 다 기울이기로 하였다.

나이 하 똥과 그의 부인은 이제 완전히 동업자로서의 일을 시작하였다. 그들은 우선 솜털 가루를 모을 수 있는 바나나를 심을 적당한 땅을 사기로 했다. 가격은 약간 비쌌지만 나이 하 똥의 장인의 도움으로 적당한 땅을 살 수 있었다. 경지를 정리하고 그 곳에 바나나를 심기 위하여 인부들도 여러 명 고용을 하였다. 그러자 나이 하 똥에게 장인은 다시 말했다.

"모든 바나나를 자네가 직접 심고 가꾸어야 하네."

나이 하 똥은 장인의 말에 따라 열심히 일을 했다. 실제로 그 전에 나이 하 똥은 그렇게 열심히 일해 본 적이 없었다. 나이 하 똥은 밭에서 일을 하면서 하루에도 몇 번씩이나 '이제는 과실이 맺을 것'이라고 기대를 하게 되었다. 그는 그것이 아주 훌륭하고 값진 경험이라고 생각을 하였다. 낭 쏭 싸이도 남편과 함께 일을 하게 되어 기분이 무척 좋았다. 이제 그들 부부의 눈 앞에 보이는 것이라고는 오로지 바나나 나무 뿐이었다.

바나나 나무가 점점 자라가자 나이 하 똥은 나무의 잎들의 상태를 가만가만 살펴보기 시작하였다. 새순의 솜털이 조금씩 내려 오는 것을 볼 수 있었다. 솜털을 조금씩 따서 가루를 만들어 놓고는 일이 끝나면 나이 하 똥은 가루들을 자루에 담아 놓고는 그 무게를 재어 보았다. 그 가루들의 무게는 아주 조금씩 하루하루 달라지고 있었다. 장인의 이야기대로 잎은 천천히 자라나는 것이었다. 나이 하 똥은 조바심이 나기도 하고 마음이 다급해지기도 했지만 어쩔 도리가 없었다.

낭 쏭 싸이도 역시 바쁘게 일했다. 어느덧 그 바나나 농장은 훌륭하게 모양을 갖추고 바나나 열매가 주렁주렁 열리기 시작하였다. 그녀는 농장의 일이 바빠지자 인부도 여러 명 고용하였고 매일매일 열매를 따서는 시장으로 내다 팔기 시작하였다. 이제는 돈도 들어오기 시작하였다. 낭 쏭 싸이는 바나나를 판 돈으로 인부들에게 임금을 주고 나머지는 꼬박꼬박 잘 모아 놓았다.

한편 나이 하 똥은 계속해서 나무들의 상태를 열심히 살폈다.

바나나 나무들의 순에는 은빛색깔 나는 것들이 자라났다. 나이 하 똥이 새순의 솜털 내려오는 것들만을 바라고 있는 동안에 그 바나나 나무들은 아주 훌륭하게 자랐고 또한 과실도 주렁주렁 열렸다.

어느덧 세월은 흘러 3년이 지났다. 이제 나이 하 똥도 바나나 나무에서 새순의 솜털을 많이 모아 구리를 금으로 바꿀 수 있을 정도의 양인 두 자루 가까이 모으게 됐다. 하지만 장인은 아직은 조금 부족하다고 말했다. 그 동안 낭 쏭 싸이의 가게는 과일 생산의 중심지가 되었다. 나이 하 똥의 집은 강가에 있었기 때문에 하루 종일 바나나를 사기 위해 배를 타고 오는 사람들로 붐볐다. 그리고 그의 집은 주변 일대에서 아주 품질 좋은 바나나 생산지로 유명해졌다.

집안의 사업이 너무 바빠 나이 하 똥 자신은 이제 집에서조차 잊혀진 사람처럼 되었다. 그래도 매일 아침마다 나이 하 똥은 조심스럽게 바나나 나무들을 살펴 보았다. 그리고 저녁 땐 계속해서 새순의 솜털 가루들을 모아 들였다. 그리곤 정성스럽게 그것들의 무게를 달아보곤 하였다.

어느덧 5년이 지났다. 나이 하 똥은 그간 열심히 모아서 두 자루가 훨씬 넘는 새순의 솜털을 모았다. 그리고 그는 새순의 솜털 가루를 장인에게 가지고 가서 이제는 구리를 가지고 금으로 바꿀 모든 준비가 다 되었다고 이야기 하였다.

장인이 아주 기분 좋은 듯이 말하였다.

"그래! 이제 자네는 부자가 되었네. 암 부자가 되고 말고. 아주 잘했네! 아주 잘했어."

나이 하 똥도 너무 즐거워서 말을 할 수가 없었다. 뭔가를 말하려고 애를 썼지만 그의 기쁜 마음을 도저히 말로 표현할 수가 없었다.

"그래 그동안 자네가 키운 바나나에서는 어떤 일이 생겼는가?"
장인이 물었다.

'바나나! 아니 바나나라니?' 장인의 말을 듣고 나이 하 똥은 갑자기 바나나가 생각이 났다. 그 동안 나이 하 똥은 구리를 가지고 금으로 바꿀 새순 생각에 바나나 생각을 전혀 하지 않았던 것이다.

그 때 장인이 낭 쏭 싸이를 불렀다.
"얘, 딸아. 너 그동안 바나나 농장에서 거둬들인 바나나를 팔아서 얼마 정도의 돈을 모았니?"

낭 쏭 싸이는 그동안 바나나를 팔아서 번 것에 대하여 소상하게 이야기 하였다.

"그럼 그걸 이리로 가져오지 않겠니? 그게 얼마나 되는지 한번 세어 볼까!"
장인이 말했다.

그들 부녀의 대화를 듣고 있던 나이 하 똥은 당황하지 않을 수 없었다. '흠, 바나나를 판 돈이라. 그게 도대체 얼마나 될까? 그리고 그걸로 구리를 금으로 바꿀 수 있는 연금술에는 얼마나 쓸 수 있을까? 하고 그는 혼자 중얼거렸다. 그는 지난 오 년 동안 바나나가 자라고 있는 것을 거의 이해하지 못했다. 그는 오로지 바나나 새순의 솜털만을 모아서 가루로 만들어 모아왔던 것이다. '왜 장인은 지금 구리를 금으로 바꿀 수 있는 연금술에 대해서는 한 마디도 이야기하지 않고 바나나 이야기만 하시는 걸까?' 하고 나이 하 똥은 궁금하게 생각했다.

한편 낭 쏭 싸이는 하인들과 함께 집으로 돌아가 동전이 가득 담긴 주머니를 여러 개 가지고 돌아왔다. 낭 쏭 싸이는 그 동전 주머니들을 아버지 앞에 내려놓았다. 그리고 하나 둘씩 세어 나가기 시작했다. 나이 하 똥은 옆에서 그 모습을 물끄러미 바라보고 있었지만 그가 하고 싶은 일인 구리를 가지고 금으로 바꾸는 연금술 생각에 참을 수가 없었다. 그러다가 한참 후 낭 쏭 싸이가 장인에게 그 돈이 모두 얼마이가를 말씀드리는 소리를 듣고는 그만 깜짝 놀랐다. 그녀가 오 년간 바나나를 팔아서 모은 돈이 이만 은화가 넘는 것이었다.

나이 하 똥은 이 모습을 망연자실해서 쳐다보았다. 그리고 그제서야 자기 장인이 자기에게 무엇을 말하고자 하는지를 알게 되었다.

"여보게 사위! 자 여기를 보게. 내 계획이 얼마나 좋았었는지? 만일 자네가 원한다면 당장이라도 이 은화들을 금화로 바꿀 수 있네. 보석으로도, 코끼리하고도, 물소하고도, 아주 좋은 옷으로도 바꿀 수가 있네. 아니 자네가 원하는 그 무엇하고도 얼마든지 바꿀 수 있네. 내가 자네에게 지난 오 년간 경험하게 한 것이 자네가 오 년간 경험한 것보다 더 알찬 것 같지 않나? 한번 생각해 보지 그래."

장인이 말했다.

나이 하 똥은 마치 뒤통수를 얻어 맞은 표정으로 장인의 말씀을 듣고 있었다. '바로 이것이 우리 장인이 말한 구리를 금으로 바꿀 수 있는 연금술에 대한 꿈의 전부였던가? 구리를 금으로 바꿀 수 있는 연금술 대신 장인은 나에게 바나나 키우는 것을 시켰었단 말인가?' 라는 생각에 미치자 나이 하 똥은 장인이 가지고 있던 실질적인 뜻을 깨닫게 되었다.

그는 이제 부자가 되었다. 그의 얼굴에서는 전처럼 사업에 실패해서 부끄러워하거나 당황해 하는 표정도 없어지고 당당한 모습을 보여줬다. 이것을 보고 있던 장인이 말했다.

"자, 사랑하는 아들 딸들아! 이제 내 말을 들어보게. 자네는 여러 해 동안 많은 유산을 구리를 금으로 바꿀 수 있는 연금술을 하면서 아무런 보상도 받지 못하고 다 써버렸네. 하지만 한번 생각해 보게. 자네는 정말로 연금술을 써서 구리를 금으로 바꿀 수 있다고 생각하나? 자네는 그것이 진실로 가능한 것이라고 믿고 있나? 아니네. 그것은 진실로 불가능한 일이야. 금속들이 가지고 있는 기본 성질을 연금술로 해서 다른 성질로 바꿀 수는 없네. 그러니 이제부터는 구리를 금으로 바꿀 수 있는 연금술을 통해서 쉽게 돈을 벌려하지 말게. 그리고 여기에 있는 바나나를 잘 키워서 돈을 벌 생각을 해보게. 만일 자네가 직접적으로 열심히 일하면 자네는 아주 좋은 마음을 가진 부자가 될 수 있을 걸세. 그러나 만일 자네가 구리를 금으로 바꿀 수 있는 연금술에 계속 매달린다면 앞으로도 자네에게는 실패만 있을 따름이네."

나이 하 똥은 장인의 말씀에 감격하여 장인에게 여러 번 고맙다고 말하며 큰 절을 하였다. 자신의 부인 낭 쏭 싸이도 무척 자랑스러워졌다. 나이 하 똥은 장인과 부인 덕분에 어리석은 마음으로부터 마음의 눈을 뜨게 되었다. 나이 하 똥과 부인은 전보다 더 열심히 바나나 밭에서 일을 했다. 한편 나이 하 똥은 그간 열심히 모았던 두 자루가 넘는 바나나의 새순의 솜털을 쌀가루와 함께 반죽을 하여 자신에게 올바르게 사는 길을 일러준 장인의 상을 새겨서 항상 자신의 스승으로 생각하였다.

✳✳✳✳

태국인들의 실용적 생활태도가 배어있는 이야기이며 부처님 말씀의 가장 기본이라고 할 수 있는 선인선과(善因善果), 종두득두(種豆得豆)의 내용을 나타낸 이야기라고 할 수 있습니다. 아마 이런 삶의 태도, 교육 방법이 태국을 다른 나라의 지배를 받지 않고 독립해 유지할 수 있게 한 힘이 되는 것 같습니다. 한두 겁의 삶을 더 산다 하더라도 용맹 정진하여 정도(正道)를 가는 것이 윤회의 굴레에서 완전히 벗어날 수 있는 길인 것입니다.

아시아 불교 설화
불교 속에서 배우는 삶의 지혜

2001년 8월 3일 초판 인쇄
2001년 8월 7일 초판 발행

엮은이 • 송 위 지
펴낸이 • 김 동 금
펴낸곳 • 우리출판사

등록 제9-139호
서울특별시 서대문구 충정로3가 1-38호
TEL. (02) 313-5047 • 5056 / FAX. (02) 393-9696
E-mail: woribook@chollian.net

ISBN 89-7561-152-3   03220

정가 10,000원

* 잘못 제작된 책은 교환해 드립니다.